FBOOK

工厂三精管理系列

U0656455

工厂生产现场
精细化、精益化、精进化
管理手册

王　罡◎编著

电子工业出版社

Publishing House of Electronics Industry

北京·BEIJING

内容简介

本书围绕生产现场的人员管理、环境管理、作业管理、生产质量管理、设备管理、物料管理、成本管理、安全管理及生产管理流程等多个方面，全方位地梳理了工厂生产现场管理的关键痛点并给出了有针对性的解决方案和措施。

本书共分为10章，主要介绍了"三精管理"在生产现场的作用和应用，提供了28个实施方案、20个管理办法、15个管控制度、9个控制细则、5个管理规定和4个工作计划以供读者参考，致力于帮助工厂提高生产效率和管理质量，降低生产成本，增加工厂收益，增强工厂核心竞争力。

本书适合从事工厂生产管理工作的管理者、生产管理人员和质量管理人员，以及对工厂生产现场管理感兴趣的学生和研究人员阅读。

图书在版编目（CIP）数据

工厂生产现场精细化、精益化、精进化管理手册 /

王罡编著. -- 北京：电子工业出版社，2025. 9.

(工厂三精管理系列). -- ISBN 978-7-121-51003-8

Ⅰ. F406.2-62

中国国家版本馆CIP数据核字第202547E01J号

责任编辑：刘伊菲

印　　刷：三河市鑫金马印装有限公司

装　　订：三河市鑫金马印装有限公司

出版发行：电子工业出版社

　　　　　北京市海淀区万寿路173信箱　　邮编：100036

开　　本：787×1092　1/16　印张：22　　字数：391千字

版　　次：2025年9月第1版

印　　次：2025年9月第1次印刷

定　　价：69.00元

凡所购买电子工业出版社图书有缺损问题，请向购买书店调换。若书店售缺，请与本社发行部联系，联系及邮购电话：（010）88254888，88258888。

质量投诉请发邮件至zlts@phei.com.cn，盗版侵权举报请发邮件至dbqq@phei.com.cn。

本书咨询联系方式：（010）68161512，meidipub@phei.com.cn。

工厂生产现场管理不仅是工厂安全运作的基石，更是提升生产效率、保证产品质量、降低成本、增强工厂竞争力的关键。

在当今全球化和高度竞争的市场环境下，工厂生产现场的效率、管理水平、技术水平和品控能力已成为工厂制造成功与否的关键因素。

为了应对这一挑战，许多工厂开始寻求更为精细、精益和精进的管理方法。《工厂生产现场精细化、精益化、精进化管理手册》的出版，正是为了满足这一迫切需求，为追求卓越制造的工厂提供一本全面、系统的实战指南。

1.生产现场精细化管理

要求工厂精准控制生产现场的每个环节，确保流程的顺畅与高效。

2.生产现场精益化管理

通过持续消除现场浪费，实现节约成本、提升价值，提高工厂生产效益和价值最大化的目的。

3.生产现场精进化管理

鼓励工厂在持续改进现场管理的基础上，不断探索和创新，用技术手段、信息手段、标准化手段，改进生产现场管理策略，以实现卓越的生产现场管理。

本书从人员管理、环境管理、作业管理、质量管理、设备管理、物料管理、成本管理、安全管理、生产管理流程等方面，设计了28个实施方案、20个管理办法、15个管控制度、9个控制细则、5个管理规定、4个工作计划，制定了一系列的规范化管理措施，把生产现场从人员到环境、从作业到流程、从质量到安全、从设备到物料、从成本到费用，逐一详解。

本书与《工厂成本费用精细化、精益化、精进化管理手册》《工厂生产设备精细化、精益化、精进化管理手册》《工厂生产计划精细化、精益化、精进化管理手册》《工厂质量管控精细化、精益化、精进化管理手册》，共同组成了工厂精细化、精益化、精进化管理的"工厂三精管理系列"。

本系列丛书在编写的过程中得到了6家生产制造工厂相关人员的支持，他们把一线的经验、做法和管理方式、方法融入本系列丛书，增强了本系列丛书的实用性、实务性，在此一并表示感谢！

本书不足之处，敬请广大读者指正！

目 录

02

第2章
生产人员管理"精进化"：选、用、培、考

VII

05

第 5 章
生产质量管理"精益化"：管控、改善、保证

≫≫≫

06

第 6 章
生产设备管理"精细化"：操作、保养、维护、维修

≫≫≫

07

第 7 章
生产物料管理"精细化"：储存、投料、使用

08
第 8 章
生产成本管理"精细化"：定额、节能、降本、控制

X

09
第 9 章
生产安全管理"精细化"：责任、防护、处理、强化

01

工厂生产现场"三精管理"

1.1　生产现场"三精管理"的目标

1.1.1　精细化管理目标：提质增效

1.精细化管理

精细化管理是指通过制订精确的计划并严格执行和持续改进，进而优化生产过程，提高生产效率和质量。其重点至少包括5个方面，如图1-1所示。

环节	对生产现场的每个环节进行精细化管理，包括生产计划、生产组织、物流调度、设备维护、质量控制、成本控制等方面
岗位	对生产现场的每个岗位进行精细化管理，包括人员安排、工作分配、现场作业等方面
流程	对生产现场的每个流程进行精细化管理，包括生产工艺、生产流程、物流转运等方面
细节	对生产现场的每个细节进行精细化管理，包括现场卫生、设备操作、安全生产等方面
人员	对生产现场的每个人员进行精细化管理，包括人员素质、工作态度、团队合作等方面

图1-1　精细化管理的重点

2.如何实现生产现场的精细化管理

工厂生产现场的精细化管理可以通过以下4种方法实现，具体可参考图1-2。

1.完善工作流程体系，确保管理流程合理、精简；将工作流程纳入制度建设中去，保证每项职能都有相应规范的流程

2.完善定额标准体系，完善各类工作标准，明确工作目标，量化标准内容；完善计量手段，满足量化标准和定额管理的需要，实现考核指标可量化

3.加强现场管理，优化生产流程、改进生产工艺，提高生产效率；加强质量管理和安全管理，严格控制质量；制定安全生产预案，确保生产现场的安全生产

4.推进信息化管理，引入信息化技术，建立生产现场管理信息系统，实现生产现场的数字化、信息化管理，提高管理效率和精确度

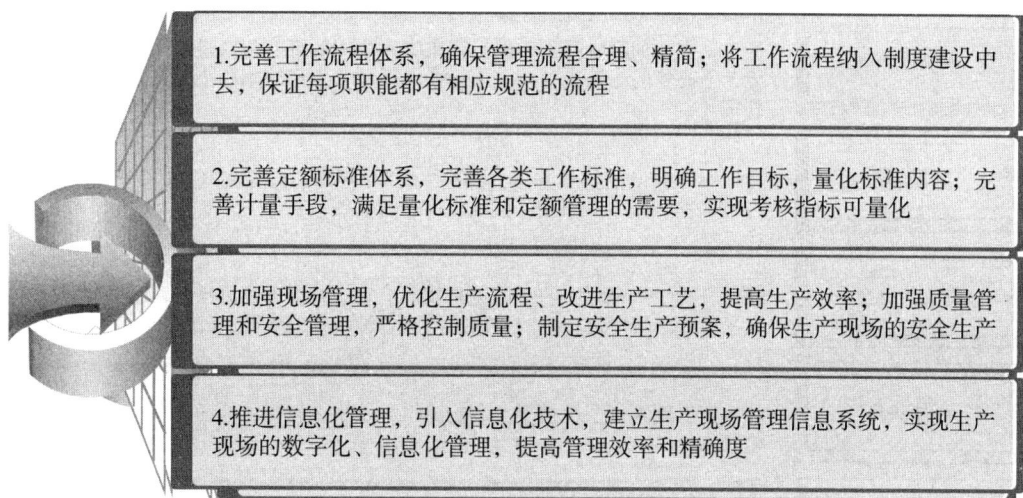

图1-2 实现精细化管理的方法

1.1.2 精益化管理目标：降本增利

1.精益化管理

精益化管理是一种基于"去除浪费"理念的管理方式，通过深入分析和优化生产流程，去除不必要的环节，提高生产效率和质量，降低生产成本，增强工厂竞争力。

2.生产现场的精益化管理

生产现场的精益化管理包括浪费识别和消除、流程改善、价值流分析、现场决策、精益文化5个方面，如图1-3所示。

浪费识别和消除	通过识别和消除各种类型的浪费来提高生产效率，包括过度生产、存货积压、不必要的运输、等待、不必要的运动、生产缺陷和不充分的人力资源利用等
流程改善	采用多样化的工具和方法，如5S、PDCA循环、Kaizen等，对生产流程进行改进，降低生产周期、减少库存和运输等浪费
价值流分析	通过分析生产过程中的价值流来找出浪费，并提出改进措施，帮助生产团队了解整个生产过程中的价值流动和各种浪费的来源
现场决策	让决策者到现场了解情况并制定决策，使生产过程更加高效和准确，提高生产质量
精益文化	建立精益文化，培养员工的精益意识，鼓励员工参与改善和持续学习，推动精益管理在企业内部的传播和落实

图1-3　精益化管理内容

3.如何实现生产现场的精益化管理

工厂生产现场的精益化管理实现方法可参考图1-4。

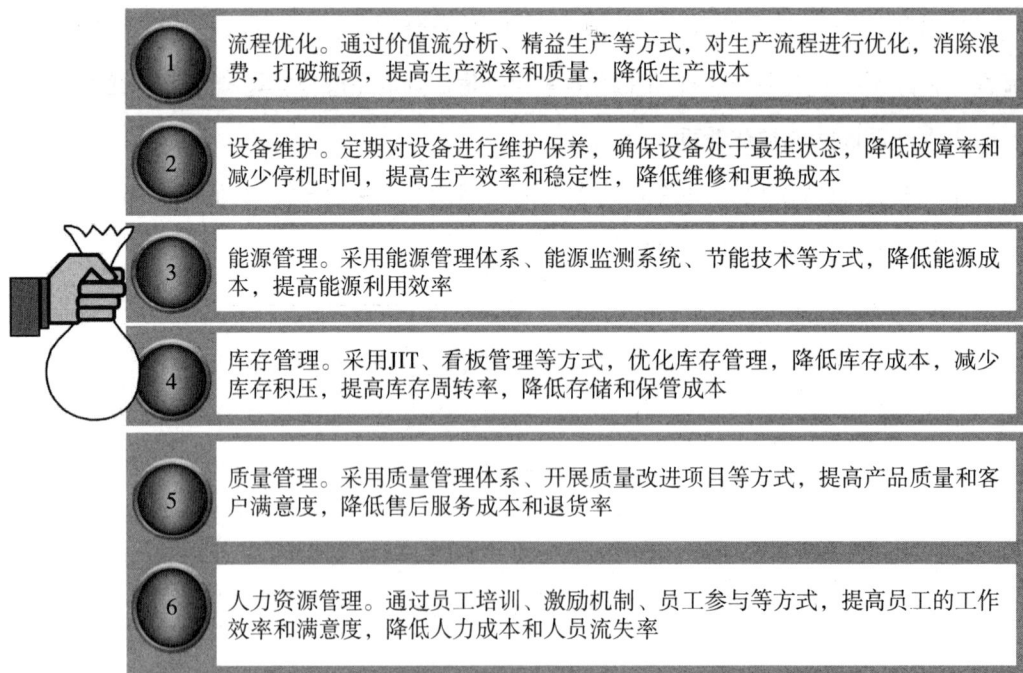

1	流程优化。通过价值流分析、精益生产等方式，对生产流程进行优化，消除浪费，打破瓶颈，提高生产效率和质量，降低生产成本
2	设备维护。定期对设备进行维护保养，确保设备处于最佳状态，降低故障率和减少停机时间，提高生产效率和稳定性，降低维修和更换成本
3	能源管理。采用能源管理体系、能源监测系统、节能技术等方式，降低能源成本，提高能源利用效率
4	库存管理。采用JIT、看板管理等方式，优化库存管理，降低库存成本，减少库存积压，提高库存周转率，降低存储和保管成本
5	质量管理。采用质量管理体系、开展质量改进项目等方式，提高产品质量和客户满意度，降低售后服务成本和退货率
6	人力资源管理。通过员工培训、激励机制、员工参与等方式，提高员工的工作效率和满意度，降低人力成本和人员流失率

图1-4　工厂生产现场的精益化管理实现方法

1.1.3　精进化管理目标：持续改进

1.精进化管理

精进化管理是一种持续改进生产现场管理的方法，旨在通过不断学习和改进来实现生产现场管理的持续进步。

2.生产现场的精进化管理

生产现场的精进化管理，强调持续改进、追求卓越，并且涉及工厂的全面管理。其在生产现场中重点关注的内容如图1-5所示。

持续改进	不断地改进和创新，包括产品设计、生产流程、质量控制、成本管理、业务模式等方面的改进
自主管理与参与管理	鼓励员工主动管理自己的工作，承担更多的责任和义务，不断学习和提升自己的能力，以更好地完成工作任务；鼓励员工参与决策和管理
智能制造	精进化管理强调将信息技术应用于生产过程中，实现生产过程的数字化、自动化和智能化
绿色制造	精进化管理强调可持续发展和环保理念，注重环保和资源利用率，采用清洁生产技术，减少对环境的影响
优化供应链管理	与供应商和客户建立紧密的合作关系，实现物流和信息流的高效协同，优化供应链管理
数据驱动	依靠数据分析和绩效评估，指导管理决策和行动。通过收集、分析生产数据和绩效指标，及时发现问题和机遇，制定相应的改进措施

图1-5　精进化管理重点关注的内容

3.如何实现工厂生产现场的精进化管理

具体如图1-6所示。

①	强化标准化。通过标准化生产流程、明确作业标准及规范化工艺流程，确保生产过程的稳定性和一致性
②	优化布局。通过调整设备位置和布局，优化物料流、信息流和人员流，实现生产过程的高效化
③	强化人员管理。对员工进行培训和考核，并采取相应的奖惩措施，提高人员的工作积极性和责任心，提升员工的技能和素质
④	引入新技术。不断采用自动化、智能化等新技术和新材料，使生产过程更加智能化和高效化，以提高生产效率和产品质量
⑤	数据化管理。采用信息化技术，对生产过程进行数据化管理，实现对生产过程的实时监控和管理，帮助发现问题和提高决策效率
⑥	持续改进。不断寻找改进机会，加强对生产流程和生产效率的分析和评估，以提高生产质量和效率

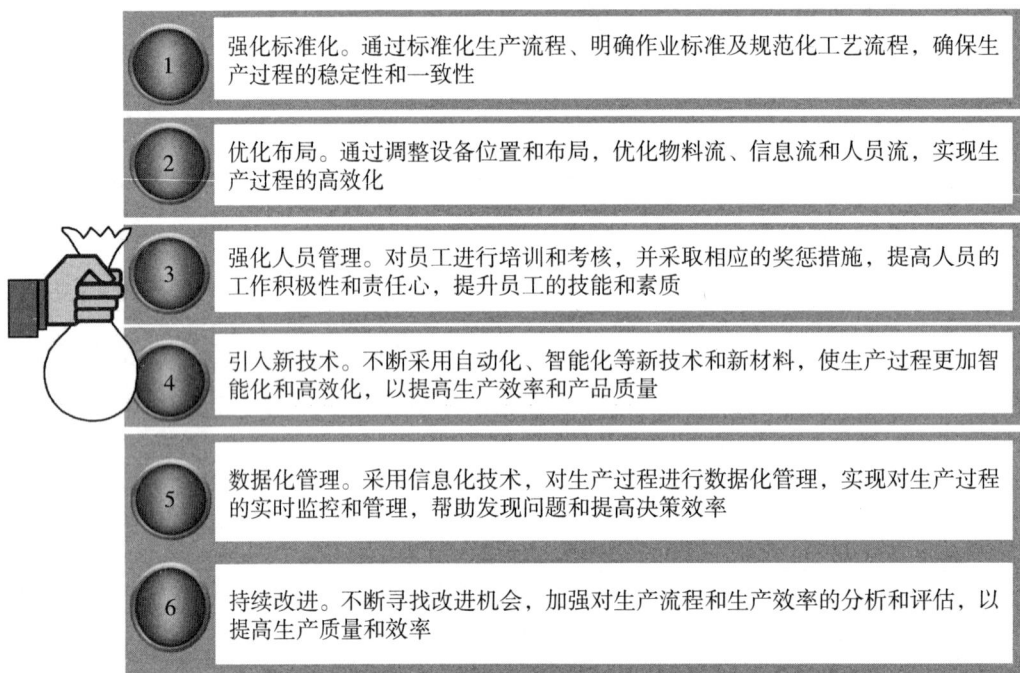

图1-6　实现工厂生产现场精进化管理的措施

1.1.4　"三精管理"在生产现场管理中的具体应用

"三精管理"是现代化工厂生产现场管理的重要理念，它们各自有着不同的应用和重点，最终目的均是提高工厂的生产效率，降低生产成本，从而增强工厂的竞争力，实现工厂的可持续发展。

1.精细化管理

精细化管理是指通过对生产过程的精细控制和管理，来提高工厂生产效率和产品质量，降低生产成本和浪费。其具体应用如表1-1所示。

表1-1　精细化管理在生产现场管理中的应用

应用	具体内容
生产流程管理	①制定详细的作业指导书和流程图，规范各环节的操作流程和要求 ②引入质量管理体系，推行自动化生产 ③建立过程控制系统，实时监控生产过程中的每个环节

应用	具体内容
生产计划和排程	①根据生产任务的紧急程度和资源的可用情况，合理调配生产资源 ②对生产过程进行细致的排程安排，使生产过程中的每个任务都能得到合理的安排和控制 ③对生产过程进行实时监控，及时掌握生产情况，发现问题并及时处理
生产现场管理	①采用5S标准化管理方法 ②规范每个工序的操作方法和要求 ③收集和分析生产数据，及时掌握生产现场的生产状态和趋势

2.精益化管理

精益化管理的重点在于通过不断改进和优化生产过程，提高生产效率、产品质量和客户满意度，最终实现降本增利。其具体应用如表1-2所示。

表1-2　精益化管理在生产现场管理中的应用

应用	具体内容
消除浪费	①绘制价值流图，识别和分析生产过程中的非价值增加活动和浪费，并制订改进计划和措施 ②持续不断地改进生产过程和管理方式，提高生产效率和质量，降低成本和浪费 ③分析生产过程中每个工序的停留时间，找出非价值增加的时间和浪费，提高生产效率
优化生产流程	①以客户需求为导向，根据实际需求拉动生产 ②根据生产流程和作业要求，合理布局生产设备和物料 ③加强员工培训，提升员工技能水平
精益供应链	①加强供应商管理，选择具备长期稳定合作意愿和能力的优质供应商 ②采用精益排程和拉式生产方式，以客户需求为导向，实现按订单制造和定制化生产 ③实现供应链中零库存或低库存管理，降低库存成本 ④优化物流网络，降低运输成本，提高配送效率
强化质量控制	①实施全员质量管理，加强对员工的培训和教育，保证所有员工均参与到质量管理中 ②强化生产过程中每个环节的检验和测试 ③引入先进的质量管理技术，不断改进质量管理体系

3.精进化管理

精进化管理是通过持续学习和改进，实现工厂的可持续发展和进步。其在生产现场中的具体应用如表1-3所示。

表1-3　精进化管理在生产现场管理中的应用

应用	具体内容
持续改进	①重新设计和优化生产流程，不断改进生产流程和工艺 ②全面、系统地检查和维护生产现场设备、工具和材料 ③使用自动化设备和系统，减少人工干预 ④实施数据管理，提高生产现场的管理水平
持续创新	①采用新型材料、新型设备、自动化生产线，改进生产工艺 ②创新管理体制，推崇员工自主管理和创新精神，注重激发员工的创造力和潜力 ③跨部门协作创新，促进工厂内部协作和团队合作
推行数字化、智能化、绿色制造等现代管理理念	①建立数字化管理平台，实现生产现场的数字化管理 ②引进智能化设备和系统，实现生产现场的智能化控制 ③推行绿色制造理念，实现生产现场的绿色制造
采用清洁生产技术	①采用清洁能源和节能设备，实现能源的高效利用，减少浪费 ②对生产废弃物进行再利用或者安全处理，实现生产废弃物的减量化、资源化和无害化处理 ③对生产环境进行监测，绿化美化环境，实现可持续发展

1.2　工厂生产现场管理"管什么"

1.2.1　生产人员管理

生产人员在生产现场的工作对于保证生产效率、质量、成本控制、安全生产和工艺控制等方面都具有重要意义。对生产人员的管理主要包括以下四个方面。

1.工作任务与工作纪律

①明确生产任务是保证生产顺利进行的前提。相关管理人员应与生产人员沟通，

明确生产需求和任务，确保生产任务得到满足。

②工作纪律是保证生产秩序和生产效率的必要条件。工作纪律管理主要包括监督员工准时上下班，禁止私自离岗、串岗，遵守工作流程和规章制度等。

2.安全生产和环境保护

①生产现场的首要任务是安全。包括正确佩戴个人防护装备，遵守安全操作规程，避免发生人身伤害和设备损坏等事故。

②环境保护是工厂生产现场管理的重要方面。工厂应制定环保措施，如废弃物分类处理、节能减排等，确保生产现场的环境得到保护。

3.成本控制和质量管理

①质量是生产的核心。制定质量标准，确保生产过程中的每个环节，员工都按照标准进行。

②成本控制是生产现场管理中的重点关注内容。工厂应制定成本控制措施，监督生产人员的生产行为，确保生产成本得到有效控制。

4.员工培训和员工激励

（1）保证员工的专业技能和工作质量。

①工厂应该为员工提供系统化的培训，确保员工熟悉操作流程和注意事项。

②对员工进行考核和评估，定期检查员工的工作表现和达成的目标。

（2）建立合理的员工激励机制，如提供奖金、晋升机会、培训机会等，鼓励员工不断提高工作能力和质量，提高员工的工作积极性和创造力。

1.2.2 生产环境管理

生产环境管理是工厂管理中非常重要的一个环节，它可以保证生产过程的安全、效率、质量、符合法律法规要求，最终实现工厂效益的提升和可持续发展。对生产环境的管理主要包括以下五个方面。

1.生产场地和设备的管理

生产场地和设备是生产环境管理的重要组成部分。工厂应该确保生产场地和设备的干净、整洁、有序，避免存在安全隐患和工作环境不良影响员工的工作效率和健康。

2.工作环境的管理

加强对生产现场工作环境的管理，确保生产现场的工作环境符合安全、健康和环保要求，包括空气质量、噪声、照明、温度、湿度、安全防护等方面。

3.环保管理

对生产现场的环保工作进行管理，包括废弃物分类处理、污水处理、节能减排等，确保生产环境得到保护。

4.环境监测和控制

定期进行环境监测，包括噪声、粉尘、气体、水质等方面的检测，发现问题及时处理。同时应建立环境控制制度，对环境污染源进行控制，减少环境污染。

5.能源管理

建立能源管理制度，对生产过程中的能源消耗进行监督和管理，采取能够减少能源消耗的措施或采用清洁能源，提高资源利用效率的同时，实现可持续发展。

1.2.3　生产作业管理

对生产作业进行管理，可以优化生产流程，提高产品的质量，保证交货期，降低资源浪费，减少环境污染，降低生产成本，实现可持续发展。生产作业管理主要包括以下五个方面。

1.作业流程的规范化和标准化

建立作业流程的规范化和标准化，制定相应的作业指导书和操作规程，明确每个生产作业环节的要求和标准，确保生产作业按照规定流程和标准进行。

2.作业安全管理

全面考虑生产作业过程中的安全问题，从危险源的识别、评估和控制，到员工的安全意识和安全技能培训，确保生产作业过程安全可靠。

3.作业效率的提升

通过不断地优化生产作业流程，引入新的生产技术和设备，优化物料流、信息流和人员流的协调配合等手段，提高生产作业的效率和产出量。

4.质量控制和保证

对生产作业中的各项质量要素进行全面把控，从生产过程控制、质量检验和控制，到质量问题的处理和反馈，确保产品符合质量标准和客户要求。

5.作业环境的改善

通过改善生产作业环境，提高生产作业的舒适性和安全性，减轻员工的作业压力和疲劳感，提高员工的工作积极性和生产效率。

1.2.4　生产质量管理

生产质量管理对于工厂来说至关重要，对现场生产质量进行管理，可以提升产品质量，提高生产效率，优化生产过程，保障员工安全生产，降低质量成本。对于生产质量的管理主要包括以下六个方面。

1.质量规划

工厂应该明确质量管理的方向和重点，并制订相应的质量管理计划。

2.质量控制

工厂应该建立质量控制体系，通过对生产过程的监督和控制，确保产品质量稳定可靠，实现零缺陷的生产目标。

3.质量检验

工厂应该建立质量检验体系，对原材料、半成品和成品进行全面的检验和测试，确保产品符合质量标准和客户要求。

4.质量反馈和改进

工厂应该及时对质量问题进行反馈和处理，对生产过程进行分析和改进，从而不断提高产品的质量水平。

5.质量管理持续改进

工厂应该建立质量管理的持续改进机制，通过对质量管理体系的审核和评估，不断优化和改进质量管理的各个方面。

6.员工培训

对员工进行质量管理方面的培训，提高员工的质量意识和技能水平，从而推动全员参与质量管理，提高产品的整体质量水平。

1.2.5　生产设备管理

生产设备是工厂生产的重要工具，对于保障生产质量和生产效率有着重要作用，加强生产设备的维护和保养，提高设备的使用效率，能够提高工厂的生产效率，降低工厂生产成本。生产设备的管理主要包括以下六个方面。

1.设备维护

建立设备维护管理体系，定期对生产设备进行维护、保养和检修，确保设备处于良好的工作状态，减少设备故障和停机时间。

2.设备保养

根据设备的使用情况和维护计划，对设备进行定期的保养和润滑，保证设备正常运转，并延长设备的使用寿命。

3.设备监控

对设备运行情况进行监控，通过传感器和监控系统收集设备的工作数据，实时了解设备的运行状态，及时发现并解决设备故障。

4.设备改进

对生产设备进行改进和升级，提高设备的生产效率和质量水平，降低生产成本，提高工厂的竞争力。

5.设备安全

建立设备安全管理体系，确保生产设备的安全性和可靠性，避免设备发生故障或安全事故的发生。

6.员工培训

对操作生产设备的员工进行培训，提高员工的操作水平和操作安全意识，确保设备的正常运转和安全使用。

1.2.6　生产物料管理

对生产物料进行管理是为了确保在生产过程中所需的物料能够按时到位、正确合理使用和及时补充，从而达到生产效率最大化、成本最优化、品质最稳定的目标。生产物料管理主要包括以下六个方面。

1.物料领用

各生产车间根据生产计划和需求，领取符合生产要求的物料，确保物料的质量和供应稳定。

2.物料储存

对领用的物料进行妥善储存，建立合理的物料储存和管理制度，防止物料受潮、变质、损坏等情况的发生。

3.物料配送

根据生产计划和需求，将物料及时配送到生产线上，确保生产线的物料供应及时和充足，避免出现停工、待料等现象。

4.物料投入

对物料的投入进行管理，确保投入的物料数量和质量符合生产要求，避免生产线因物料不足或者质量问题而停产或者产生质量问题。

5.物料回收

对生产线上的废弃物料进行回收和处理，降低物料浪费和环境污染，同时提高资源利用率。

6.物料库存

对物料库存进行管理，建立合理的库存控制体系，避免库存过多导致资金浪费和占用过多储存空间，同时，也可以避免库存不足导致生产线停产。

1.2.7 生产成本管理

对生产现场成本进行管理，能够保障生产过程中的成本最小化，从而提高工厂的盈利能力和市场竞争力。生产成本管理主要包括以下五个方面。

1.原材料成本管理

加强对原材料的运输、质检、仓储、使用、报废等方面的管理，确保原材料的使用量和成本控制在合理范围内。

2.人工成本管理

人工成本包括生产人员工资、社会保险、福利和津贴等人力资源成本，确保工人的工资和福利水平合理，可以提高员工效率和工作积极性，减少员工流失率。

3.设备成本管理

加强对设备的维护和修理，延长设备的使用寿命，保证维护费用在合理范围内。

4.能源成本管理

能源成本包括电力、燃气、水等的成本，通过节能减排和能源管理，降低工厂的能源成本和环境污染。

5.库存成本管理

加强原材料、辅助材料、半成品、成品、工具等库存的管理，确保库存水平和成本控制在合理范围内，避免过高的库存成本对工厂造成损失。

1.2.8　生产安全管理

生产安全管理的作用是确保生产过程中的人员、设备和环境安全，从而保障工厂的稳定生产和员工的生命安全。生产安全管理主要包括以下七个方面。

1.制定安全规章制度

制定并实施相关的安全规章制度，规范生产作业流程，明确生产作业的安全责任，保证生产过程的安全。

2.安全培训教育

对生产作业人员进行安全培训和教育，并定期进行安全演练，提高员工的安全意识和应急能力。

3.安全设施设备

安装必要的安全设施设备，如消防设备、通风设备、防爆设备、紧急疏散设备等，确保生产现场的安全。

4.安全检查检测

定期对生产现场和设备进行安全检查和检测，发现安全隐患并及时处理，保障生产过程的安全。

5.应急预案

制定应急预案，确保在突发事件发生时，工厂能够及时、有效地采取应对措施，保障生产安全。

6.人身安全防护

为员工提供必要的人身安全防护用品，包括安全帽、防护眼镜、防护鞋等，保障生产作业人员的安全。

7.环境安全控制

减少噪声、粉尘等环境污染，生产现场设置安全疏散指示标志、安全疏散指示灯、安全出口标志等，确保生产现场的环境安全。

1.2.9 生产流程管理

实施生产流程管理可以保证工厂生产效率，降低生产成本，提高客户满意度，增强工厂在行业中的竞争力，实现生产的可持续发展。对生产流程的管理主要包括以下四个方面。

1.生产计划的制订和执行

制订合理的生产计划，根据市场需求和生产能力确定生产任务，对生产进度进行监督和控制，及时调整生产计划，以保证生产效率和产品质量。

2.生产过程的监督和控制

建立生产过程监督系统，对关键节点的生产过程进行实时监测和控制，确保生产过程稳定可控、质量符合要求。

3.品质管理

建立质量管理制度，对生产流程中的质量要素进行控制和管理，从产品设计、原材料选择、生产过程控制到成品检验等环节全面把控，提高产品品质。

4.工艺改进

持续关注市场需求变化，对生产流程进行不断的优化和改进，减少浪费，提高生产效率和产品质量。

02

生产人员管理"精进化"：选、用、培、考

2.1　生产人员招聘与选用

2.1.1　生产人员招聘规划方案

工厂根据自身战略发展规划，制定科学、合理的招聘规划体系，选聘合适的生产岗位人员，实现因事设岗、人尽其才、才尽其用的目标。

生产人员招聘规划方案为工厂提供生产人员需求预测方法、招聘规划全流程、招聘效果评估方法等，帮助工厂解决招聘规划问题。

生产人员招聘规划方案

一、目标

健全工厂生产人员招聘机制，确保优秀人才与岗位匹配，提高工厂人才队伍的素质和工作能力。

二、招聘原则

1.以生产人员满足工厂战略需求为根本目标。

2.以岗选人，人岗匹配。

3.同等条件下，优先选择工厂内部培养的优秀人才。

三、生产人员构成

工厂生产人员一般分为生产管理人员和普通生产人员。

1.生产管理人员：车间主任、技术主管、质量主管、物料主管、班组长。

2.普通生产人员：操作工、领料员、工艺员、检验员、统计员、调度员、技术员、安全员。

四、生产人员需求预测

1.生产人员需求预测影响因素。

（1）生产规模。随着生产规模的变化，工厂通过增减生产线数量或改变生产效率的方式来满足生产需求，生产人员的需求也会随之变化。

（2）产品类型。不同类型的产品需要不同专业、具有不同技能的生产人员。

（3）生产技术。生产线的技术更新也会对生产人员需求产生影响，比如，自动化生产线需要更多技术人员来管理与维护。

2.生产人员需求预测。

根据工厂战略规划、当前人力资源情况及其未来的变化情况，预测出短期（6个月～1年）、中期（1～3年）、长期（3～5年）的生产人员需求量。

3.生产人员需求预测方法。

（1）根据工厂生产任务难易程度、交付周期和员工的劳动效率，利用定性预测法、时间序列分析法、因果关系预测法来计算所需生产人员的数量。

（2）根据设备的数量和看管设备的生产人员定额来计算所需人数。

五、生产人员招聘实施

1.招聘计划制订。

（1）人力资源部汇总生产部门申报的生产人员用人需求，结合工厂发展战略、人力资源战略规划及年度用人需求预测情况，分析工厂生产人员当前招聘需求的合理性，并对生产部门的用人需求给予建议，如有不合理的情况，则要求生产部门对用人需求进行修改。

（2）生产部门对生产人员需求进行修改后，人力资源部再将生产人员需求整合为招聘计划，呈报总经理进行审核审批。

（3）招聘计划应制订得充分、合理、完善，避免出现冗员、招聘无法实施的情形。

2.招聘预算管理。

（1）根据部门的招聘需求及现有招聘渠道，汇集分类有关招聘的各项费用，在财务预算范围内分析招聘费用的预算，并编制"生产人员招聘预算表"。具体内容如表2-1所示。

表2-1　生产人员招聘预算表

需求部门	招聘岗位	招聘人数	招聘期限	类别		费用标准	本年度费用使用情况
				招聘网站费用	××区域人才网	1000～2000元/年	
					×联招聘	4000元/年	
					×聘网	8000元/年	
				招聘会费用		300～800元/场	
				招聘材料费用		500～1000元	
				招聘差旅费用		1000～10000元	
				RPO费用		1000～1500元/人	

（2）工厂总经理、财务经理对人力资源部申报的生产人员招聘预算进行审核审批。

（3）招聘预算的编制内容应合理，标准应明确，以减少工厂资金的浪费情况，避免出现审批程序不规范的情形。

3.面试甄选管理。

（1）工厂人力资源部负责收集、整理从不同招聘渠道收到的简历，进行初步筛选测评。

（2）根据岗位、业务类型，选择不同的测评方式，测评方式包括360度评估、心理测验等。

（3）招聘生产人员主要采取招聘网站、外包、招聘会等方式，面试时主要考察候选人的价值取向和责任意识。

（4）根据岗位职级及重要性，人力资源部选择性对准录用人员进行背景调查。

（5）面试选拔标准应合理，甄选过程应规范，避免出现人岗不匹配导致部门无法正常开展工作的情形。

4.员工录用管理。

（1）人力资源部配合用人部门，对应聘者进行全面综合的面试评估，择优录用。

（2）新员工的上岗时间由用人部门确定，人力资源部负责及时向新员工以邮件或书面通知的形式通知其上岗时间。

（3）人力资源部对面试通过者进行背景调查，并协助其完成体检、入职手续办理等程序，确保新员工符合工厂要求，同时也应对新员工的资料进行严格、规范的审查，避免身份不符或提供虚假证件等情况。

5.EHR系统人才储备。

（1）将招聘人才分为录用员工和备选员工。录用员工指达到录用标准、已入职或待入职的员工。备选员工指达到录用标准但未入职或未达到录用标准、未入职但具有一定发展潜力的员工。

（2）人力资源部在EHR系统上详细记录录用员工与备选员工的个人信息、面试情况及评价等。

（3）对于录用员工，应记录其试用期考核情况、评价情况及每次绩效改进情况，有利于深入了解员工和后期工厂生产人才队伍的建设。

（4）对于备选员工，针对不同情况，采用不同的方式保持联系，以便在业务扩展或者缺少相关业务人才时能够及时获得人才补充。

六、生产人员招聘规划效果评估

人力资源部对招聘规划的实施情况进行年度、月度分析，形成分析报表，以便人力资源部对招聘工作的组织进行有效性评估，并持续改进招聘实施过程中的问题。

2.1.2 生产增员管理制度

生产增员的情形一般分为季节性增员、新业务增员和离职增员。生产增员是为了应对因季节、新业务、原员工离职等导致人手短缺而应急招募新员工的行为，帮助工厂在不同阶段实现生产效率最大化。

生产增员管理制度
第1章 总则

第1条 为满足工厂业务增长产生的人才的需求，通过适当增员来提升生产人员素质的目的，特制定本制度。

第2条 本制度适用于工厂生产增员工作的管理。

第3条 增员渠道。

1.内部推荐。工厂员工推荐人才，可以较大程度地保证质量，但存在一定的管理隐患。适用于招聘生产管理人员及普通生产人员。

2.招聘网站。在专业的招聘网站上招聘人才，费用中等，时间较长，数量多，选择范围广，没有任何地域限制，并且可以宣传工厂品牌。适用于招聘生产管理人员及普通生产人员。

3.招聘会。社招、校招会上招聘人才，具有时效性，能够直接面对求职者，效率较高，但无法保证质量。适用于招聘普通生产人员。

4.猎头。使用第三方猎头机构招聘人才，费用较高，时间较长，针对性强，质量相对较高。适用于招聘生产管理人员。

5.RPO（招聘流程外包）。使用第三方劳务派遣机构招聘人才，费用中等，数量多，范围广，能够同时增加大批量员工。

第2章　季节性增员管理

第4条　季节性增员情形一般指节假日或某个季节对于某个产品的需求陡增，而市场上该产品供不应求，生产该产品的工厂业务量也随之增大，则需要更多生产该产品的员工。

第5条　季节性增员要点如下。

1.根据市场监测情况，拟出不同季节、节假日需求量增大的产品，根据产品生产线流程，确定需要增员招聘的工种。

2.根据不同工种，选择合适、专业、高效的招聘渠道。

3.制定面试、测评、录用流程。

第6条　季节性增员渠道。

1.社招招聘会。通过招聘会开展节假日、季节性人员社招。

2.RPO。将招聘任务外包给专业的招聘服务机构，高效、大批量增补员工。

第7条　对于增补的普通生产人员，签订劳务派遣、兼职等短期合同，只进行操作和安全生产培训即可上岗；对于增补的生产管理人员，签订劳务派遣、兼职等短期合同，除操作和安全生产培训，仍需进行测评、面试及其他相关培训才可上岗。

第3章　新业务增员管理

第8条　新业务增员情形。

1.当工厂因新业务需求导致工作量扩大、人手不足时，应考虑增补人员。

2.当工厂更新生产线、运用新生产技术，或者行业竞争激烈导致生产产品、方向转型需要增加新工种时，也应考虑增补人员。

第9条 新业务增员要点如下。

1.人力资源部调查了解新业务，根据新业务产品生产线流程，确定需要增员招聘的工种。

2.根据不同工种，选择合适、高效、专业、省时省力的增员渠道。

3.制定面试、测评、录用流程。

第10条 新业务增员渠道。

1.工厂因新业务需求导致工作量增大而增补人员。

（1）社招招聘会。在人才市场开展招聘会，获得大量新业务相关人才的简历。

（2）RPO。将招聘任务外包给第三方招聘服务机构，高效、大批量增员。

2.工厂因增加新工种而需增补人员。

（1）RPO。第三方外包机构负责招聘员工。

（2）猎头。针对特殊、罕见的业务人才，选择猎头机构进行增员。

第4章 离职增员管理

第11条 离职增员指原人员离职，其管辖业务无人接管，要求在规定时间内增补人员到岗。

第12条 人力资源部结合岗位说明书与离职岗位现状，拟定岗位招聘信息，发布招聘公告，选择合适、高效、专业、省时省力的增员渠道，制定相关面试、测评、录用流程。

第13条 离职增员渠道。

1.生产管理岗增员渠道。

（1）内部推荐。工厂员工推荐人才。

（2）招聘网站。通过专业的招聘网站进行招聘。

（3）猎头。选择第三方猎头机构招聘人才。

2.普通生产岗增员渠道。

（1）RPO。使用第三方劳务派遣机构招聘人才。

（2）社招招聘会。通过招聘会获得大量人才的简历。

第5章 增员保障措施

第14条 制订明确的增员计划。在增员前，需要明确增补的职位、人数、时间等具体信息，以便进行有的放矢的招聘。

第15条　选择合适的增员渠道。根据岗位需求和工厂实际情况，选择合适的增员渠道，如招聘网站、招聘会、RPO等，以提高增员的效率和成功率。

第16条　内部推荐增员激励。人力资源部在推荐人推荐成功，即被推荐人成功上岗后，给予推荐人每人150~500元现金或等值物品作为奖励。

第17条　建立增员档案。人力资源部指定1名专员管理增员档案，避免出现遗漏、错记人员的情形，并对月度、季度、年度增员数据进行分析，形成工厂的增员数据库。

第18条　合同签订。

1.对于季节性增员与新业务增员的人才，签订兼职或劳务派遣的短期合同，并注明双方权责义务、工作时间、薪酬待遇等。

2.对于离职增员的人才，根据岗位性质，签订劳动合同或者劳务派遣合同，并注明双方权责义务、工作时间、薪酬待遇等。

第19条　岗前培训。任何岗位上岗前，都应进行安全生产培训，降低或避免安全事故的发生。对于普通生产岗，还应进行生产操作规范培训，以便人员上手工作。

第6章　附则

第20条　本制度由人力资源部负责编制、解释与修订。

第21条　本制度自××××年××月××日起生效。

2.1.3　生产定编、定岗、定员管理制度

制定生产定编、定岗、定员管理制度可以帮助工厂合理控制人员数量，避免人才资源的浪费，从而提高工厂生产效益和竞争力。同时，建立生产定编、定岗、定员体系能够明确各个岗位的职责，规范工作流程，减少工作中的重复劳动。

生产定编、定岗、定员管理制度
第1章　总则

第1条　目的

为了工厂制订生产经营计划和人事调配有据可依，同时控制在岗人员规模，优化

组织结构，提高劳动效率，特制定本制度。

第2条　适用范围

本制度适用于工厂生产定编、定岗、定员工作的管理。

第2章　生产定编管理

第3条　制订生产人员编制计划

人力资源部根据工厂战略要求、业务发展及部门需求，重点考虑生产管理人员与普通生产人员的比例、车间工作量及难度的核定等因素，确定生产人员编制计划的内容，包含各车间各岗位的定编人数、现有人数、空缺人数，以及职位等级、职责、拟薪资待遇等，制订"生产人员编制计划"。

第4条　讨论生产人员编制计划

1.针对"生产人员编制计划"，人力资源部应与生产部共同讨论哪些岗位应增编或缩编并重新设计职责和确定相应的薪资待遇等。

2.人力资源部在与生产部讨论并制订"生产人员编制计划"后，呈报工厂总经理进行审核审批。

第5条　实施生产人员编制计划

在生产人员编制计划获得批准后，需要制订相关的实施计划，明确定编工作的具体执行流程和时间节点，并对定编工作进行监督和评估。监督和评估可以采用定期汇报、抽查工作记录等方式。

第6条　制定调整措施

人力资源部在实施编制计划的过程中，需要对编制计划进行调整的情形如下。

1.车间更新生产线或生产技术，急需配备更多人员或新工种人员。

2.工厂扩张新业务，急需更多生产人员。

3.工厂处在生产高峰期时，人手不足，可采用外聘、兼职等方式来补充人员。

4.工厂裁减或缩小某条生产线的业务时，人力资源部应考虑对该生产线进行人员缩编。

第3章　生产定岗管理

第7条　人力资源部首先确定生产部组织架构，具体内容如下。

1.车间。车间包含车间主任、班组长、操作工等岗位。

2.技术研发。技术研发包含技术主管、技术员等岗位。

3.设备维护。设备维护包含设备主管、检修人员等岗位。

4.质量管理。质量管理包含质量主管、质检人员等岗位。

5.安全生产。安全生产包含安全生产主管、安全员等岗位。

第8条　车间岗位职责内容如下。

1.车间主任。

（1）制订车间年度工作计划，将计划分解成每月、每周、每日计划。

（2）协调解决生产过程中出现的各种问题，管控整体生产进度。

（3）负责落实车间各项规章制度的实施及车间的日常管理工作。

2.班组长。

（1）协助车间主任全面落实工厂和车间的各项管理制度，参与车间各项生产计划的制订并执行，把控本组生产进度。

（2）掌握本组产品质量及生产进度，如实填写生产日报表。

（3）厉行节约，降低物耗，按照产品目标成本，搞好本组的成本控制。

3.操作工。

（1）根据生产计划完成生产任务，严格执行"三检"制度。

（2）正确理解作业工艺和标准要求。

（3）按规定要求正确使用和管理装配设备，正确判断和处理产品质量状况，做好搬运和储存及防护工作。

第9条　技术研发岗位职责内容如下。

1.技术主管。

（1）组织部门成员根据工厂产品需要，研发新技术，同时进行技术研发的调研工作，为该项工作提供依据。

（2）协调、解决生产过程中出现的技术问题，组织新产品的试验和实施工作。

（3）管理成员，指导其工作。

2.技术员。

（1）严格按图纸、施工规范和验收标准，进行各项技术操作。

（2）负责施工现场的测量工作，并对测量结果负责，做好各项技术资料的原始记录，及时整理并交资料员归档。

（3）对新技术、新工艺、新材料、新设备的应用，要及时总结经验，使之能在生产中广泛推广和应用。

第10条　设备维护岗位职责内容如下。

1.设备主管。

（1）负责制定设备操作规范与流程，并能为操作工提供操作指导。

（2）能够迅速诊断设备出现的故障问题，并提出解决措施。

（3）建立健全设施设备保管和维护的管理制度，并组织实施。

2.检修人员。

（1）严格执行设备检修工艺规程，保证检修质量。

（2）负责所分管设备的维护检修工作，保障设备正常运行，坚持二十四小时值班制度。

第11条　质量管理岗位职责内容如下。

1.质量主管。

（1）组织部门成员根据工厂产品质量标准，把控产品质量，同时进行产品质量的调研工作，为该项工作提供依据。

（2）协调、解决生产过程中出现的质量问题，组织新产品的试验和实施工作。

（3）管理成员，指导其工作。

2.质检人员。

（1）严格按照产品质量文件进行产品质量检测，对错检漏检造成的质量问题负责。

（2）正确填写产品质量检测记录，妥善保管质量记录及质检员印章。

第12条　安全生产岗位职责内容如下。

1.安全生产主管。

（1）全面负责生产车间的安全管理体系。

（2）负责制定安全生产管理制度，并组织实施；对生产人员进行安全生产教育与培训。

（3）负责各车间安全生产大检查的组织工作。

2.安全员。

（1）参与安全生产教育和培训，协助制订并实施职工安全教育和培训计划。

（2）检查并督促施工现场安全生产管理的各项规章制度和安全技术措施的落实。

（3）参与各种施工机械、设备的安装、使用、检查、维修和保养工作，保证各类机械、设备的安全运转。

第13条　工作分析

1.人力资源部选择岗位样本，明确工作分析的目的，并确定工作分析的负责人。

2.人力资源部设计调查问卷，对该岗位进行全面的调查研究，主要收集其相关工作内容和背景信息。

3.人力资源部整理收集到的信息，并分析该岗位的职责、权责关系及关键因素等。

4.人力资源部对分析结果进行审核，根据实际情况修订和完善工作分析方案。

第14条　人力资源部通过工作分析确定岗位说明书，岗位说明书应包含岗位名称、岗位编号、直接上下级、工作职责、任职资格等内容。

第15条　岗位说明书的相关资料由人力资源部报请工厂总经理审核审批，经批准后，发布于工厂内部，以便各部门岗位了解自身工作内容、认真履行职责。

第16条　人力资源部根据岗位说明书发布招聘信息，对符合条件的候选人进行测评及面试，根据面试情况择优录用。

第4章　生产定员管理

第17条　选择定员的方法如下。

1.按劳动效率定员。

根据工厂生产量、工人的劳动效率及出勤率等来计算人员数量。

2.按设备定员。

根据设备数量和看管设备的生产人员定额来计算所需人数。

3.按岗位定员。

根据该岗位的工作量、重要性等来确定人员数量。

4.按比例定员。

某一类人员占组织人员总人数的比例应达到法律规定，以此确定某种人员人数。

第18条　生产定员的评估与调整工作

1.工作负荷分析是评估定员编制的重要手段。通过对生产现场的观察和测量，分析每个岗位的工作负荷，评估该定员数量是否合适。

2.根据工作负荷分析的结果，工厂需要对定员编制进行调整。调整的方式通常包括增减人员、调整工作岗位或职责等。

第5章　附则

第19条　编制单位

本制度由人力资源部负责编制、解释与修订。

第20条　生效时间

本制度自××××年××月××日起生效。

2.1.4　生产人员选聘制度

生产人员选聘是为了满足工厂生产经营的需要，选拔合适、专业的人员担任生产岗位，从而保证生产经营活动能够顺利进行。进行内部选聘，可以提高员工的满意度和工作积极性，促进工厂的稳定发展；进行外部选聘，选聘合适的人才能够加强创新意识，避免思维同化。

生产人员选聘制度
第1章　总则

第1条　目的

为规范工厂生产人员选聘工作，公平选拔，特制定本制度。

第2条　适用范围

本制度适用于工厂生产人员选聘工作的管理。

第3条　选聘原则

1.公平、公正、公开。

2.选拔优秀、择优录取、内部优先。

第4条　选聘小组的成员及职责

1.生产部负责人，其职责为监督整体选聘过程并有最终决策权。

2.各车间主任，其职责为协助选聘，并为最终决策提供意见。

3.人力资源部工作人员，其职责为整个选聘工作的组织、实施。

第2章　生产经理选聘管理

第5条　外部人员申请资格

1.学历：本科及以上学历。

2.工作经验：5年及以上大型工厂生产部门管理工作经验，或3年及以上同岗位工作经验。

3.任职要求：具备较强的生产管理能力、计划执行能力、沟通能力、组织协调能力及成本意识，身体健康，态度端正，遵守规章制度。具有相关高级证书者优先。

第6条　内部人员申请资格

1.学历：本科及以上学历。

2.工作经验：3年及以上本工厂生产现场管理工作经验。

3.任职要求：具备较强的生产管理能力、计划执行能力、沟通能力、组织协调能力及成本意识，身体健康，态度端正，遵守工厂各项规章制度。在年度考核中月考核分数不得超过2次低于80分，具有相关高级证书者优先。

第7条　生产经理选聘方式

1.内部选聘。

（1）内部推荐：能够保证质量，省时省力。

（2）内部竞聘：竞聘人员熟悉工厂，培养成本较低，但易思维同化。

2.外部选聘。

（1）招聘网站：范围广、数量多，但耗时较长。

（2）猎头：费用较高，但高效专业、质量较好。

第8条　生产经理选聘流程

1.选聘工作小组发布选聘公告于外部渠道及内部网站，要求参加选聘的内部人员填写"生产经理内部选聘申请表"，参加选聘的外部人员填写简历。

2.申请表或简历填写完毕后，由人力资源部人员审核后将符合条件的人员的资料提交至选聘工作小组。

3.选聘工作小组对应聘人员进行全面的资格审查。

4.对应聘人员进行笔试、面试考核，根据笔试、面试考核的结果决定是否录用。

第9条　生产经理选聘结果处理

1.工厂按照内部优先、择优录取的原则，确定岗位人选。对内，安抚落选者失落情绪；对外，给予明确答复及理由。

2.一经录用，则开始3个月试用期。试用期内，若被录用者无法胜任，根据工厂试用期管理规定，予以解除劳动关系、调岗或回到原岗位工作。

第3章　生产主管选聘管理

第10条　外部人员申请资格

1.学历：本科及以上学历。

2.工作经验：3年及以上大型工厂同岗位工作经验。

3.任职要求：具备较强的生产管理能力、计划执行能力、协作能力、沟通能力及组织协调能力，身体健康，有责任心。

第11条　内部人员申请资格

1.学历：本科及以上学历。

2.工作经验：3年及以上本工厂生产现场管理工作经验。

3.任职要求：在年度考核中月考核分数不得超过2次低于80分，具备较强的生产管理能力、计划执行能力、协作能力、沟通能力及组织协调能力，身体健康，有责任心。

第12条　生产主管选聘方式

1.内部选聘。

（1）内部推荐：内部员工推荐人才，一定程度保证质量，可信度较高。

（2）内部竞聘：竞聘人员一般比较熟悉该岗位职责，工作上手较快，但思维可能已同化。

2.外部选聘。

（1）招聘网站：招聘范围广，简历数量多，但耗时较长。

（2）猎头：费用较高，但质量有保证，专业高效。

第13条　生产主管选聘流程

1.选聘工作小组发布生产主管选聘公告及职责内容于各类选聘渠道和内部网站，要求参加选聘的内部人员填写"生产主管内部选聘申请表"，参加选聘的外部人员填写简历。

2.申请表或简历填写完毕后，将符合条件的应聘人员资料提交至选聘工作小组。

3.选聘工作小组对应聘人员进行全面的资格审查，组织笔试、面试考核，根据综合考核的情况决定是否录用。

第14条　生产主管选聘结果处理

1.按照内部优先、择优录取的原则确定生产主管人选，对于落选者，安抚其情绪，给予鼓励与支持。

2.确定人选后，向被录用者发送录用通知书，员工入职后进行3个月试用期考核。若考核未通过或被录用者无法胜任岗位，予以解除劳动关系、调岗或回到原岗位工作。

第4章　车间主任、班组长选聘管理

第15条　车间主任外部申请资格

1.学历：大专及以上学历。

2.工作经验：3年及以上大型工厂同岗位工作经验。

3.任职要求：具备较强的车间全流程管理能力、组织协调能力、计划执行能力、学习与解决问题能力，身体健康，态度端正，遵守工厂各项规章制度。

第16条　车间主任内部申请资格

1.学历：大专及以上学历。

2.工作经验：2年及以上本工厂车间管理工作经验。

3.任职要求：在年度考核中月考核分数不得超过2次低于70分，具备较强的车间全流程管理能力、组织协调能力、计划执行能力、学习与解决问题能力，身体健康，态度端正，遵守工厂各项规章制度。

第17条　车间主任选聘方式

1.内部选聘。

（1）内部推荐：省时省力，有一定管理经验，较容易胜任。

（2）内部竞聘：培养成本低，可信度高，但易思维同化。

（3）员工个人申请：培养成本低，可信度高，上手工作快，针对性强。

2.外部选聘。

（1）招聘网站：覆盖面广，针对性强，培养成本较高。

（2）猎头：针对性强，质量有一定保证，费用及培养成本较高。

第18条　车间主任选聘流程

1.参加选聘的内部人员填写"车间主任内部选聘申请表"，参加选聘的外部人员填写简历。

2.申请表或简历填写完毕后，人力资源部人员将符合条件的应聘人员的资料提交至选聘工作小组。

3.选聘工作小组对应聘人员进行全面的资格审查，组织笔试、面试考核，根据考核的结果决定是否录用。

第19条　车间主任选聘结果处理

1.内部优先、择优录取。对内安抚落选者情绪，避免影响其工作热情；对外做好沟通，保证工厂的正面形象。

2.被录用者有为期3个月的试用期，在试用期内，若被录用者无法胜任，则予以解除劳动关系、调岗或回到原岗位工作。

第20条　班组长内部申请资格

1.学历：中专及以上学历。

2.工作经验：2年及以上本工厂生产现场工作经验。

3.任职要求：在年度考核中月考核分数不得超过2次低于60分，具备较强的基层班组管理能力、沟通能力及组织协调能力，身体健康，态度端正，遵守工厂各项规章制度。

第21条　班组长外部申请资格

1.学历：中专及以上学历。

2.工作经验：3年及以上大型工厂生产现场工作经验。

3.任职要求：具备较强的基层班组管理能力、沟通能力及组织协调能力，身体健康，态度端正，遵守工厂各项规章制度。

第22条　班组长选聘方式

1.内部选聘。

（1）内部推荐：可信度较高，省时省力。

（2）内部轮岗：培养成本低，轮岗可扩展员工的业务知识。

（3）内部竞聘：培养成本低，可信度高。

（4）员工个人申请：培养成本低，可信度高，针对性强。

2.外部选聘。

（1）招聘网站：覆盖面广，无地域限制，可作为工厂形象宣传，针对性强，培养成本高。

（2）招聘会：针对性强，与求职者直接面对面，面试效率高，但培养成本高。

（3）RPO：外包劳务派遣，能够同时接触多位求职者，省时省力，培养成本高。

第23条　班组长选聘流程

1.组建选聘工作小组，发布选聘公告于外部渠道及内部网站，要求参加选聘的内部人员填写"班组长内部选聘申请表"，参加选聘的外部人员填写简历。

2.申请表或简历填写完毕后，由人力资源部人员审核后将符合条件的应聘人员资料提交至选聘工作小组。

3.选聘工作小组对应聘人员进行全面的资格审查。

4.对应聘人员进行面试考核，根据面试考核的结果决定是否录用。

第24条　班组长选聘结果处理

1.工厂按照内部优先、择优录取的原则，确定岗位人选，同时做好内部落选者的思想工作，安抚其可能出现的失落情绪，避免其工作积极性受到影响。

2.对被录用者进行3个月的试用期考核，在试用期内，若被录用者无法胜任，根据工厂试用期管理规定，予以解除劳动关系、调岗或回到原岗位工作。

第5章　技术专员选聘管理

第25条　内部人员申请资格

1.学历：专科及以上学历。

2.工作经验：1年及以上本工厂生产现场技术工作经验。

3.任职要求：参与本工厂技术专员笔试得分不低于60分，具有相关初级技术资格证书的优先；具有较强的学习能力及发现问题、解决问题、技术创新能力，身体健康，态度端正，遵守工厂各项规章制度。

第26条　外部人员申请资格

1.学历：专科及以上学历。

2.工作经验：2年及以上大型工厂生产现场技术工作经验。

3.任职要求：具有相关初级技术资格证书，具有较强的学习能力及发现问题、解决问题、技术创新能力，身体健康，态度端正，遵守工厂各项规章制度。

第27条　技术专员选聘方式

1.内部选聘。

（1）内部推荐：可信度较高，质量有一定保障，被推荐人才上手工作较快。

（2）内部竞聘：培养成本低，可信度高，但易思维同化。

（3）员工个人申请：培养成本低，可信度高，针对性强，但易思维同化。

2.外部选聘。

（1）招聘网站：覆盖面广，无地域限制，可作为工厂形象宣传，针对性强，培养成本高，但技术创新性强。

（2）招聘会：针对性强，与求职者直接面对面，面试效率高，培养成本高，技术创新性强。

（3）猎头：人才专业性较高，针对性强，培养成本高，技术创新性强。

（4）RPO：外包劳务派遣，能够同时接触多位求职者，扩大选聘范围，培养成本高，技术创新性强，人才专业性不及猎头选聘。

第28条 技术专员选聘流程

1.选聘工作小组发布选聘公告于外部渠道及内部网站，要求参加选聘的内部人员填写"技术专员内部选聘申请表"，参加选聘的外部人员填写简历。

2.申请表或简历填写完毕后，人力资源部人员将符合条件的应聘人员资料提交至选聘工作小组。

3.选聘工作小组对应聘人员进行全面的资格审查，并对应聘人员进行考核，主要采取笔试、面试的考核方式，根据考核的结果决定是否录用。

第29条 技术专员选聘结果处理

人力资源部安抚内部落选员工，避免员工工作积极性受到影响。对被录用者进行3个月的试用期管理，在试用期内，若被录用者无法胜任，根据工厂试用期管理规定，予以解除劳动关系、调岗或回到原岗位工作。

第6章 附则

第30条 编制单位

本制度由人力资源部负责编制、解释与修订。

第31条 生效时间

本制度自××××年××月××日起生效。

2.2　生产人员使用与激励

2.2.1　生产人员胜任素质模型

通过生产人员胜任素质模型的建立与应用，可以明确各类生产人员具备的技能、知识及职业素养，从而有针对性地对员工进行培训和开发，帮助员工实现个人职业发展和工作技能提高，同时激发员工的创新潜能，促进组织变革与创新。

（1）工厂生产人员知识、技能、职业素养水平分级如表2-2所示。

表2-2　工厂生产人员知识、技能、职业素养水平分级

分类	名称	定义	级别	具体内容
知识	专业知识	指在特定领域中所需要的技术和知识	1级	熟悉与本岗位有关的理论知识、技术标准、操作规范
			2级	熟练掌握与本岗位有关的理论知识、技术标准、操作规范；熟悉本行业的技术发展情况，同时也了解相关岗位的理论知识
			3级	精通与本岗位有关的理论知识、技术标准、操作规范；熟悉本行业的技术发展与创新改革情况，也熟悉相关岗位的理论知识

分类	名称	定义	级别	具体内容
知识	生产管理知识	指关于生产系统的设计、运行、维护和改进的一系列知识和技能，涉及生产质量、设备、流程、计划、控制、工艺、人员管理7个方面	1级	根据职位需要，掌握7个方面中的1～2个所涉及的知识
			2级	根据职位需要，掌握7个方面中的3～5个所涉及的知识，并且对另外2～4个方面的知识有所了解
			3级	根据职位需要，掌握7个方面所涉及的知识，且精通1～2个方面，能熟练运用于生产管理工作中
	产品质量知识	指关于产品质量的知识和技能，包括产品的设计、制造、检测、维护等方面的知识	1级	了解工厂产品及其相关质量的管理知识，掌握产品质检所需的基本技能
			2级	掌握产品及其相关质量的管理知识，精通产品质检所需的技能，掌握一定生产设备的技术要求，能够为工厂产品质量体系提出建设性意见
			3级	精通工厂产品及其相关质量的管理知识，精通产品质检所需的技能及生产设备的技术要求，能够带领团队建设工厂产品质量体系
技能	组织协调能力	根据工作任务对资源进行分配、控制、协调、激励、组织活动，并实现组织目标的能力	1级	根据工作任务的重要性及紧急性，提前分配各类资源；当团队发生矛盾时，能采取有效措施，巧妙地化解矛盾
			2级	根据工作任务的重要性及紧急性，提前分配各类资源，协调各部门关系；能调动活动参与者的积极性；善于化解各种冲突
			3级	不仅能够组织好各项活动、分配调度各类资源，还能够协调各部门、工厂内外部人员关系，善于利用各种资源、人脉解决矛盾；能够制定有效方案来预防不和谐因素的产生

分类	名称	定义	级别	具体内容
技能	计划执行能力	指按照计划预定的方向和步骤，有效地完成任务和目标的能力	1级	确定自己的短期工作目标，将工作目标分解为若干可操作的步骤，并有时间进度意识
			2级	确定自己的中期、短期目标，将工作目标分解为若干可操作的步骤，设置优先次序后，形成工作进度计划；能够提前预估工作目标所需的各类资源，形成预案
			3级	确定自己的中期、短期、长期目标，将工作目标分解为若干可操作的步骤，设置优先次序后，形成工作进度计划；能够提前预估工作目标所需的各类资源，主动评估存在的风险，形成预案；通过建立监督和反馈机制，把握计划的执行情况
	学习与解决问题能力	指个体在面对新问题和新情境时，能够主动寻求解决方法和策略，并通过学习和积累知识来不断提高自己的解决问题的能力	1级	有不断学习的意识，愿意主动寻求解决方法
			2级	善于发现问题，也能解决问题，并且能通过学习和积累知识来不断提高自己的解决问题的能力
			3级	具有较强的问题分析与解决能力，能够建立问题分析与解决体系；具有较强学习能力，并能够给他人提供指导
职业素养	敬业精神	指个体对自己所从事的工作及学习负责的态度	1级	脚踏实地地完成本职工作，但不主动承担责任
			2级	事业心强，努力完成力所能及的事情，主动承担责任
			3级	热爱事业，上进心强，以工厂利益为主，主动承担责任
	成本意识	指节约成本与控制成本的观念	1级	在工作中不浪费，提倡节俭
			2级	在工作中不浪费，将成本控制在预算范围内
			3级	在工作中不浪费，制止周围的成本浪费行为，将成本控制在预算范围内，并且能建立成本控制或降本体系

（2）车间主任胜任素质模型如表2-3所示。

表2-3 车间主任胜任素质模型

知识	等级要求	技能	等级要求	职业素养	等级要求
专业知识	3级	组织协调能力	3级	敬业精神	3级
生产管理知识	3级	计划执行能力	3级		
质量管理知识	3级	学习与解决问题能力	2级	成本意识	2级

（3）班组长胜任素质模型如表2-4所示。

表2-4 班组长胜任素质模型

知识	等级要求	技能	等级要求	职业素养	等级要求
专业知识	2级	组织协调能力	2级	敬业精神	3级
生产管理知识	2级	计划执行能力	2级		
质量管理知识	2级	学习与解决问题能力	2级	成本意识	2级

（4）技术主管胜任素质模型如表2-5所示。

表2-5 技术主管胜任素质模型

知识	等级要求	技能	等级要求	职业素养	等级要求
专业知识	2级	组织协调能力	2级	敬业精神	3级
生产管理知识	2级	计划执行能力	2级		
质量管理知识	2级	学习与解决问题能力	3级	成本意识	2级

2.2.2 车间主任、班组长任用标准

车间主任和班组长是工厂生产的中坚力量，其能力和素质直接影响着生产线的运转效率和产品质量。通过制定车间主任和班组长的任用标准，工厂可以选拔出具备管理能力、生产技能和团队合作精神的人才，确保生产线的稳定与高效。

（1）车间主任任用标准如表2-6所示。

表2-6 车间主任任用标准

应聘方式	任用标准	说明
外部人员应聘	学历	专科及以上
	工作经验	3年及以上大型工厂生产现场管理工作经验，或1年及以上大型工厂同岗位管理工作经验
	个人要求	具备全面的车间管理专业知识及生产管理知识，熟练掌握质量管理知识，具有良好的组织协调能力、学习与解决问题能力，对工作负责、敬业，具有良好的成本意识，身体健康，态度端正，遵守工厂各项规章制度
	考核结果	3个月的试用期考核通过
内部人员应聘	学历	专科及以上
	工作经验	2年及以上本工厂生产现场管理工作经验
	个人要求	在年度考核中月考核分数不得超过2次低于70分，具备全面的车间管理专业知识及生产管理知识，熟练掌握质量管理知识，具有良好的组织协调能力、学习与解决问题能力，对工作负责、敬业，具有良好的成本意识，身体健康，态度端正，遵守工厂各项规章制度
	考核结果	3个月的试用期考核通过

（2）班组长任用标准如表2-7所示。

表2-7 班组长任用标准

应聘方式	任用标准	说明
外部人员应聘	学历	中专及以上
	工作经验	3年及以上大型工厂生产现场工作经验，或1年及以上大型工厂同岗位管理工作经验
	个人要求	具备较强的基层班组管理能力、组织协调能力，身体健康，态度端正，遵守工厂各项规章制度
	考核结果	3个月的试用期考核通过
内部人员应聘	学历	中专及以上
	工作经验	2年及以上本工厂生产现场工作经验
	个人要求	在年度考核中月考核分数不得超过2次低于60分，具备较强的基层班组管理能力、组织协调能力，身体健康，态度端正，遵守工厂各项规章制度
	考核结果	3个月的试用期考核通过

2.2.3　生产人员岗位责任制管理办法

生产人员岗位责任制能够最大限度地实现生产岗位劳动用工的科学配置，可作为考核生产人员的依据，起到监督员工履行职责、权利、义务的作用；同时规范生产人员行为、操作流程等，以提高工作效率和工作质量。

生产人员岗位责任制管理办法

第1章　总则

第1条　为加强对生产人员的管理，明确其岗位职责，提高其工作效率和产品质量，确保安全生产，特制定本办法。

第2条　本办法适用于生产人员岗位责任制管理工作。

第3条　生产人员岗位责任制管理要点。

1.生产人员岗位应有清晰的岗位职责规范。

2.工厂应建立科学的生产人员岗位绩效考核与薪酬管理体系。

3.工厂应完善生产人员岗位培训机制。

第2章　生产人员岗位职责规范管理

第4条　工厂人力资源部与生产部根据战略发展与业务需求，共同制定生产人员岗位说明，岗位说明应包含任职资格、工作内容等。

第5条　在岗位说明的基础上，人力资源部还应对各生产岗位的职责进一步明确，包括对各岗位的工作流程、工作标准、权责关系等方面进行明确规定，以确保各生产岗位的职责清晰明了。

第6条　生产人员岗位说明文件由人力资源部报请工厂总经理审核，审核通过的岗位说明应作为选聘、合理配置生产人员的主要依据，同时人力资源部应在工厂内部发布岗位说明，以便生产人员了解工厂对生产岗位的要求和期望。

第7条　随着工厂的业务变化和战略调整，生产人员岗位说明也应该进行相应的更新和修订，每次更新和修订都需经由工厂总经理审核审批。

第3章　生产人员岗位绩效考核与薪酬管理

第8条　人力资源部根据工厂及生产部的实际情况，编制"生产人员岗位绩效考核方案"。其中，对各生产岗位均采取月度、季度、年度绩效考核，对车间主任另加年度目标责任完成考核。考核结果是薪酬发放、岗位调整的依据。

第9条　人力资源部根据收集的数据，确定被考核人的考核结果，并将结果反馈给被考核人和被考核人的上级领导，提出绩效改进建议。

第10条　若被考核人对考核结果有异议，应在收到结果的3个工作日内向人力资源部申请复核，人力资源部也应及时处理复核申请，并向被考核人解释考核结果。

第11条　人力资源部通过对各生产岗位的工作分析，编制相应的"生产人员岗位薪酬管理方案"，包含基本薪酬、岗位薪酬、保险福利、奖金补贴、薪酬发放时间及薪酬调整依据等。

第12条　生产人员薪酬于每月__日发放，若对当月薪酬有异议，应在薪酬发放后的3个工作日内向人力资源部提出异议，人力资源部也应及时处理异议，并向被考核人解释薪酬结果。

第4章　生产人员岗位培训管理

第13条　人力资源部制定生产岗位培训需求调查问卷，了解工厂各部门（包含生产部）对生产人员技能、知识、职业素养方面待提高的要求及期待。

第14条　通过培训需求调查结果，人力资源部制定"生产人员岗位培训管理方案"。根据生产人员能力水平和素质要求，设计不同类型的培训方式，对普通生产人员采用在岗、师带徒等培训方式，对生产管理人员采用外派学习、外部培训、课程教学等培训方式。

第15条　人力资源部设计"培训考评表"，考评分数应作为岗位绩效考核的一个标准。

第16条　生产部应建立"生产岗位培训台账"，并对培训相关资料文件存档。

第5章　附则

第17条　本办法由人力资源部负责编制、解释与修订。

第18条　本办法自×××年××月××日起生效。

2.2.4　生产车间岗位责任制管理办法

建立健全生产车间岗位责任制，应以岗位定人员，责任落实到人，各尽其职，人尽其才，达到事事有人负责的目的；同时生产车间岗位责任制的建立可以促进生产人员在职责与分工明确的条件下，互相配合、协作，共同完成生产车间工作任务。

生产车间岗位责任制管理办法

第1章　总则

第1条　目的

为明确生产车间各岗位的职责、权限，激励各岗位创造业绩，为工厂做出更多贡献，特制定本办法。

第2条　适用范围

本办法适用于生产车间岗位责任制的管理工作。

第3条　生产车间岗位责任制管理要点

1.生产车间岗位一般分为车间主任、班组长、普通生产人员，明确各岗位职责、义务、权限。

2.强化监督考核机制，明确奖惩制度。

第2章　车间主任岗位责任制管理

第4条　车间主任职责

1.在生产部负责人的领导下，全面负责车间的管理工作，包括安全生产、生产进度把控、生产设备管理、人员管理等。车间主任是本车间的第一责任人。

2.分解及执行本车间生产计划，组织领导本车间生产人员在规定时间内完成各项生产与经济技术指标。

3.贯彻落实"安全第一，预防为主"的原则，定期实施安全生产培训、演练及检查，降低或预防安全生产风险。

4.坚持"质量第一"，定期检查、维护、更新设备，严格按照质量标准对车间设备进行评级，监督、审查车间技术操作规范。

5.加强车间经济核算和成本控制工作。

第5条　车间主任义务

1.认真执行工厂及车间的各项规章制度和管理制度。

2.严格执行生产工艺要求，保证生产正常进行。

3.组织好车间的生产、设备维护、环境卫生等工作。

4.统筹管理车间工人的考勤、工资及奖罚分配等工作。

第6条　车间主任权限

1.对本车间的生产经营和行政管理工作有决策权和指挥权。

2.在工厂规定的范围内对本车间的人员、资金和物资有调动处置权。

3.在工厂规定范围内，有权制定适合本车间实际情况的奖惩办法，实行自主分配。

4.有权对本车间的各项工作进行监督和检查，并提出改进意见和建议。

第7条　监督考核

每月进行车间主任岗位责任制监督考核，每个考核指标单项满分为100分，根据实际情况进行评分。

1.车间生产计划完成率（40%）：车间主任应该按时按质完成生产计划，未完成计划延误交货期1天扣5分。

2.安全文明生产（20%）：是否健全安全责任制，是否开展安全活动；安全监督、安全事故发生率、车间清洁卫生、现场物料、半成品堆放是否符合要求。如出现重大安全责任事故发生人员伤亡，此项考核不得分。

3.生产质量（20%）：产品质量经检测，合格率低于工厂规定水平的90%，此项考核不得分。

4.成本控制（10%）：生产成本每高于规定水平1%扣5分。

5.团队管理（10%）：由人力资源部和生产部负责人进行综合评分。

第8条　奖惩机制

1.A级：考核得分在90（含90）～100分，给予500元岗位激励奖金，且全年不低于10次考核得分为A，可申请调薪。

2.B级：考核得分在75（含75）～89分，给予300元岗位激励奖金。

3.C级：考核得分在60（含60）～74分，不进行奖励或惩罚。

4.D级：考核得分在60分以下，罚扣300元。

第3章　班组长岗位责任制管理

第9条　班组长职责

1.组织和带领本班组人员保质保量完成车间下达的任务，监督、审查本班组人员的生产工艺及设备安全操作是否符合标准。

2.检查本班组的安全生产情况，协助维护好安全生产秩序，并向上级报告。

3.发生事故时，及时报告，保护现场，积极主动组织抢救，并如实上报。

4.加强本班组经济核算和成本控制工作。

第10条 班组长义务

1.负责班前、班中、班后的管理工作，以及本班组成员学习培训的组织实施工作。

2.定期组织本班组成员讨论生产操作环节中出现的问题，及时向车间主任反馈建议。

第11条 班组长权限

1.对本班组的劳动、生产、设备、安全、卫生等工作有布置、检查、督促、评比、考核的权利。

2.对违反安全规定和操作规程的人员，有权进行批评教育。

第12条 监督考核

每月进行班组长岗位责任制监督考核，每个考核指标单项满分为100分，根据实际情况进行评分。

1.班组生产计划完成率（40%）：班组长应该按时按质完成班组生产计划，未完成计划延期1天扣5分。

2.安全文明生产（20%）：在班组长带领下，班组成员是否严格执行安全操作规程，是否正确使用机器设备、工具、原材料、安全装置和个人防护用品。如出现重大安全责任事故发生人员伤亡，此项考核不得分。

3.生产质量（20%）：产品质量经检测，合格率低于工厂规定水平的90%，此项考核不得分。

4.成本控制（10%）：生产成本每高于规定水平1%扣5分。

5.团队管理（10%）：由生产部负责人和车间主任进行综合评分。

第13条 奖惩机制

1.A级：考核得分在90（含90）～100分，给予300元岗位激励奖金，且全年不低于8次考核得分为A，可申请调薪。

2.B级：考核得分在75（含75）～89分，给予100元岗位激励奖金。

3.C级：考核得分在60（含60）～74分，不进行奖励或惩罚。

4.D级：考核得分在60分以下，罚扣100元。

第4章 普通生产人员责任制管理

第14条　普通生产人员职责

各类普通生产人员应遵从岗位说明书履行职责义务。设备人员应定期检查、维护设备，发现问题及时上报处理，保证生产任务顺利进行；操作人员能掌握工艺操作流程，熟悉工序的产能变化；检验人员定期检查产品的质量情况，如遇问题立即处理或上报。

第15条　普通生产人员义务

1.服从部门的分配，听从上级领导指挥，严格遵守车间的各项操作规程及规章制度。

2.爱护公物，妥善保管工装、量具、模具，清洗用具，保持工作现场的整洁。

第16条　普通生产人员权限

1.在其岗位规定职责范围内，按要求使用工具、设备等。

2.有对工作、车间及部门等提建议的权利。

第17条　监督考核

每月进行普通生产人员责任制监督考核，每个考核指标单项满分为100分，根据实际情况进行评分。

1.月度工作计划完成率（60%）：各普通生产人员应该按时按质完成月度工作计划，未完成计划延期1天扣5分。

2.安全文明生产（30%）：是否按照安全生产管理要求开展工作，使用设备，如出现重大安全责任事故发生人员伤亡，此项考核不得分。

3.成本控制（10%）：每出现一次浪费行为扣5分，每出现一次造成车间、部门、工厂经济损失的行为扣10分。

第18条　奖惩机制

1.A级：考核得分在90（含90）～100分，给予100元岗位激励奖金，且全年不低于6次考核得分为A，可申请调薪。

2.B级：考核得分在75（含75）～89分，给予50元岗位激励奖金。

3.C级：考核得分在60（含60）～74分，不进行奖励或惩罚。

4.D级：考核得分在60分以下，罚扣50元。

第5章　附则

第19条　编制单位

本办法由×××部负责编制、解释与修订。

第20条　生效时间

本办法自××××年××月××日起生效。

2.2.5　技术员岗位责任制

建立技术员岗位责任制，可以使技术员有更多时间、精力提高技术水平与工作质量；同时明确技术员岗位职责，可以避免出现互相推诿、抢功等现象，从而促进合作与协作，提高团队精神。

1.技术员职责

（1）负责管辖范围内设备的维护，对管辖范围进行巡检，并做好相关记录。

（2）认真执行安全生产规程，严格按照安全技术操作规程来执行生产任务。

（3）做好工序质量控制，严格执行工艺要求，对产品质量负责，并及时向班组长反馈质量情况。

（4）认真填写工作台账和交接班记录，保证各项记录真实、准确、完整。

2.技术员义务

（1）严格遵守工厂的各项规章制度和技术标准，服从领导安排与调配。

（2）加强现场技术指导与管理，努力提高设备、工装、量具的利用率和完好率，降低生产成本，提高工作效率。

（3）积极参加技术培训和业务学习，不断提高业务水平和操作技能，积极参与工厂产品的技术革新、工艺改进、合理化建议活动，并提出改进措施。

3.技术员权限

（1）在上级领导的指导下进行技术工作，有权拒绝违章作业的指令。

（2）有权参加技术管理制度、规程、规章、技术标准和各项工作制度的拟订工作。

（3）有权参加技术培训，并在工作中提出改进工艺、提高工艺技术水平的建议。

4.监督考核

每月进行技术员岗位责任制监督考核,每个考核指标单项满分为100分,根据实际情况进行评分。

(1)月度技术工作计划完成率(40%):月度技术工作一般为该岗位责权范围内的事务,技术员应该按时按质完成月度技术工作计划,未完成计划延期1天扣5分。

(2)安全文明生产(30%):是否严格按照安全技术操作规程来执行生产任务,如出现重大安全责任事故发生人员伤亡,此项考核不得分。

(3)生产质量(20%):产品质量经检测,合格率低于工厂规定水平的90%,此项考核不得分。

(4)成本控制(10%):每出现一次浪费行为扣5分,每出现一次造成车间、部门、工厂经济损失的行为扣10分。

5.奖惩机制

(1)A级:考核得分在90(含90)~100分,给予300元岗位激励奖金,且全年不低于10次考核得分为A,可申请调薪。

(2)B级:考核得分在75(含75)~89分,给予100元岗位激励奖金。

(3)C级:考核得分在60(含60)~74分,不进行奖励或惩罚。

(4)D级:考核得分在60分以下,罚扣100元。

6.技术突破奖励

(1)确定技术突破的目标和时间,制订技术突破的计划。

(2)对技术突破并实现创收进行分级奖励,具体内容如下。

①为工厂每年创造利润在1000万元及以上,奖励比例为所创造利润的10%。

②为工厂每年创造利润在500万(含)~1000万元,奖励比例为所创造利润8%。

③为工厂每年创造利润在100万(含)~500万元,奖励比例为所创造利润6%。

④为工厂每年创造利润在10万(含)~100万元,奖励比例为所创造利润4%。

⑤为工厂每年创造利润在10万元以下,奖励比例为所创造利润2%。

2.2.6 研发人员岗位责任制

建立研发人员岗位责任制,明确其职责、义务、权限,可以在执行研发工作任务时分工清晰，避免出现推诿现象；建立健全研发人员监督考核、奖惩及研发创新激励机制，增强研发团队的活力，有利于创新、发展其研发水平。

1.研发人员职责

（1）负责参与工厂产品的研发工作，协助解决新产品在试验、试产、量产阶段遇到的问题，并整理成档案文件。

（2）参与工厂产品实验室或外部实验、检测工作，做好数据记录，核对检测数据的真实性及准确度，同时对实验的数据进行分析评估，对产品研发提出建设性意见。

（3）严格按照安全生产管理规定执行研发任务。

（4）为提高现有产品质量、降低或控制生产成本，研发人员应对现有产品的设计和工艺工序进行改进。

（5）当客户投诉产品时，研发人员应参与产品研发改进的讨论，对有待改进之处进行分析，提高产品质量及客户满意度。

2.研发人员义务

（1）研发人员应建立和维护产品所需的图纸、技术及检测标准、BOM等资料，对资料进行归档整理，保证在研发过程及生产过程中能及时向相关部门、人员递交资料。

（2）参与产品研发中所需材料的供应商的开发、管理、评审工作，记录其中产生的资料及数据。

3.研发人员权限

（1）研发人员拥有产品研发战略制定的建议权，以及制订年度产品研发计划的参与权。

（2）对于产品研发过程中的关键环节，如试验过程及生产过程调整不当因素，具有发言权和监督权。

（3）对于生产过程中的工艺执行情况，具有监督权和建议权。

4.监督考核

每月进行研发人员岗位责任制监督考核，每个考核指标单项满分为100分，根据实际情况进行评分。

（1）月度研发工作计划完成率（40%）：月度研发工作计划一般为该岗位责权范围内的事务，研发人员应该按时按质完成月度研发工作计划，未完成计划延期1天扣5分。

（2）安全文明生产（30%）：是否严格按照安全生产管理规定执行研发任务，如出现重大安全责任事故发生人员伤亡，此项考核不得分。

（3）研发质量（20%）：研发质量是否符合技术与检测标准，每出现1次研发质量不达标扣5分。

（4）成本控制（10%）：每出现一次浪费行为扣5分，每出现一次造成车间、部门、工厂经济损失的行为扣10分。

5.奖惩机制

（1）A级：考核得分在90（含90）～100分，给予300元岗位激励奖金，且全年不低于10次考核得分为A，可申请调薪。

（2）B级：考核得分在75（含75）～89分，给予100元岗位激励奖金。

（3）C级：考核得分在60（含60）～74分，不进行奖励或惩罚。

（4）D级：考核得分在60分以下，罚扣100元。

6.研发创新创收分级奖励

①为工厂每年创造1000万元及以上的利润，奖励比例为所创造利润的10%。

②为工厂每年创造500万（含）～1000万元的利润，奖励比例为所创造利润的8%。

③为工厂每年创造100万（含）～500万元的利润，奖励比例为所创造利润的6%。

④为工厂每年创造10万（含）～100万元的利润，奖励比例为所创造利润的4%。

⑤为工厂每年创造10万元以下的利润，奖励比例为所创造利润的2%。

2.2.7　计件生产人员激励办法

计件生产人员激励办法分为薪酬激励、发展激励、荣誉激励。通过不同激励办法，提高计件生产人员的工作热情，培养员工技能，增强员工对工厂的归属感、荣誉感，促进员工与工厂双赢及团队合作。

计件生产人员激励办法
第1章　总则

第1条　为加强对工厂计件生产人员的激励管理，提高计件生产人员的工作积极性与责任心，特制定本办法。

第2条　本办法适用于工厂计件生产人员的激励管理工作。

第3条 计件生产人员激励要点如下。

1.薪酬激励:根据每个人的贡献和价值来付酬,鼓励多劳多得,使他们的收入与付出成正比。

2.发展激励:为计件人员提供职业规划咨询,帮助他们制订职业发展计划,以此激励他们的工作热情。

3.荣誉激励:对于表现优秀的计件人员给予荣誉称号或进行表彰奖励,通过榜样作用带动其他员工的工作积极性。

第2章 薪酬激励

第4条 工厂计件人员的薪酬构成为岗位工资、工龄工资、计件工资、绩效工资、年终奖金等。其中,岗位工资与工龄工资属于静态工资,每年根据员工表现及晋升情况进行调整;计件工资、绩效工资、年终奖金是浮动工资,根据月度、年度员工的计件、绩效表现情况进行调整。

第5条 岗位工资根据生产人员的岗位等级划分不同,工资标准不同,岗位等级一般分为初级、中级、高级。

第6条 工龄工资是按照员工的工作年限,即员工在工厂工作的时间来计算的。生产人员在本工厂工作满一年,每月工龄工资为____元;一年期后,生产人员在本工厂工作每满一年,每月工龄工资在一年期工龄工资标准上增加____元。

第7条 计件工资是按照生产人员生产出的合格产品的数量和预先确定的计件单价来计算计件报酬,计件生产人员生产的合格产品越多,计件工资越多。计件工资=合格品数量×计件单价=合格品数量× $\dfrac{单位时间工资标准}{单位时间产量定额}$ 。

第8条 计件生产人员的绩效工资是按照一定的评定标准和程序进行评定的。通常人力资源部根据员工的绩效表现、工作任务的难度和复杂性、工作态度和团队合作等因素来评定等级。计件生产人员的绩效工资评定等级如下。

1.A级

(1)绩效考核得分在90分以上(含90分),考核系数为1.2。

(2)评定条件(必须符合以下3项条件):

①生产的合格产品数量不低于原定合格产品数量标准。

②按照规定操作设备,设备损毁率不超过工厂规定水平。

③具有节能节耗意识，没有出现过浪费现象，并且能够监督制止浪费行为。

（3）绩效工资=岗位工资×30%×考核系数（1.2）。

2.B级

（1）绩效考核得分在75分以上（含75分）、90分以下，考核系数为1.0。

（2）评定条件（必须符合以下3项条件）：

①生产的合格产品数量不低于原定合格产品数量标准。

②按照规定操作设备，设备损毁率不超过工厂规定水平。

③具有节能节耗意识，出现浪费现象不超过3次，并且能够监督制止浪费行为。

（3）绩效工资=岗位工资×30%×考核系数（1.0）。

3.C级

（1）绩效考核得分在60分以上（含60分）、75分以下，考核系数为0.8。

（2）评定条件（必须符合以下3项条件）：

①生产的合格产品数量不低于原定合格产品数量标准的90%。

②按照规定操作设备，设备损毁率不超过工厂规定水平。

③具有节能节耗意识，但出现不浪费现象不超过3次，并且能够监督制止浪费行为。

（3）绩效工资=岗位工资×30%×考核系数（0.8）。

4.D级

（1）绩效考核得分在60分以下，考核系数为0.6。

（2）评定条件（只要存在以下任何一项条件，均评定为D）：

①生产的合格产品数量低于原定合格产品数量标准的90%。

②按照规定操作设备，设备损毁率超过工厂规定水平。

③具有节能节耗意识，但出现浪费现象超过3次。

（3）绩效工资=岗位工资×30%×考核系数（0.6）。

第9条　计件生产人员的年终奖由其个人年度考核得分、所在车间所有人员年度考核总得分及所在车间应得的年终奖总额决定。

1.车间考核：根据车间的任务完成情况、劳动纪律、工艺质量情况、环境卫生意识等进行评分，所在车间应得年终奖总额=工厂年终奖总额×考核系数×$\dfrac{所在车间年度考核得分}{所有车间年度考核总分}$。

2.个人考核：根据个人的任务完成情况、劳动纪律、工艺质量情况、环境卫

生意识等进行评分，个人应得年终奖总额＝所在车间应得年终奖总额×考核系数×

$$\frac{个人年度考核得分}{所在车间所有人员年度考核总得分}。$$

第3章　发展激励

第10条　通过人格类型测试、兴趣量表，帮助生产人员发现自己的兴趣、价值观、才能，从而确定其职业发展方向。

1.专家方向：向拥有专业知识、专业技能的专家、工匠方向发展。

2.管理方向：向班组长、车间主任等管理者方向发展。

第11条　制订员工发展计划。

1.人力资源部通过与员工及其上级领导访谈、调查分析等方式，充分了解生产人员的职业发展需求，制订具有针对性的员工发展计划，帮助员工找到其发展方向，提供给员工相应的机会。

2.员工发展计划每年更新一次，内容包括职业发展方向、目标岗位、学历提升、技能培训需求、兴趣爱好培养、身心健康管理等。

3.人力资源部应记录员工每年的发展计划完成情况，以此作为员工晋升的依据之一。

第12条　晋升管理流程。

1.制定晋升标准：人力资源部根据工厂发展战略和人力资源规划，制定明确的生产人员晋升标准，包括学历、经验、能力等方面的要求。

2.员工评估：生产人员中有意愿申请晋升或参与竞聘的，可向人力资源部提交"员工晋升申请表"。人力资源部成立生产人员晋升评审小组，对申请晋升的员工进行评审，包括对其工作表现、业绩、能力等方面进行评估，并提出相应的建议。

3.公示晋升名单：人力资源部应将评审通过的员工名单进行公示，接受工厂所有员工的监督和评议。

4.正式任命：公示无异议后，人力资源部应向待晋升员工发布经由工厂总经理审批后的任命文件，并向其明确岗位职责和具体工作内容。在人力资源部正式发布任命后，该晋升员工的薪酬水平于下一月度进行调整。

第4章　荣誉激励

第13条　年末，每个车间按照优秀生产人员初审标准至少推荐1名员工进行优秀生产人员评比，总推荐人数不超过20名。车间主任填写"优秀生产人员推荐表"后，交至人力资源部审核。优秀生产人员初审标准如下。

1.全年月度考核低于80分不超过2次。

2.员工发展计划至少完成90%。

3.工作态度积极、主动、热情、负责，具有高度合作、协作意识。

4.言行举止得体，符合工厂形象要求，没有损害工厂利益、声誉的行为。

第14条　工厂全体员工（包含工厂总经理、各部门负责人）通过不记名民主投票的方式，评选出优秀生产人员。

第15条　人力资源部核对评选出的生产人员的工作表现、纪律情况等是否符合优秀生产人员评选标准。若符合，将员工相关资料报请工厂总经理审核审批后，发布表彰公告，每人奖励200元；若不符合，则将相关资料退回有关部门或车间。

第5章　附则

第16条　本办法由×××部负责编制、解释与修订。

第17条　本办法自××××年××月××日起生效。

2.3　生产人员培训与提升

2.3.1　新员工培训方案

新员工培训是工厂人力资源管理的重要环节，有助于提高新员工的岗位适应能力，增强其对工厂的认同感和归属感，降低新员工流失率。

新员工培训方案主要是通过岗前培训、在职岗位培训及安全生产培训，增强新员工的职业素养及安全生产意识。

新员工培训方案

一、目标

增强工厂新员工职业素养，提高新员工的工作技能，降低新员工的流失率。

二、新员工培训大纲

1.岗前培训包括工厂的发展历史、产品业务、文化理念等内容。

2.在职岗位培训包括工作岗位介绍、业务知识、操作流程、技能培训、职业生涯规划。

3.安全生产培训包括安全生产专业知识、重大危险源管理、重大事故防范、应急管理、国内外先进的安全生产管理经验、典型事故和应急救援案例分析等。

三、岗前培训

1.由人力资源部组织集中培训，在新员工入职的一周内完成。

2.人力资源部培训师备好工厂的基本资料，包括行业发展、工厂情况、规章制度、产品情况、文化理念等，以便新员工更快了解工厂。具体培训内容如下。

（1）行业发展。本厂所处行业在全国甚至全球的发展，重点强调本厂在行业中的发展优势。

（2）工厂情况。本厂的发展历史、经营现状、发展趋势、组织架构、各部门职责及高管人员介绍。

（3）规章制度。重点介绍与员工"人、财、物"有关的制度，如考勤制度、薪酬福利制度、报销制度、考核制度等。

（4）产品情况。重点介绍本厂现有产品的生产现状、市场占有情况及未来产品的规划。

（5）文化理念。培训师可通过视频、案例等方式讲解本厂的工厂文化、经营理念。

3.于岗前培训结束前3天，完成岗前培训考核。

（1）对于非一线生产人员，进行书面考核，考核得分不低于60分即算通过考核。

（2）对于一线生产人员，人力资源部针对岗前培训出具考卷，考卷含10个问题，答对5个及以上即算通过考核。

四、在职岗位培训

1.由各部门或车间自行组织培训，在新员工入职后的一个月内完成。

2.各部门或车间选派一位培训人员，负责新员工的在职岗位培训，培训内容如下。

（1）重点介绍新员工所在部门的组织结构、部门业务、岗位职责、试用期工作内容、本部门规章制度。

（2）对于生产车间岗位，由培训人员或者生产人员代表现场进行生产操作，新员工记录操作流程，并试操作一遍。

（3）培训新员工工作技能与技巧，以便新员工能迅速上手岗位工作。

（4）培训新员工职业生涯规划，包含人格、兴趣、技能测评，帮助新员工定位职业发展方向，降低新员工流失率。

3.于岗位培训结束前一周，完成在职岗位培训考核。

（1）对于非一线生产人员，进行书面考核，考核得分不低于60分即算通过考核。

（2）对于一线生产人员，进行操作考核，由上级领导打分，得分不低于60分即算通过考核。

4.新员工签订在职岗位培训协议后，相关部门与新员工按照协议规定履行双方的权利义务，若有违规，则扣除三个月绩效的5%，情况严重者，予以解除劳动关系。

五、安全生产培训

1.由安全部门组织集中培训，在新员工入职后的两周内完成。

2.安全部门选派一位培训人员，负责新员工的安全生产培训，培训内容如下。

（1）安全生产专业知识。安全生产方针和政策、法律法规、管理知识、安全生产标准化知识等。

（2）重大危险源管理。生产过程中的危险因素和危害、重大危险源应急救援预案、注意事项等。

（3）重大事故防范。重点介绍安全生产检查和重大安全隐患排查治理。

（4）应急管理。重点介绍应急管理运行机制、应急演练制度、物资储备和调配机制及应急管理信息公开和社会参与机制等。

（5）国内外先进的安全生产管理经验。分享国内外大、中、小型工厂在安全生产管理方面的案例，对标同行，学习、借鉴其安全生产管理经验。

（6）典型事故和应急救援案例分析。分享本厂处理事故、应急救援的案例，分析其中遇到的问题，寻找最佳解决措施。

3.于安全生产培训结束前3天，完成安全生产培训考核。

（1）对于非一线生产人员，进行书面考核，考核得分不低于60分即算通过考核。

（2）对于一线生产人员，安全部门针对安全生产培训出具考卷，考卷含10个问题，答对5个及以上即算通过考核。

4.新员工签订安全生产培训协议后，相关部门与新员工按照协议规定履行双方的权利义务，若有违规，则扣除三个月绩效的5%，情况严重者，予以解除劳动关系。

2.3.2　工匠培养方案

工匠培养是为了培养具有专业技能和工匠精神的人才，以满足工厂和社会对高素质技能人才的需求。

工匠培养方案主要是通过学习培训、考核竞赛及建言献策等培养方式，促进技能人才的成长与发展，促进工厂发展及提高其竞争力。

工匠培养方案

一、目的

为弘扬"执着专注、精益求精、一丝不苟、追求卓越"的工匠精神，培养属于本厂的、具有本厂特色的工匠，结合本厂实际情况，特制定本方案。

二、工匠培养要点

1.工匠培养对象范围为工厂生产人员。

2.工匠培养内容：

（1）专业知识。指工匠在其职业领域中所需掌握的科学知识和技术知识，包括安全生产、质量管理、工艺技术、设备维护等方面的知识。

（2）专业技能。指工匠在其职业领域中所需掌握的实际操作技能和专业技能，包括手工制作、机械加工、装配调试、维修维护等方面的技能。

3.工匠培养方式。

（1）学习培训。师带徒培训、外部培训、外派培训。

（2）考核竞赛。定期开展工匠知识考核和工匠技能竞赛。

（3）建言献策。每年末举行1次建言献策活动，表现优秀者可考虑为工匠培养候选人。

三、学习培训

1.师带徒培训。

（1）为师条件：

①从事生产操作、设备维护、工艺技术、检修等岗位且被评定中级及以上技术资

格的员工。

②业务技术精湛，工作认真敬业，从未出现安全生产与质量事故，有师带徒的意愿。

③1名导师负责带教2～3名学徒。

（2）为徒条件：

①与本厂签订劳动合同或与劳务工厂签订劳务合同派遣至本厂从事生产操作、设备维护、工艺技术、检修等岗位的员工。

②热爱工作，认真敬业，主动谦虚，有强烈学习的意愿。

（3）培训内容：

①师带徒协议期为6个月，在协议期内，导师负责带教学徒学会本岗位技能知识与独立上岗操作。

②协议期内，导师每月为学徒制订学习计划，并监督学徒按时按质完成。

③导师应给予学徒工作上的指导，传授工作方法与经验，学徒应对工作方法与经验进行详细记录。

（4）师带徒考核：

协议期内，每月对师带徒培训内容、学徒学习计划完成情况、导师监督情况进行考核。考核得分在90分（含）以上，奖励导师100元；考核得分在60分以下，罚扣导师50元。

2.外部培训。

（1）外部培训指工厂为提升员工认知及技能，邀请外部培训机构、单位或人员前往本厂为员工进行培训。一般每季度开展1次外部培训。

（2）培训内容：

①工艺技术知识的培训，包括生产工艺、质量控制、设备维护和保养等方面的内容。

②机械设备维护和保养知识的培训，包括设备使用、维护和保养技巧等方面的内容。

③操作技能培训，包括生产过程中的操作技巧、故障排除和应急处理等方面的内容。

④安全生产和环保知识培训，包括安全生产规范、环保法规和标准等方面的

内容。

⑤生产管理知识的培训，包括生产计划、物料管理、成本控制、质量管理等方面的内容。

（3）外部培训考核。

外部培训机构、单位或人员针对培训内容出具考卷，得分在70分（含）以上即算通过考核，未通过考核者应观看相关培训视频来学习，并再次进行考核。

3.外派培训。

（1）外派培训是指将员工派往其他单位或机构进行培训，以提高员工的专业技能知识，开阔员工眼界。一般每年开展1～2次外派培训。

（2）培训内容：

①参与外派培训的员工，应与外派单位或机构签订外派培训协议，协议期根据情况而定。

②主要进行生产技术、设备操作、质量控制、安全生产等知识技能培训。

③参与外派单位培训的员工，根据协议内容学习该单位创新、高效、专业的知识技能，避免思维同化。

（3）外派培训考核。

协议期结束前，外派机构或单位针对培训内容出具考卷，得分在70分（含）以上即算通过考核，未通过考核者应通过复习、请教等方式查缺补漏、巩固知识，并再次进行考核。

四、考核竞赛

1.知识考核。

（1）通过试卷检测，对生产岗员工涉及的安全生产、质量、节能等工作进行知识考核。每季度开展1次知识考核。

（2）由生产部负责人、各车间主任组成考核小组，出具考卷，得分在80分（含）以上即算通过考核，未通过者查缺补漏、巩固知识，再次进行考核。

2.技能竞赛。

（1）每季度开展1次技能竞赛，不同岗位开展不同技能竞赛，通过技能竞赛发现潜在专家、工匠，并提升生产岗员工的工作热情与积极性。

（2）技能竞赛前三名按名次高低依次奖励____元、____元、____元。

五、建言献策

（1）建言献策是工厂为鼓励生产人员对生产技术、质量控制、安全生产等方面积极提出自己的见解所举行的活动。由人力资源部工作人员、生产部负责人组成建言献策评审小组。每年举行1次建言献策活动。

（2）建言献策奖金为200元，在年终随年终奖统一发放。生产岗人员要申请该项奖金，必须符合以下3项条件。

①生产岗员工结合工厂实际情况，提出了有效的、涉及生产技术、质量控制、安全生产等方面的书面建议，并得到建言献策评审小组及工厂总经理的签批。

②生产岗员工所提的建议能够被推广、应用于工厂实践中，且能产生积极、有效的结果。

③生产岗员工所在车间和个人年度考核得分均高于60分。

2.3.3　技术工艺人员培训方案

技术工艺人员培训对于提高员工工作能力、确保产品质量、提高工作效率、增强团队合作及员工发展个人职业生涯都具有重要意义。

技术工艺人员培训方案通过培训需求调查分析、阐述各类培训方式和重点、培训考核及评估等要点，使工厂技术工艺人员掌握更有效的工作方式，提升技能，促进工厂发展。

技术工艺人员培训方案

一、目标

提高工厂技术工艺人员的知识技能水平，建立技术工艺人员培训体系。

二、培训需求调查分析

1.人力资源部调查技术工艺部门现状及技术工艺人员在工作中存在的问题和个人不足的地方。

2.人力资源部了解技术工艺人员目前对部门培训现状的看法，重点把握其对于技术工艺方面的培训需求。

3.人力资源部对技术工艺岗位的技能需求进行分析，从而确定技能培训标准和培训重点。

三、培训实施

1.人力资源部制订技术工艺人员培训计划，根据培训对象和需求选择合适的培训时间、地点、方式。

2.技术工艺人员培训方式：

（1）授课法。

聘请讲师向员工传授专业知识和技能。授课法适用于对技术原理、工作指导等方面的培训，可以帮助员工系统地掌握专业知识和技能。

（2）现场示范法。

通过现场示范，让员工直接感受到技术的实际应用和操作方法。现场示范法适用于对技术应用和操作方面的培训，能够帮助员工快速掌握技能操作。

（3）外部培训。

工厂为提升员工认知及技能，邀请外部培训机构、单位或人员前往本厂为员工进行培训。

（4）外派培训。

将员工派往其他单位或机构进行培训，以提高员工的专业技能知识与开阔员工眼界。

（5）项目实践法。

通过项目实践帮助员工掌握实际的技术技能和工作方法，其优点是可以让员工亲身体验工作过程，加深对理论知识和技能的理解和认识。

（6）在线学习法。

通过在线观看视频课程等方式，员工可以随时随地学习，自主学习和完成各种学习任务。

3.工厂技术工艺人员培训重点及方式选择如表2-8所示。

表2-8　工厂技术工艺人员培训重点及方式选择

培训类型	培训重点	培训方式
技术培训	生产特点、作业环境、设备状况	授课法
	技术操作规程与设备维护	现场示范法、授课法
	技术改造与新技术	外部培训、外派培训、项目实践法

培训类型	培训重点	培训方式
工艺培训	工艺流程与工艺参数	现场示范法、授课法
	工艺改造与新工艺	外部培训、外派培训、项目实践法
安全生产培训	安全生产专业知识、重大危险源管理、重大事故防范、应急管理、国内外先进的安全生产管理经验、典型事故和应急救援案例分析	授课法、在线学习法

4.根据培训内容，选择合适的培训讲师，包括内部讲师、外部讲师、行业专家等。

四、培训考核

1.试卷考核。

（1）针对技术培训、工艺培训、安全生产培训的原理知识部分，进行试卷考核。

（2）试卷考核由培训讲师出具考卷，得分在70分（含）以上即算通过考核，未通过者查缺补漏、巩固知识，再次进行考核。

2.实践考核。

（1）针对技术培训、工艺培训、安全生产培训的技能操作与现场演练部分，进行实践考核。

（2）由技术主管、工艺主管、安全主管、车间主任对员工的现场实践进行打分，得分在70分（含）以上即算通过考核。

3.技术工艺人员签订技术工艺人员培训协议后，相关部门与员工按照协议规定履行双方的权利义务，若有违规，则扣除三个月绩效的5%，情况严重者，予以解除劳动关系。

五、培训评估

人力资源部通过培训考核结果、日常工作表现、绩效考核及与部门领导沟通情况，对技术工艺人员的培训效果进行评估，评估结果可为以后的培训打下基础。

2.3.4 一线操作人员培训方案

实施一线操作人员培训不仅可以提高一线员工的工作能力和素质，还可以增强工厂的竞争力，从而推动工厂不断发展和壮大。

一线操作人员培训方案通过阐述OJT训练和多能工培训的方式、内容、考核、评估，提高一线操作人员的专业素养，促进其多项技能的培养。

一线操作人员培训方案

一、目标

不断提升一线操作人员的业务水平与操作技能，严格履行岗位职责，增强综合素质。

二、一线操作人员工培训要点

1.OJT训练。OJT训练有助于提高一线操作人员的实际工作技能和解决实际问题的能力，同时也能够帮助员工更好地适应工作环境和要求，提高工作效率和质量。

2.多能工培训。帮助一线操作人员掌握多项操作技能，确保员工自身及工厂未来的健康发展。

三、一线操作人员工OJT训练

1.OJT在岗指导培训。

OJT在岗指导培训指在员工实际工作过程中，针对其在工作中遇到的实际问题和困难，由经验丰富的专家或导师进行一对一指导或辅导，以提高员工的业务技能和解决实际问题的能力。

2.OJT方式及内容。

（1）指导者根据一线操作人员的工作实际情况，针对其工作中存在的问题和困难进行指导或辅导，帮助员工提高工作技能。

（2）指导内容涉及工厂业务、部门制度、安全生产、生产流程及职业素养等。具体内容如下。

①工厂业务。工厂基本情况、发展历史、业务产品等。

②部门制度。与员工"人、财、物"有关的制度，如考勤制度、薪酬福利制度、报销制度、考核制度等。

③安全生产。设备安全操作规程、工作现场安全管理、紧急情况应对等。

④生产流程。包括生产工艺流程、操作规范、产品质量控制等方面的内容，以确保操作工能够按照标准操作程序进行生产。

⑤职业素养。工作纪律、职业道德、成本意识等。

3.OJT考核。

（1）考核被指导者。通过试卷检测和现场操作等方式进行考核，两项考核均通过即算OJT考核合格，若有一项考核未通过，被指导者应进行补考。

（2）考核指导者。人力资源部收集、整理、存档被指导者的反馈意见，若被指导者补考仍未合格，则酌情取消指导者资格。

（3）一线操作人员签订OJT训练协议后，相关部门与员工按照协议规定履行双方的权利义务，若有违规，则扣除三个月绩效的5%，情况严重者，予以解除劳动关系。

4.OJT评估。

人力资源部通过OJT考核结果、日常工作表现、绩效考核及与部门领导沟通情况，对一线操作人员的OJT训练效果进行评估。

四、一线操作人员多能工培训

1.多能工培训。

工厂为提高生产效率，降低成本，要求员工在掌握一种岗位技能的同时，也要熟悉其他岗位的技能。

2.多能工培训方式及内容。

（1）根据员工的工作表现和需要，定期安排一线操作人员进行岗位轮换，以便员工能够全面了解和熟悉不同的工作内容及流程，掌握多种技能。

（2）多能工培训学习项目如下。

①原料处理。挑选、整理、切割、分类、存放。

②加工。车床加工、铣床加工、钻床加工、磨床加工。

③装配。零件的清洗和检查、画线和钻孔、配合和定位、加固和紧固、检验和调整、涂胶和装配。

④包装。喷漆、防护、装箱。

3.多能工培训考核。

（1）考核周期。

单项技能报名满5人以上，即可集中组织1次考核。

（2）考核小组。

由班组长、工艺技术主管、车间主任及人力资源部工作人员组成。

（3）考核方式。

①理论知识考核。由考核小组出具考卷，得分在70分（含）以上即算通过考核，未通过者有且只有1次补考机会。

②操作考核。现场对所学习的技能进行实践操作，由考核小组进行综合评分，得分在70分（含）以上即算通过考核，未通过者有且只有1次补考机会。

③只有理论知识考核与操作考核均通过，被考核者才被授予工厂"多能工"资格证。

（4）一线操作人员签订"多能工"培训协议后，相关部门与员工按照协议规定履行双方的权利和义务，若有违规，扣除三个月绩效的5%，情况严重者，予以解除劳动关系。

4.多能工评估。

人力资源部通过"多能工"考核结果、工作表现、绩效考核及与相关部门领导沟通情况，对一线操作人员的"多能工"培训效果进行评估。

2.4　生产人员考核与晋升

2.4.1　车间主任、班组长考核实施细则

工厂对车间主任、班组长实行考核，旨在充分发挥车间主任和班组长的主观能动性，提高他们的领导能力和各项任务的执行力，带领全体员工按照质量体系的标准完成预期目标任务。

车间主任、班组长考核实施细则
第1章　总则

第1条　为提高车间主任及班组长的岗位责任心与工作热情，加强车间和班组管理工作，结合工厂实际情况，特制定本细则。

第2条　本细则适用于工厂车间主任、班组长考核实施工作的管理，除另有规定

外，均需参照本细则办理。

第2章　车间主任月度考核实施

第3条　考核对象为各车间主任，由生产部负责人与人力资源部共同实施车间主任的月度考核工作。

第4条　月度考核以车间主任当月实际绩效考核分数为准，单项指标满分为100分，加权平均后即为当月实际绩效考核分数。月度实际绩效考核分数=业绩指标分数×60%+能力指标分数×30%+职业素养指标分数×10%。

第5条　车间主任月度考核指标如下。

1.业绩指标（60%）：含车间生产计划完成情况、安全生产管理、生产质量等。

2.能力指标（30%）：含车间全流程管理能力、组织协调能力、人际沟通能力、计划执行能力及学习与解决问题能力等。

3.职业素养指标（10%）：敬业精神、责任心及成本意识等。

第6条　绩效等级及奖惩措施

1.A级：考核得分在90（含90）～100分，工资上浮10%。

2.B级：考核得分在75（含75）～89分，工资上浮5%。

3.C级：考核得分在60（含60）～74分，工资不变。

4.D级：考核得分在60分以下，工资下调5%。

第7条　每月初，人力资源部发布月度绩效考核通知，每月10日前确定车间主任的月度绩效考核指标。

第8条　每自然月结束前10天，生产部负责人填报车间主任月度实际完成业绩及评分，车间主任、生产部负责人对绩效考核结果签字确认，人力资源部统计结果。

第9条　考核结束后，生产部负责人应与车间主任沟通关于月度工作的表现，通过分析绩效考核结果，发现问题并解决，同时反馈绩效改进建议。

第10条　在收到考核结果后的3个工作日内，车间主任若对考核结果存有异议，应向人力资源部提出申诉。人力资源部应立即组织对申诉内容的审查，再将最终审查结果反馈至申诉者。若车间主任未在3个工作日内提出申诉，则视为认同该考核结果。

第3章　车间主任年度考核实施

第11条　考核对象为各车间主任，由生产部门负责人与人力资源部共同实施车间主任的年度考核工作。

第12条　年度考核应以车间主任年度实际绩效考核得分为准，单项考核指标满分为100分，加权平均后即为年度实际绩效考核分数。年度实际绩效考核分数=本年度月度业绩考核平均分×50%+年度述职分数×30%+能力指标分数×10%+职业素养指标分数×10%。

第13条　车间主任年度考核指标如下。

1.本年度业绩考核平均分（权重50%）：本年度业绩考核平均分=本年度业绩考核分数和除以12。

2.年度述职（权重30%）：含车间年度工作总结、岗位工作成果亮点（安全生产、质量管理等）、下年度工作计划、车间管理。

3.能力指标（10%）：含车间全流程管理能力、组织协调能力、人际沟通能力、计划执行能力及学习与解决问题能力等。

4.职业素养指标（10%）：敬业精神、责任心及成本意识等。

第14条　绩效等级及奖惩措施如下。

1.A级：年度绩效考核系数为1.5，考核得分在90（含90）～100分，年终奖=月岗位工资×1.5。

2.B级：年度绩效考核系数为1.2，考核得分在75（含75）～89分，年终奖=月岗位工资×1.2。

3.C级：年度绩效考核系数为1.0，考核得分在60（含60）～74分，年终奖=月岗位工资×1.0。

4.D级：年度绩效考核系数为0.8，考核得分在60分以下，年终奖=月岗位工资×0.8。

第15条　每年12月20日至12月31日，生产部负责人应对车间主任年度绩效考核进行评分。于次年1月10日前，生产部负责人、车间主任均应确认年度绩效考核结果，人力资源部统计结果。

第16条　考核结束后，生产部负责人应与车间主任就年度绩效考核结果沟通，通过分析绩效考核结果，发现并解决问题，并反馈下一年度绩效改进建议。

第17条　车间主任若对考核结果有异议，在收到结果后的3个工作日内向人力资源部提出申诉，人力资源部应迅速组织对申诉内容的审查，并将最终审查结果反馈至申诉者。

第4章　班组长月度考核实施

第18条　考核对象为各班组长，由生产部负责人、车间主任和人力资源部共同实施班组长的月度考核工作。

第19条　月度考核以班组长当月实际绩效考核分数为准，单项指标满分为100分，加权平均后即为当月实际绩效考核分数。月度实际绩效考核分数=业绩指标分数×60%+能力指标分数×30%+职业素养指标分数×10%。

第20条　班组长月度考核指标如下。

1.业绩指标（60%）：含班组内生产计划完成情况、安全生产管理、生产质量、现场管理、组员纪律等。

2.能力指标（30%）：含基层班组管理能力、组织协调能力、人际沟通能力、计划执行能力及学习与解决问题能力等。

3.职业素养指标（10%）：敬业精神、责任心及成本意识等。

第21条　绩效等级及奖惩措施如下。

1.A级：考核得分在90（含90）～100分，工资上浮10%。

2.B级：考核得分在75（含75）～89分，工资上浮5%。

3.C级：考核得分在60（含60）～74分，工资不变。

4.D级：考核得分在60分以下，工资下调5%。

第22条　每月初，人力资源部发布月度绩效考核通知，每月10日前确定班组长的月度绩效考核指标。

第23条　每自然月结束前10天，车间主任填报班组长月度实际完成业绩及评分，生产部负责人、车间主任、班组长对绩效考核结果签字确认，人力资源部统计结果。

第24条　考核结束后，车间主任应与班组长沟通关于月度绩效考核的内容，分析、发现、解决问题，并反馈绩效改进建议。

第25条　班组长在收到考核结果后的3个工作日内可向人力资源部提出异议，人力资源部应立即组织对异议内容的审查，并将最终审查结果反馈至申诉者。

第5章　班组长年度考核实施

第26条　考核对象为各班组长，由生产部门负责人、车间主任与人力资源部共同实施班组长的年度考核工作。

第27条　年度考核应以班组长年度实际绩效考核得分为准，单项考核指标满分为100分，加权平均后即为年度实际绩效考核分数。年度实际绩效考核分数=本年度业绩考核平均分×50%+年度述职分数×30%+能力指标分数×10%+职业素养指标分数×10%。

第28条　班组长年度考核指标如下。

1.本年度业绩考核平均分（权重50%）：本年度业绩考核平均分=本年度月度业绩考核分数和除以12。

2.年度述职（权重30%）：含班组内年度工作总结、岗位工作成果亮点（安全生产、质量管理、现场管理、组员纪律等）、下年度工作计划、班组管理。

3.能力指标（10%）：含基层班组管理能力、组织协调能力、人际沟通能力、计划执行能力及学习与解决问题能力等。

4.职业素养指标（10%）：敬业精神、责任心及成本意识等。

第29条　绩效等级及奖惩措施如下。

1.A级：年度绩效考核系数为1.5，考核得分在90（含90）～100分，年终奖=月岗位工资×1.5。

2.B级：年度绩效考核系数为1.2，考核得分在75（含75）～89分，年终奖=月岗位工资×1.2。

3.C级：年度绩效考核系数为1.0，考核得分在60（含60）～74分，年终奖=月岗位工资×1.0。

4.D级：年度绩效考核系数为0.8，考核得分在60分以下，年终奖=月岗位工资×0.8。

第30条　每年12月20日至12月31日，生产部负责人、车间主任应对班组长年度绩效考核进行评分。于次年1月10日前，生产部负责人、车间主任、班组长均应确认年度绩效考核结果，人力资源部统计结果。

第31条　考核结束后，车间主任应与班组长就年度绩效考核结果沟通，分析考核结果，总结经验，并反馈下一年度绩效改进建议。

第32条　班组长若对考核结果有异议，在收到结果后的3个工作日内向人力资源部提出申诉，人力资源部应迅速处理该申诉，并反馈最终审查结果。

第6章　附则

第33条　本细则由人力资源部负责编制、解释与修订。

第34条　本细则自××××年××月××日起生效。

2.4.2　技术工艺与研发人员晋升实施细则

建立及规范技术工艺与研发人员晋升管理体系，为技术工艺与研发人员确立职业生涯通道，可以提高技术工艺与研发人员的工作热情和工作积极性，增强其对工厂的归属感，降低员工流失率。

技术工艺与研发人员晋升实施细则

第1章　总则

第1条　为建立技术工艺与研发人员的职业生涯通道，确立其职业发展方向与工厂发展战略相符合，促使其提高技术、工艺、研发水平，结合工厂实际情况，特制定本细则。

第2条　本细则适用于工厂技术工艺与研发人员晋升工作的管理，除另有规定外，均需参照本细则办理。

第2章　技术工艺人员晋升实施

第3条　晋升对象为技术工艺人员。人力资源部负责组织、实施、协调技术工艺人员晋升工作，技术工艺部负责人负责对技术工艺人员的晋升进行考核与评审。

第4条　技术工艺人员的晋升方向。

1.专业方向：包括技术工艺专家、工匠。

2.管理方向：包括技术工艺主管、部门经理。

第5条　技术工艺人员的晋升条件。

1.每年度不超过2次月度绩效考核分数低于80分。

2.候选人的知识技能，包括技术工艺水平、安全生产、质量管理及团队管理等符合相关规定。

3.候选人的能力水平，包括组织协调、计划执行、人际沟通及岗位适应能力等符合相关规定。

4.考察候选人的工作态度，包括责任感、事业心和进取精神等。

5.考察候选人的品质，包括诚实性、勤勉性、容忍性、合作性等。

第6条 技术工艺人员的晋升形式如下。

1.对于非试用期的技术工艺人员，实行定期晋升、不定期晋升与竞聘形式。

（1）定期晋升。每年末，年度绩效考核结束后，根据考核结果及评价，结合工厂生产经营情况，在下一年初统一实施晋升。

（2）不定期晋升。在年度工作中，对工厂有重大、特殊贡献并且表现优异的技术工艺人员，通过述职评审，人力资源部、技术工艺部负责人对其进行任职资格的考核。考核合格后，该员工即可晋升。

（3）竞聘。当符合晋升条件的候选人超过2人时，由人力资源部组织专项竞聘会，候选人述职，人力资源部、技术工艺部负责人对候选人的述职、答辩内容进行评审，择优晋升。

2.对于试用期的技术工艺人员，若其试用期表现优秀，则由部门负责人推荐，该员工可申请提前晋升。

第7条 人力资源部组织调查技术工艺部的岗位空缺情况，制定技术工艺部岗位空缺报告，报告应说明空缺岗位的名称、原因、定编人数、任职条件等。

第8条 技术工艺人员提出晋升申请，人力资源部核对该员工申请晋升岗位是否符合空缺岗位报告情况。

第9条 技术工艺人员的晋升须经人力资源部、技术工艺部负责人、工厂总经理审核审批。

第10条 经批准，人力资源部公示晋升结果，在3个工作日内，若无异议，人力资源部将晋升任职通知发送给该员工。

第3章 研发人员晋升实施

第11条 晋升对象为研发人员。人力资源部负责组织、协调研发人员的晋升工作，研发部负责人负责对研发人员的晋升进行考核评审。

第12条 研发人员的晋升方向。

1.专业方向：包括研发高级人员、专家。

2.管理方向：包括研发主管、部门经理。

第13条　研发人员的晋升条件。

1.每年度不超过2次月度绩效考核分数低于80分。

2.候选人的知识技能，包括研发水平、安全生产、质量管理及团队管理等符合相关要求。

3.候选人的能力水平，包括组织协调、计划执行、学习与解决问题能力、人际沟通及岗位适应能力等符合相关要求。

4.考察候选人的工作态度，包括责任感、事业心和敬业精神等。

5.考察候选人的品质，包括诚实性、勤勉性、包容性、合作性等。

第14条　研发人员的晋升形式如下。

1.对于非试用期的研发人员，实行定期晋升、不定期晋升与竞聘形式。

（1）定期晋升。每年末，根据年度绩效考核结果及评价，结合工厂生产经营情况，在下一年初统一实施晋升。

（2）不定期晋升。在年度工作中，对工厂有重大、特殊贡献并且表现优异的研发人员，通过述职答辩的评审，人力资源部、研发部负责人对其进行晋升考核。

（3）竞聘。符合晋升条件的候选人超过2人时，由人力资源部组织专项竞聘会，候选人述职，人力资源部、研发部负责人对候选人的述职、答辩进行评审，择优晋升。

2.对于试用期的研发人员，若其在试用期内表现优秀，则由部门负责人推荐，该员工可申请提前晋升。

第15条　人力资源部组织调查研发部的岗位空缺情况，制定研发部岗位空缺报告，报告应说明空缺岗位的名称、原因、定编人数、任职资格等。

第16条　研发人员提出晋升申请后，人力资源部核对该员工申请晋升岗位是否在空缺岗位报告上，该员工是否符合晋升岗位的标准。

第17条　研发人员的晋升须经人力资源部、研发部负责人、工厂总经理审核审批。

第18条　经批准，人力资源部公示晋升结果，3个工作日内，若无异议，人力资源部将晋升任职通知发送给该员工。

第4章　附则

第19条　本细则由人力资源部负责编制、解释与修订。

第20条　本细则自×××年××月××日起生效。

2.5　生产研发与技术人员管理持续改进

2.5.1　研发人员考核持续改进方案

实施研发人员考核持续改进旨在全面了解和掌握研发人员在岗位上的工作表现，激励研发人员的工作积极性和创造性，提高研发效率和研发质量。

研发人员考核持续改进方案是通过实行研发项目考核制及项目奖金分配方式，激励研发人员的研发热情，提高其研发水平。

研发人员考核持续改进方案

一、目标

丰富、改进研发人员考核体系，提高研发人员的工作积极性与工作效率。

二、研发人员考核持续改进要点

1.工厂应对研发部实行项目考核，包括项目里程碑成果、产品质量管理、项目预算管理、项目时间管理及客户满意度等指标。

2.项目结束后，根据项目考核情况结算项目奖金；根据研发人员参与度、工作情况及工作效率，予以研发人员奖金奖励。

三、研发项目考核

1.项目里程碑成果。

（1）项目完成里程碑成果指标满分为100分，权重占比40%。

（2）研发项目完成里程碑成果如表2-9所示。

表2-9   研发项目完成里程碑成果

项目节点	里程碑成果
预研	交付产品立项批准节点表、产品研发立项书、产品研发可行性报告
产品研发	交付设计验证计划、产品验证计划、设计验证检查表、小批量试制计划
检测验证	交付产品设计验证报告、零部件验证报告、3C认证声明
小批量试产	交付项目阶段报告、产品上市申请、零部件PPEP认证报告、量产及上市节点表
大批量生产及市场跟进	交付量产总结报告、商业认证及项目结束检查表、市场跟进报告

2.产品质量管理。

（1）产品质量管理指标满分为100分，权重占比30%。

（2）产品质量管理考核指标。

①产品入库检验合格率。指产品入库检验合格数量占入库检验总数量所得的百分比，一般应该大于等于100%。

②客户退货率。指产品出售后因各种因素被退回的数量占同一时期出售的产品总数量的比例。

③产品不良率。指一段时间内产品中不良品数量占所有产品数量的比例。

④零件加工不良率。指不合格的加工零件数占零件总加工数的比例。

⑤进料检验合格率。指检验合格的进料数量占进料检验总数量的比例。

3.项目预算管理。

（1）项目预算管理指标满分为100分，权重占比10%。

（2）项目预算管理考核指标。

①资金预算计划。根据项目进度和实际需求，对项目资金的使用进行规划和控制的一种计划。

②预算执行进度。指在预算执行过程中，实际完成的工作量与预算金额的比率。

4.项目时间管理。

（1）项目时间管理指标满分为100分，权重占比10%。

（2）项目时间管理考核指标。

①项目进度计划完成率。项目进度计划的完成情况。

②关键路径延误率。关键路径是指项目进度中最关键、最耗时的路径，延误指超时延误计划。

③里程碑完成率。项目里程碑成果完成情况。

④工作效率。由项目负责人评估每个研发人员的工作效率。

5.客户满意度。

（1）客户满意度指标满分为100分，权重占比10%。

（2）客户满意度考核指标。

①回购率。指多次消费该产品的次数或介绍他人消费该产品的次数占购买产品的总次数的比例。

②产品投诉率。指对产品质量问题向市场主管部门投诉的比例。

四、研发项目考核奖金分配

1.研发项目考核评级及奖惩。

（1）优：研发项目考核得分90（含）～100分，奖励产品利润的15%作为奖金。

（2）良：研发项目考核得分80（含）～89分，奖励产品利润的12%作为奖金。

（3）中：研发项目考核得分70（含）～79分，奖励产品利润的10%作为奖金。

（3）合格：研发项目考核得分60（含）～69分，奖励产品利润的8%作为奖金。

（4）不合格：研发项目考核得分60分以下，奖励产品利润的5%作为奖金。

2.研发人员项目奖金分配如表2-10所示。

表2-10　研发人员项目奖金分配

项目奖金比例	分配对象
项目奖金的10%	项目配套的部门人员，如质量检测、内务后勤人员
项目奖金的10%	项目总负责人
项目奖金的80%	项目总负责人提取50%～60%
	按照参与度、工作表现、工作效率及贡献大小，剩余奖金分配至项目组其他成员

五、研发人员考核持续改进评估

1.通过项目完成质量、客户满意度调查等方式评估研发人员考核持续改进的有效性。

2.通过与研发人员访谈、观察研发人员工作表现及研发部门或研发项目组的氛围来评估研发人员考核持续改进的有效性。

2.5.2 技术人员选聘持续改进方案

制定技术人员选聘持续改进方案旨在提高技术人员的选聘质量和效率，同时也可以帮助工厂提高整体的工作效率和竞争力。

技术人员选聘持续改进方案主要是通过改进选聘渠道和选聘标准两种方式进行，提高、丰富技术人员的技术水平及职业素养，增强工厂的技术竞争力。

技术人员选聘持续改进方案

一、目标

持续改进工厂技术人员选聘体系，提高、丰富技术人员的综合素质。

二、技术人员选聘持续改进

1.改进选聘渠道。除了常规网站招聘、第三方机构招聘，选聘渠道还可增加引入技术专家团队、成立内部"猎头"小组等方式。

2.改进选聘标准。除了看重技术水平，选聘技术人员时还应看重其组织管理能力、人际关系处理能力及战略视角。

三、技术人员选聘渠道改进

1.引入技术专家团队。

（1）人力资源部应确定工厂现有产品与新产品所需的技术类型，通过社交媒体、行业报告、峰会交流等方式，与潜在的技术专家进行联系。

（2）工厂每项重要产品业务至少配备一个技术专家团队进行技术改进、创新、评审，每个技术专家团队采用"1个大专家+2个小专家或经验丰富的技术人员"的配置标准。

（3）当技术专家达到一定数量可成立专家委员会，对工厂产品、生产技术做战略规划及指导，同时由于技术专家在行业内具有一定影响力，可为工厂进行品牌宣传。

（4）工厂与技术专家签订"技术专家聘用协议"，允许多点执业，按照协议内容履行双方权利义务，若双方违反规定，则依法赔付对方违约金，违约金上限是不超过实际损失的30%。

2.成立内部"猎头"小组。

内部"猎头"小组是指工厂内部的招聘团队组建专门选聘工厂内外部需要的高

素质人才的小组。针对工厂内部，可通过人才盘点挖掘、培养技术人才；针对工厂外部，"猎头"小组定向联系、挖掘同行业的技术人才。

四、技术人员选聘标准改进

1.组织管理能力指标。

（1）组织管理能力是指有效地组织和管理团队、项目的能力，其中包括制订计划、分配资源、协调团队合作、解决问题和达成目标的能力。

（2）指标分级及内容。

①一级：根据工作任务重要性及紧迫性，有计划地开展人才选聘活动，在规定时间内达成目标。

②二级：能根据工作任务重要性及紧急性，提前分配各类资源，协调各部门关系，能调动活动参与者的积极性，善于化解各种冲突，在规定时间达成目标。

③三级：不仅能组织各项活动、分配各类资源，还善于利用各种资源、人脉解决矛盾，能够制定有效方案来预防不和谐因素的产生，在规定时间内甚至提前达成目标。

（3）人力资源部选聘技术人员时，根据岗位任职标准及胜任素质模型对其组织管理能力进行考评。

2.人际关系处理能力指标。

（1）人际关系处理能力指个体在人际交往中能够有效地理解、沟通、协调和处理人际关系的能力。

（2）指标分级及内容。

①一级：交流沟通简明有效，对方能够听懂，自己能够阐述清楚。

②二级：能耐心倾听他人想法与感受，并清晰、有条理地表达自己的想法和观点。

③三级：能耐心倾听他人想法与感受，并清晰、有条理地表达自己的想法和观点，掌握一定沟通技巧，同时在人际交往中遇到挫折时，能反思自己的行为和言语，并及时作出调整，以改善人际关系。

（3）人力资源部选聘技术人员时，根据岗位任职标准及胜任素质模型对其人际关系处理能力进行考评。

3.战略视角。

（1）战略视角指从全局角度高度审视和规划工厂生产经营的发展方向、目标和策略，以实现长期稳定发展的能力。

（2）指标分级及内容。

①一级：有了解、把握工厂的战略目标、发展方向和策略的能力。

②二级：密切关注行业的发展动态和趋势，了解市场需求和竞争格局，并且有实现工厂战略目标的资源及能力。

③三级：从全局角度思考工厂的发展，为实现工厂战略目标提供助力，给予建议，甚至能够制定更科学、合理的战略规划。

（3）人力资源部选聘技术人员时，根据岗位任职标准及胜任素质模型对其战略视角进行考评。

五、技术人员选聘改进评估

1.针对改进选聘渠道，通过技术专家引入数量、招聘效率等指标评估其选聘渠道改进有效性。

2.针对改进选聘标准，通过访谈员工、观察新员工工作表现和新员工所在部门或团队的氛围及新员工绩效表现来评估其选聘标准改进的有效性。

03

第3章

生产现场环境管理"精进化"：
设计、监测、优化、改善

3.1　生产现场作业环境的设计

3.1.1　生产现场作业环境设计方案

生产现场作业环境设计方案能够为生产现场的作业提供一个合理、安全和高效的工作环境，从而帮助工厂提高生产效率和质量，降低生产成本，提升工厂竞争力。

生产现场作业环境设计方案

一、目标

通过科学的设计，创建一个安全、舒适、高效的生产现场，以期提高生产效率、降低生产成本、提高产品质量和员工满意度，防止安全事故的发生，进而提高工厂的竞争力和经济效益。

二、问题

合理的生产作业现场环境设计对于保证生产作业的安全、高效和质量至关重要，生产作业现场环境设计不合理可能导致以下问题的发生。

1.影响生产效率。生产现场的布局设计不合理如生产流程设计不合理、设备摆放不合理等可能造成生产流程不畅、工作空间狭小、人员操作不便等，都会导致工作效率降低。

2.存在安全事故风险。生产现场作业环境设备布局不合理、电路设计缺陷、安全标识设置不合理等，都会存在严重的安全隐患，容易引发安全事故。

3.影响产品质量。对现场温度、湿度、灰尘等控制不好，会对产品的品质产生影响。

4.造成能源浪费。生产现场作业环境如通风、空调系统等设计不合理，容易造成能源的浪费，生产成本增加。

5.引发健康问题。生产现场作业环境中的噪声、振动、空气污染、照明光照度不足等，都可能引起员工职业病或健康问题。

三、方案设计与执行

（一）生产现场布局设计

1.产品流程设计。综合考虑生产线上产品的生产顺序、加工工艺、工序间距等因素，确保生产流程的顺畅。

2.设备布局设计。根据产品流程确定设备的摆放位置，以确保设备之间的物流运输和人员操作的便捷。并考虑生产过程中可能出现的安全隐患及水、电、气等能源的供应设施等生产所必需的设施设备，对设施设备的种类进行划分，合理地规划其摆放的位置，以保障员工的人身安全。

3.空间规划设计。综合考虑人员进出、物料搬运和运输车辆的行驶等因素，规划车间、仓库、通道等空间的布局。同时考虑生产所需的原材料、半成品和成品的储存需求，规划仓库的位置和容量，并将生产现场划分成不同的区域，例如，原材料储存区、生产线、成品储存区等，以确保物料的安全储存和及时供应。

4.人员工作站点设计。明确生产线上各工序的工作站点，确保生产过程中操作人员的安全和工作效率。

5.非生产作业区设计。规划员工的办公区域和休息室等设施的位置和功能，以确保员工工作环境的舒适性，进而提高工作效率。

（二）生产现场安全设计

1.设备安全设计。生产现场设备的安全性是安全设计的首要考虑因素，对设备采取必要的保护措施，如安装防护罩、紧急停机装置等，并对其进行风险评估和安全性能评估，确保设备符合安全标准。

2.空间安全设计。生产现场的空间安全设计需考虑到通道、出口等，确保通道宽敞畅通无障碍，出口明显无遮挡，并定期进行消防演习和安全演习。

3.安全防护设施设计。为了保障生产现场的安全，应根据实际情况设置相应的安全防护设施，具体有以下几方面。

（1）在机器、设备、工作平台等危险区域设置防护栏杆，避免人员和物品误入或误放危险区域。

（2）对于需要限制人员出入的区域，设置安全门、闸机等设施，只有具备相应权限的人员才能进入。

（3）对于高处作业等高风险场所，设置安全网、安全带等设施，确保人员的安全。

（4）生产现场放置灭火器、消防设备，以便及时处理突发火灾等事故。

4.安全标识设计。

（1）在危险区域、高温区域、高电压区域等需要提醒人们注意的场所，设置安全警示标识，以提醒人员注意安全。

（2）在生产现场设置明显的安全出口标识，以便人员在紧急情况下能够快速找到安全出口。

（3）在存在高风险的作业区设置安全作业标识，以提醒人员注意安全。

（三）生产现场照明设计

1.确定照明需求。根据生产现场的环境和所进行的生产工作类型确定需要的照明等级和类型，以及需要使用的灯具类型和数量。

2.明确光照度。根据不同工作区域的照明需求，明确所需的光照度水平。需要考虑照明的均匀性、色温、显色指数等因素，以确保工人可以正确地辨别色彩和细节。

3.确定灯具布局。根据照明需求和光照度，确定灯具的布局和位置，以确保照明均匀、无阴影和反光，同时确保灯具不会产生干扰或危险。

4.选择合适的灯具。根据照明需求和灯具布局确定所需的灯具类型和数量，选择符合标准和安全要求的高效、耐用和低能耗的灯具，以减少能源浪费和维护成本。

（四）生产现场温、湿度设计

作业现场温湿度设计需要根据不同工作区域及作业类别进行具体设计，不同作业环境下对温度和湿度都有不同的要求，具体如表3-1所示。

表3-1　不同作业环境对温、湿度的要求

不同作业类别	温度	湿度
生活最适宜环境	1℃～20℃	相对湿度在70%以下
轻体力劳动作业	15℃～18℃	相对湿度在70%以下
重体力劳动作业	7℃～17℃	相对湿度在70%以下
脑力劳动作业	10℃～17℃	相对湿度在70%以下
备注	人们在温度为20℃左右且相对湿度在65%的环境中感到舒适，而工作效率高的温度是15～18℃，人体最适宜的相对湿度为30%～60%	

不同季节的生产现场对温度和湿度的要求也有所不同，夏季生产现场温度规定如

表3-2所示。

表3-2　夏季生产现场温度规定

夏季通风室外计算温度（℃）	22及以下	23	24	25	26	27	28	29～32	33及以上
生产现场与室外最大温差（℃）	10	9	8	7	6	5	4	3	2

夏季生产现场不同湿度下的温度要求如表3-3所示。

表3-3　夏季生产现场不同湿度下的温度要求

相对湿度（%）	50	60	70	80
温度（℃）	30	29	28	27

冬季生产现场的采暖温度如表3-4所示。

表3-4　冬季生产现场的采暖温度

劳动强度（分级）	采暖温度（℃）
Ⅰ级（轻）	18～21
Ⅱ级（中）	16～18
Ⅲ级（重）	14～16
Ⅳ级（过重）	12～14

（五）生产现场空气及噪声控制设计

1.根据作业现场的性质和作业类型，确定空气质量指标，如PM2.5、CO_2、甲醛等污染物的浓度限值等。

2.根据生产现场的空间大小和通风需求，选择合适的通风设备以加强生产现场的通风，如排风扇、通风管道、换气机等，并保证通风设备的正常运转，降低有害气体和粉尘的浓度。

3.定期进行空气质量监测，评估生产现场的空气质量状况，并及时采取措施保证空气质量达标。

4.在购买设备时，优先选择低噪声的设备，并确保设备的噪声水平符合国家标准。

5.对于产生较大噪声的设备，可以采取隔音措施，如安装隔音罩、加装隔音棉等。

并在噪声源周围设置吸音材料，如吸音板、吸音棉等，减少噪声的反射和传播。

6.对于在噪声环境下工作的工人，提供耳塞和耳罩等个人防护用品，以减少对耳朵的伤害，保护工人的听力健康。

（六）生产现场舒适度设计

结合员工的实际需求和工作特点，对生产现场的舒适度进行设计，可以提高员工的舒适度，进而提升工作效率。具体可从以下4方面进行。

1.在生产现场适当设置休息区域，如茶水间、休息室等，休息区域应该位于生产现场较为安静、干净、通风良好的区域，远离噪声和污染源。

2.休息区域应该配备符合人体工学的休息家具，如舒适的沙发、椅子、桌子等，并且可以提供一些基本的设施和服务，如饮用水、微波炉、冰箱等，满足员工的基本生活需求。

3.生产现场的办公区域应该提供一些基本的设施和服务，如复印机、传真机、电话等，满足员工的工作需求。

4.办公区域可以放置一些植物、画作、书籍、杂志等，增加文化氛围，提高办公区域的舒适度和工作效率。

四、成果预测

1.通过合理的生产现场环境设计，提高了员工的舒适度和工作效率，降低工作疲劳，从而提高了生产效率。

2.通过合理的安全设计和防护措施，减少了生产现场事故的发生，员工伤亡率明显降低。

3.通过对空气质量、噪声采取合理的控制措施，减少了环境污染，提高了生产现场的环境质量，保障了生产员工的身心健康。

4.通过对休息区域和办公区域的设计，提高了生产现场环境的舒适度，员工的满意度大幅提升，一定程度上降低了员工的离职率，降低人员招聘成本。

5.合理的生产现场环境设计体现了工厂的文化理念和社会责任，工厂形象得到提升，增强了工厂的竞争力。

3.1.2　三废处理方案

制定科学合理的废水、废气、废渣处理方案不仅可以有效减少废弃物对环境和生态系统的破坏，还可以保护员工和周围居民的身体健康，符合工厂可持续发展的理念。

三废处理方案

一、目标

引进绿色生产，尽可能减少废水、废气和废渣的产生，同时对三废进行处理后加以回收利用，改善环境卫生，从根本上解决污染问题。

二、现存问题

（一）废水问题

生产过程中产生的生产废水、生活污水等，没有经过处理直接排放，这些废水中可能含有重金属、氮、磷等有害物质，对水环境造成严重的污染。

（二）废气问题

生产过程中产生的烟气、一氧化氮、二氧化硫、氢氟酸等有害气体，排放到空气中，对空气质量和环境产生了极大的负面影响，导致大气污染、酸雨等问题。

（三）废渣问题

生产过程中产生的工业废渣、生活垃圾等可能含有有害物质，不经过处理直接丢弃，对土壤和水环境造成严重的污染。

三、废水处理措施

（一）生物处理法

利用微生物对废水中的有机物进行分解和转化，将其转化为较为稳定的无机物质，去除有机物和一些重金属离子，从而达到净化废水的目的。具体有以下措施。

1.使用活性污泥。将废水与一定比例的活性污泥混合，使污泥中的微生物降解有机物质，实现废水的净化。

2.利用好氧生物膜。将废水流经生物膜，膜上的微生物利用废水中的有机物质进行生长和代谢，达到净化水质的目的。

3.利用厌氧生物处理。将废水引入厌氧池中，利用厌氧微生物对有机物进行降解和转化，最终达到净化废水的目的。

（二）物理化学处理

物理化学处理通常用于废水的预处理或二次处理，包括沉淀法、过滤法、吸附法、离子交换法、氧化还原法等，可以去除废水中的悬浮物、油脂、重金属、离子等。

（三）膜分离技术

对于高浓度废水处理和工业废水回收，可将废水通过膜进行过滤、分离和浓缩，去除废水中的悬浮物、臭味和微生物等有机物和无机物。

（四）光催化技术

对于含有难降解有机物和染料等的废水可以利用光催化剂，在光的作用下分解废水中的有机物和无机物，实现快速、高效的废水处理。

四、废气处理措施

1.对于废气中的挥发性有机物、氮氧化物，可利用活性炭、分子筛等吸附材料进行吸附和分离，对有害物进行去除。

2.对于脱硫脱硝、氯化氢等废气的处理，可利用氨水、氢氧化钠等吸收剂对废气中的有害气体进行吸收和分离。

3.利用臭氧、高温催化等对废气中的有害物质进行氧化降解。

4.通过生物滤池、生物转化器等，利用微生物对废气中的有机物进行生物降解。

5.将废气通过焚烧炉、蓄热式氧化炉等进行高温燃烧，使有害物质发生氧化反应而得以去除。

五、废渣处理措施

1.将废渣与固化剂混合后进行固化，使其变成坚硬的物质，从而减少废渣的体积和毒性。

2.将有机废渣与堆肥材料混合后进行堆肥，通过微生物的作用使其转化成肥料或土壤改良剂。

3.将废渣在高温条件下进行焚烧，使有害物质发生氧化反应而得以去除。但需要注意控制焚烧温度和氧气供应量，以免生成更有害的物质。

4.对不能进行其他处理的废渣，要选择远离水源、居民区和自然保护区等敏感区域的地点进行掩埋处理。

六、三废的回收利用

1.废水回收利用主要包括两方面。第一，对含有有机物质的废水进行生物处理，将其转化为可用于农业灌溉的水；第二，对含有重金属的废水进行沉淀和离子交换等处理，将其中的金属元素回收利用。

2.废气回收利用。第一，对含有氨气的废气进行吸收，回收其中的氨气制成肥料；第二，对含有二氧化碳的废气进行处理，将二氧化碳分离出来，利用其进行藻类培养或通过净化使其达到食用标准后用于制造碳酸饮料。

3.对含有可回收物质的固体废物进行回收利用。例如，废旧电池中的金属可以进行回收利用；废旧塑料瓶可以进行再生利用。

4.废水和废气中含有大量的热能，可以通过热交换和蒸汽回收等方法进行能源回收利用。

5.对可回收的废渣进行分类回收，例如，金属废渣、废纸板、玻璃等，再进行二次利用。

七、处理成果预测

1.通过三废处理，有效降低环境污染和生态破坏，减少对自然资源的消耗和破坏，提升环保效益。

2.通过三废处理，回收废弃物中的有用物质，减少对新原材料的需求，节约生产成本，同时也避免了因环境污染造成的罚款和赔偿等经济损失，提高了工厂的经济效益。

3.通过三废处理，保障了员工和周边居民的生态环境和健康安全，履行了工厂的社会责任，实现了工厂的可持续发展。

3.1.3　现场作业防护管理细则

生产现场的作业防护管理工作是保障工作人员人身安全和生产顺利进行的基础，通过制定有效的现场作业防护管理细则，采取作业防护措施，不断加强对员工的安全教育和培训，可以最大限度地保护员工的生命和财产安全。

现场作业防护管理细则
第1章　总则

第1条　为确保工作人员的安全，减少生产现场意外事故的发生，从而保障生产活动的顺利进行，特制定本细则。

第2条　本细则适用于生产现场作业防护工作的管理，除另有规定外，均需参照本细则处理。

第3条　行政部负责对本细则的执行进行监督与检查。

第2章　人员安全防护

第4条　生产人员进入生产现场时，应穿戴好工作服和工作帽，女员工需要将长发盘起，以免卷入机器，发生安全事故。

第5条　在高空作业、操作机器等情况下，应佩戴安全帽，并确保系好安全带，以防止不慎跌落导致头部创伤。

第6条　生产过程中与有害化学品接触时，应按规定穿戴好化学防护服、化学防护手套、防护面罩、防护眼镜等，防止化学物质对皮肤、呼吸道和眼睛等造成伤害。

第7条　在机械操作区域作业时，应正确穿戴个人防护用品，包括安全鞋、防护手套、防护服等，防止有旋转的机械部件、移动的运输设备等给身体带来的机械伤害。

第8条　在高温作业区域，应穿戴好隔热手套、防护服、隔热面罩等，避免高温、热辐射等导致的烫伤或中暑。

第9条　在有粉尘、有害气体、飞溅物等区域作业时，应佩戴好口罩、面具、防毒面罩、护目镜等，防止飞溅物、有害气体等对眼睛及呼吸道造成伤害。

第10条　在噪声区域作业时，应佩戴好耳塞、耳罩等，避免高分贝的噪声对听力造成损害。

第3章　设施设备安全防护

第11条　生产作业现场应有明显的警示标志和指示牌，如禁止吸烟、禁止使用明火、禁止攀爬、高压危险等，以提醒工作人员注意安全。

第12条　在高空作业区域，应安装安全带、安全绳、安全网，防止人员坠落，降低坠落的伤害。

第13条　在危险设备的周围设置安全围栏和警示标识，标注危险区域和禁止入内区域等，如切割机、钻孔机、冲压机等，将危险区域与工作区域隔离开，防止作业人员误入危险区域造成人身伤害。

第14条　生产现场要按照法律法规的要求配备齐全的安全设备，包括防火门、灭火器、烟雾探测器、警报器等，以应对突发事件，保护工作人员的安全。

第15条　定期对生产设备进行检查和维护，确保设备处于良好的工作状态，对于老旧、损坏或存在安全隐患的设备，应当及时进行维修或更新，以减少设备故障的发生，避免因设备故障带来的人身伤害。

第4章　生产现场的应急防护

第16条　制定应急预案以应对生产现场的突发事件。应急预案需要考虑各种可能发生的风险和危险，包括火灾、爆炸、泄漏、自然灾害等，明确应急响应程序、应急联系人、危险源分析、应急设备清单等信息，并保持更新和完善，保证其有效性。

第17条　明确应急人员及其职责和任务，要求其掌握应急处置的知识和技能，能够快速、有效地响应突发事件。

第18条　生产现场应配备应急设备，包括灭火器、救生气垫、破拆工具、呼吸器、AED设备、急救箱等，放置在易于取用的位置，并定期检查和维护，确保在突发事件发生时能及时使用。

第19条　定期进行安全演习，模拟真实的突发事件，让应急人员在模拟环境中实践应急处置流程，检验应急预案的有效性和应急人员的响应能力，找出存在的问题并进行改进。

第5章　安全培训与安全检查

第20条　对新员工进行有针对性的岗前培训，了解生产现场的安全规定、操作流程等，对需要进行特殊操作的员工，还应进行身体检查，确保其身体状况符合工作要求。

第21条　对工作人员进行设备使用培训，使其了解设备的结构、使用方法和注意事项等，确保安全操作设备。

第22条　定期对作业人员进行安全培训和教育，包括危险品的识别、使用个人防护装备、应急救援等，提高作业人员的安全意识和技能。

第23条　应急人员需要进行专业培训，掌握相应的应急处置流程和技能，保证能够及时、有效地进行应急处置。

第24条　定期组织安全知识考试，确保工作人员对安全知识和技能的掌握。

第25条　制订安全检查计划，定期对生产现场进行巡查和监督，检查内容包括生产现场环境、现场设备、人员防护、作业人员的操作规范等，及时发现和解决存在的安全问题，确保生产活动安全有序进行。

第6章　附则

第26条　本细则由×××部负责编制、解释与修订。

第27条　本细则自××××年××月××日起生效。

3.2　生产现场环境的监测、检测、优化

3.2.1　生产现场大数据监测管理方案

随着工业化进程的推进，越来越多的工厂将大数据技术应用于生产现场的监测和管理中，通过采集、传输和分析数据，实时监测生产过程的各个环节，预测风险，发现潜在的问题，及时调整和优化生产过程，提高生产效率和产品质量，保障生产现场的安全与稳定。

生产现场大数据监测管理方案

一、目标

实现对生产现场的实时监测、精细管理和持续改进，确保生产现场大数据监测的高效、安全和可靠，帮助管理者更好地了解和掌握生产现场的实时状态、预测生产状况、优化生产流程和提升生产效率，保证生产现场的安全和稳定运行。

二、现状及问题

1.生产现场涉及的数据种类繁多，数据采集、传输、储存等环节都会导致数据质量不高，直接影响到监测结果的准确性和有效性。

2.由于生产现场的大数据监测涉及工厂的隐私信息和敏感数据，如果未能妥善保护，极易造成数据泄露和安全漏洞，对工厂造成不良影响甚至导致工厂遭受严重的经济损失。

3.生产现场的大数据监测涉及多个子系统，如环境监测系统、设备监测系统、工艺监测系统等，要想将这些不同供应商提供的子系统集成，需要投入大量的时间和资金。

4.生产现场大数据监测管理缺乏相关的技术人才运营和维护，导致大数据监测管理工作难以推进。

三、方案设计

（一）设计监测系统架构

设计监测系统需要满足数据来源广泛、种类繁多、数据实时性高、数据处理能力强等特点，架构的设计需要包括以下4方面。

1.确定需要监测的数据类型，包括设备运行数据、工人操作数据、环境监测数据等。

2.确定数据来源，包括传感器、监测设备、网络等。

3.确定数据传输方式，包括有线、无线、局域网等。

4.确定数据储存方式，包括本地储存、云端储存等。

（二）选择合适的监测设备和传感器

根据需要监测的数据类型，选择适合的监测设备和传感器，需要考虑以下4个因素。

1.确定需要监测的对象，如生产设备、工人操作等。

2.确定需要监测的数据类型，如振动数据、温度数据、电流数据等。

3.充分考虑监测设备、传感器的精度和准确度，以保证数据的准确性。

4.根据实际需求和预算选择价格适合的监测设备和传感器。

（三）实时监测生产现场

监测系统应该能够实时监测生产现场的数据，并能够发现异常情况。当发现异常情况时，系统应该能够及时发出预警信号，以便工作人员及时采取措施，防止事故的发生。实时监测需要考虑以下4个方面。

1.监测设备和传感器采集的数据需要及时传输至监测系统，可采用无线传输方式或局域网传输方式等。

2.监测系统发现异常情况时，要能够及时发出预警信号，提醒工作人员采取措施。

3.监测系统需要具备可视化界面，以便工作人员随时了解生产现场的情况。

4.采集生产现场的相关数据，如设备运行状态、工人操作数据、环境数据等，利用数据分析软件或大数据平台对采集的数据进行分析、处理和预测，提前发现潜在的安全隐患和设备故障。

（四）数据可视化和报表分析

对于采集的数据，进行可视化处理和报表分析，通过制作数据图表、报告等形式，直观地向管理人员展示数据的变化趋势和异常情况，帮助其更好地了解生产现场的情况，并根据数据作出科学合理的决策。

四、方案执行

1.在生产现场安装传感器和检测设备，采集生产过程中的各种数据，包括温度、湿度、压力、流量、振动、噪声等多种参数。采用无线传输或有线传输方式，将数据传输到数据采集系统中进行储存和处理。

2.建设专业的数据处理和分析团队，对采集到的数据进行分析和挖掘，并将分析结果生成简单易懂的报告，及时反馈给管理人员和生产现场工作人员，帮助生产现场工作人员及时了解生产过程的状态，规避潜在的问题和风险。

3.采用安全可靠的数据传输和储存技术，将数据储存在云服务器中，建立完善的数据安全管理制度，确保数据的保密性、完整性和可用性。同时，制定科学的数据管理制度，规范数据采集、储存和查询流程，加强对数据的访问和对数据使用的控制，确保数据管理的规范化。

4.所有生产现场的数据都应定期备份和储存，建立数据备份和恢复机制，确保数据不会因为系统故障、设备故障、网络故障等原因丢失。备份的数据应该储存在不同的地点，防止火灾、水灾等突发事件发生。

5.通过数据可视化技术，将采集到的数据呈现在生产现场的各个设备和屏幕上，实时显示生产过程的状态和进展。同时，引入人工智能和物联网技术，实现对生产过程的自动化监测和控制，优化生产过程，提高生产效率和质量。

五、成果预测

1.工厂通过对作业现场生产状况的实时监测，对生产过程进行全面分析，识别风险并进行优化，提高了工厂的生产效率。

2.通过对设备进行全面监测，发现设备存在的异常，及时进行预警和维修，降低设备故障率，保障了生产持续稳定地进行。

3.通过对生产现场的各项参数进行监测和分析，及时发现产品质量问题，并进行处理，从而提高产品质量。

4.通过对生产现场的安全情况进行实时监测，及时发现安全隐患并处理，确保生产现场的安全。

5.通过对历史生产数据进行分析，一方面预测未来需求趋势，另一方面优化生产计划，避免产能过剩或不足的情况。

3.2.2 生产现场环境检测管理办法

进行科学合理的生产现场环境检测工作管理，可以规范生产现场环境检测工作，及时监测并处理工厂在生产过程中造成的污染物排放，确保生产现场环境质量、员工的身体健康和工厂周边生态环境质量的安全。

生产现场环境检测管理办法
第1章 总则

第1条 为确保生产现场环境符合国家相关环保法规或标准的要求，及时发现和排除造成环境污染及破坏的隐患，保证员工的健康和生产的安全稳定，同时为管理者提供有效的生产现场环境检测数据，以制定科学的环境保护措施，避免环境污染对工厂形象造成损害，特制定本办法。

第2条 本办法适用于指导工厂生产现场的环境检测管理工作。

第2章 检测对象及依据

第3条 大气环境检测。大气环境检测的标准根据国家《环境空气质量标准》《空气和废气检测分析方法》（第四版）、《环境监测技术规范》等执行。

第4条 水环境检测。水环境的检测标准根据国家《地表水环境质量标准》《水和废水监测分析方法》（第四版）、《地表水和污水监测技术规范》《生活饮用水标准检验方法》等执行。

第5条 土壤环境检测。土壤环境的检测标准根据国家《土壤环境质量标准》执行。

第6条 声环境检测。声环境的检测标准根据国家《声环境质量标准》《工业工厂厂界环境噪声排放标准》等执行。

第7条 辐射和振动检测。辐射与振动的检测标准根据国家《辐射环境监测技术规范》《城市区域环境振动标准》等执行。

第3章　检测方法和频率

第8条　采用传统采样并送实验室分析的方法，定期将采集的样本送到有检测资质的机构或实验室进行化验，并对数据进行分析，出具环境检测报告。检测频率每年不低于4次。

第9条　使用便携式检测仪，随时检测生产现场环境中的各项环境质量数据，如空气中的二氧化碳、氧气、氮氧化物，土壤的pH值、有机质等参数，及时、准确获得实时数据。检测频率为每月一次。

第10条　通过远程监测系统，实时监测生产现场每天的环境质量数据，在出现环境质量超标的情况时及时发出警报。

第4章　检测记录和报告

第11条　制订检测计划，明确检测目标、检测参数、采样地点、选用的设备和仪器等。

第12条　对检测现场进行调查和勘察，确定检测点位和检测范围，并进行现场标识和标记。

第13条　在进行生产现场环境检测时，对每个检测点位的情况进行详细的记录和描述，包括检测日期、时间、地点、检测人员、检测仪器和设备、气象条件等相关信息。

第14条　对采集的样品进行正确、清晰地标识和保存，确保样品的完整性和准确性。

第15条　对生产现场环境检测数据进行分析和处理，编制现场环境检测报告，报告内容包括检测目的、检测范围、检测方法、检测结果、分析和解释、建议和措施等内容。

第16条　检测报告编制完成后，及时提交给监管单位，并将相关记录和资料交行政部进行档案管理，以备后续使用。

第5章　检测评估与考核

第17条　制定评估和考核方案，包括考核内容、考核标准、考核周期和考核对象等，确定评估和考核的指标和方法，主要包括检测数据的准确性、检测方法的适用性和检测仪器的运行状况等方面。

第18条　对考核对象的现场环境检测工作进行实地考察和数据分析，对其环境检测能力和工作水平进行综合评分，确定考核结果。

第19条　通过对考核结果进行汇总和分析，对生产现场环境检测工作的整体质量进行评估和分析，并提出改进措施和建议。

第20条　根据评估和考核结果，对考核对象进行奖惩和激励，推进生产现场环境检测工作的质量和效率提高。

第21条　定期对生产现场环境检测质量进行追踪评估和考核。

第6章　附则

第22条　本办法由行政部负责编制、解释与修订。

第23条　本办法自××××年××月××日起生效。

3.2.3　生产现场作业环境优化方案

对生产现场作业环境进行优化，创造一个更加安全、高效和舒适的工作环境，可以降低作业环境中不良因素对员工身体健康造成的威胁，使员工能够更加专注和高效地完成工作，促进工厂实现高效率和高质量的生产。

生产现场作业环境优化方案

一、目标

1.提高生产效率，保证产品质量和产量的同时，最大限度地降低生产成本。

2.生产现场作业环境和流程符合安全标准，保证员工的生命安全和健康。

3.有明确的生产计划和生产流程，员工有严格的操作规范和标准化流程可遵循，以保证生产的有序进行。

4.保持生产现场的整洁，防止杂物和垃圾的堆积，减少生产事故和设备故障的发生。

5.生产现场采用可持续的生产方式，尽可能减少对环境的污染，遵守环保法律和标准。

6.为员工提供一个舒适、安全、健康和有益的工作环境，促进员工的创新和发展。

二、生产现场作业环境优化工作中存在的问题

1.生产现场作业环境的优化需要投入大量的人力、物力、财力等资源，受预算安排和现金流等财务因素及成本压力较大、盈利能力低下等因素影响，工厂难以承担优化的成本，导致优化工作推进困难。

2.员工素质参差不齐，一些员工可能没有足够的环保、安全、品质等方面的意识和知识，无法做好现场环境管理和优化。

3.生产现场作业环境优化需要有效地管理，但工厂中存在管理层次混乱、职能交叉、制度不健全等问题，导致管理不到位，优化效果不佳。

4.生产现场作业环境的优化需要应用先进的技术手段，但是在工厂中，存在技术不够成熟、设备落后、数据采集能力弱等问题，导致难以进行精细化管理。

三、方案设计

1.分析生产现场作业环境。对生产现场的作业环境进行全面的分析，包括人员、设备、材料等方面，了解各个环节的作业流程和操作细节，找出生产现场作业环境优化的关键点和问题。

2.拟订环境优化方案。优化小组在收集工厂全员的意见并参考和对生产现场作业环境进行分析的基础上，形成生产现场作业环境优化可行性报告，并附可行的环境优化方案草案，方案中应至少包括节能减排、废物处理、设备维护、人员管理等方面内容。将可行性报告和优化方案草案报管理者审批，审批通过后继续完善优化方案。

3.实施环境优化方案。将环境优化方案付诸实践，对各个环节进行优化改进，包括设备调整、工艺改进、人员培训等方面。同时，要监控和评估环境优化方案的实施效果，及时进行调整和改进。

4.建立环境管理体系。在环境优化方案的实施过程中，建立环境管理体系，包括制定相关的管理制度和流程，明确各个环节的职责和要求，同时加强对环境管理的监督和考核。

5.培养环保意识。加强员工的环保意识培养，让员工认识到环保的重要性，增强员工的责任感和使命感，从而在工作中积极参与环境优化工作。

6.持续改进和优化。持续对生产现场的作业环境进行监督和评估，不断进行改进和优化，提高生产效率和质量，实现生产现场的精细化、精进化管理。

四、方案执行

（一）成立生产现场作业环境优化小组（以下简称优化小组）

优化小组由生产管理部和环境保护部的代表、相关技术人员和员工代表组成，必要时可聘请外部咨询机构的专家。优化小组的工作包括以下内容。

1.确定优化目标和指标。根据工厂的实际情况和需求，制定合适的生产现场作业环境优化目标和指标。

2.分析问题和制定方案。对生产现场作业环境存在的问题进行分析，制定相应的优化方案。如对生产设备进行维护和改进、改善工作流程、强化员工培训等。

3.推进实施和跟踪效果。根据制定的方案，组织实施并跟踪优化效果，及时调整和改进优化方案。

4.提高员工参与度。鼓励员工参与生产现场作业环境优化工作，引导员工形成环保、安全、节能的生产习惯，形成共建共享的工厂文化。

5.审核和改进。定期对生产现场作业环境进行审核和改进，不断优化方案，提高生产现场作业环境的质量和效率。

（二）生产现场作业环境优化工作要求

1.安全第一。生产现场作业环境优化工作必须以员工安全为首要目标，确保在任何情况下员工都能够安全作业。

2.法律合规。生产现场作业环境优化工作应符合法律法规的要求，严格遵守相关法律法规和规章制度，保证工厂的合法性和合规性。

3.预防为主。在生产现场作业环境优化工作中，应该采取预防为主的措施，防患于未然，避免出现事故和污染事件。

4.综合治理。在生产现场作业环境优化工作中，应该综合考虑各方面的因素，包括生产、环保、安全等，避免单一方面的优化导致其他方面出现问题。

5.全员参与。生产现场作业环境优化工作应该得到全员参与，通过员工的积极参与和配合，实现生产现场作业环境的共建共享，提高整体效益。

6.持续改进。生产现场作业环境优化工作应该是一个持续改进的过程，不断寻求改进的空间和方法，以提高生产效率和环境质量。

（三）生产现场作业环境优化工具

1.传感器和监测设备。可以用于实时监测环境因素，如温度、湿度、空气质量等。

2.自动控制系统。可以用于自动调节环境因素，如空调、通风系统等，从而优化生产现场环境。

3.智能仓储系统。可以用于自动管理生产现场的物流，提高仓储效率和减少物流成本。

4.智能机器人。可以用于生产现场的自动化作业，减少人力成本和提高生产效率。

5.数据分析工具。可以用于收集、分析和处理生产现场作业环境和生产数据，帮助制定更科学合理的作业环境优化方案。

6.人工智能技术。可以用于自动优化和预测生产现场作业环境和生产数据，从而提高生产效率和质量。

7.虚拟现实技术。可以用于模拟生产现场环境和生产场景，帮助进行环境优化和工艺改进的设计和评估。

五、成果预测

1.通过优化生产现场作业环境，降低不良因素对员工的危害，保障员工的身心健康，使他们能够更加专注和高效地完成工作，从而提高生产效率和工作效率。

2.通过提供舒适的作业环境，提高了员工的生活质量，让他们感到被关注和重视，增强工作满意度和归属感，减少员工的流失率，提高工厂的稳定性和发展潜力。

3.通过生产现场作业环境优化，降低生产过程中的错误和损失，减少能源消耗和材料损耗，降低维修和维护成本，提高工厂的经济效益。

3.3 5S改善工作

3.3.1 生产现场环境5S改善工作推进计划

进行工厂生产现场环境5S改善工作推进计划需要充分考虑生产现场实际情况，明确改善的对象和目标，合理分配资源和任务。同时，加大对5S改善工作的推广和宣传，加强对员工的培训，才能确保所有员工理解并支持5S改善工作的实施。

制订生产现场环境5S改善工作推进计划时有以下几个工作步骤。

1.现场调研，发现问题

对生产现场工作环境进行评估，找出需要改善的问题和瓶颈，包括无序、混乱、浪费、杂乱、不安全等方面的问题。评估结果应该清晰地呈现在评估报告中。

2.明确改善对象和目标

明确生产现场环境5S改善的对象和目标，包括改善范围、改善内容、改善周期、改善措施等，确保计划具有可执行性。

3.制订改善计划

制订改善计划的目的是找出解决生产现场问题的具体实施措施，计划应包括改善方法、具体的改善措施、责任分工和推进时间表等内容。

4.实施改善计划

按照改善计划和方案，实施生产现场5S改善计划，包括整理、整顿、清洁、清扫和素养五个方面。

5.验收和评估

对改善结果进行验收，并制订定期维护和管理计划，每隔一段时间，进行一次现场检查和评估，确保5S改善措施的可持续性。

生产现场环境5S改善工作的推进计划如表3-5所示。

表3-5　生产现场环境5S改善工作的推进计划

工作阶段	改善目标	改善措施	完成时间	责任人
准备阶段	明确改善的目标和对象	成立生产现场环境5S改善工作小组，明确其工作职责，拟定工作方案		
	提高生产效率、减少浪费、改善产品质量、改善工作环境			

工作阶段	改善目标		改善措施	完成时间	责任人
改善实施阶段	整理（Seiri）	使工作场所更加整洁、有序，便于员工操作，减少浪费和错误，帮助员工发现和解决存在的问题，提高工作效率和生产效益	将工作现场的物品按照使用频率、价值和种类分类存放		
			将工作场所划分为不同的区域，每个区域的功能根据其工作内容或存放物品的不同而有所不同		
			文件实行标准的编号、分类、存放等方式		
			对每个物品放置的位置进行标记，以便员工准确找到物品和归还物品		
	整顿（Seiton）	优化工作流程，提高资源利用率，降低生产成本，提升工厂竞争力	结合生产线上产品的生产顺序、加工工艺、工序间距等过程中存在的问题，优化生产流程		
	清洁（Seiketsu）清扫（Seiso）	改善作业现场的工作环境，减少工作环境对员工工作的不良影响，避免安全事故的发生，提高生产效率	对工作场所进行清洁，对于不同物品和区域，使用不同的清洁方式和清洁工具，确保清洁的效果		
			定期进行清洁维护，确保清洁效果的持久性和稳定性		
	素养（Shitsuke）	培养员工良好的工作习惯，提高员工素养，增强团队水平和工厂形象	定期开展各种形式的培训，提高员工的知识水平和工作技能		
			加强对员工的日常管理，引导员工形成良好的行为习惯		
评估验收阶段	对生产现场环境5S改善工作进行验收，确保工作落实		定期对生产现场环境进行检查，并将检查结果计入考核，确保生产现场环境5S改善工作的持续性		

3.3.2　生产现场环境5S改善工作实施方案

生产现场环境5S改善工作对于工厂的生产现场环境管理非常重要，它可以规范生产现场管理、提高生产效率、提高产品品质、消除危险因素，有效地减少安全事故的发生，增强员工的参与意识，从而为工厂的生产和经营带来诸多好处。

生产现场环境5S改善工作实施方案

一、目标

改善工厂生产现场的工作环境和员工工作条件，提高生产效率和质量，提高工厂的核心竞争力和市场竞争力。

二、现状及问题

1.生产现场杂乱无序，缺乏整理和分类，物品摆放不规范，导致工作效率低下。

2.生产现场存在大量垃圾和污垢，缺乏定期清洁和维护，生产现场环境脏乱差。

3.生产现场没有标准化的工作流程和操作规程，导致员工工作效率低下和产品瑕疵率高。

4.生产现场缺乏标识和标牌，物品和工具无法快速识别和使用，浪费时间和资源。

5.生产现场缺乏持续改进的机制，5S工作成为一时的行动而非长期的习惯。

三、方案的设计与执行

（一）确定改善目标

1.初步评估。通过对生产现场进行实地观察和与员工访谈等方式对工厂现有的生产现场环境5S实施情况进行评估，包括工厂的设施、设备、储物区、工作区、生产线和工作环境等方面。

2.分析问题。在评估的基础上，对现有的问题进行分析，进一步识别生产现场环境5S工作中需要解决的问题，具体识别如下。

（1）设施和设备问题。应包括生产设备的维护和保养、工具和设备的使用和归位、设备和储物区域的布局和标识等，需考虑设施和设备是否能够满足生产需要，是否易于使用和维护，是否符合5S标准。

（2）储物区和物料管理问题。应包括储物区的使用和布局、物料的分类和归位、物料的清洁和保养等，需考虑储物区是否足够大、物料是否分类归位、物料是否及时清理和保养，以及是否符合5S标准。

（3）工作区和生产线问题。应包括工作区和生产线的布局、产品流程的优化、员工的工作环境等方面，需考虑工作区和生产线是否流畅、是否有不必须的物品、是否符合5S标准，员工是否有良好的工作环境等。

（4）人员素质和管理问题。包括员工的5S意识和培训、管理人员的管理能力和领导力等。在识别问题时，需考虑员工是否了解和遵守5S标准，管理人员是否能够有效地推动和监控5S工作，以及是否符合5S标准。

3.确定目标。在分析问题的基础上，根据具体情况制定改善目标，改善目标应该与工厂的业务目标一致，明确改善的方向和重点。

（二）制订改善计划

1.根据制定的改善目标和问题清单，问题的重要程度、紧迫性和改善难度等因素进行评估和排序，确定改善的内容和问题的优先级。改善内容应包括整理、整顿、清洁、清扫和素养五个方面。

2.根据分析得出的结果，制订改善计划的时间表和优先级，其中时间表应该包括改善的起始日期和截止日期，优先级应该根据问题的重要性和紧迫性进行排序。

3.确定相关责任人和责任部门，责任人应该具有相关的专业技能和管理能力，能够有效地推进和监控改善工作的实施。

4.评估改善计划的资源需求，包括人力、物资、技术、时间等，根据资源需求确定改善计划的实施方式，可采用分阶段实施、部门协作、逐步推进等方式进行改善工作的实施。

5.制定具体的改善目标和绩效指标，对改善工作进行量化和评估，以实现5S工作的优化和持续改进。

（三）加强员工培训

1.为员工提供关于生产现场环境5S工作的相关资料，确保资料简单易懂，能够清晰地解释5S工作的核心原则和技术要点。

2.制订一个培训计划，包括培训时间、地点和人员安排等。在制订计划时，需要考虑员工的日常工作时间和工作负荷，确保培训计划的实施不会影响工厂的正常运作。

3.组织培训课程，由专业人员或有5S工作经验的员工进行授课，确保培训内容的准确性和权威性。培训内容应包括5S工作的原则、目的、重要性、方法和实施步骤等内容。

4.培训结束后，为员工提供实际操作机会，并及时纠正错误和提供反馈意见，加强员工的学习和应用能力，提高5S培训工作的实际效果和质量。

（四）执行改善方案

1.组建一支由生产、质量、设备、安全等不同部门的人员组成的5S改善小组，负责组织和协调5S实施工作，并监督和评估实施效果。

2.实施改善计划时应按照制定的步骤和时间表逐步实施，包括分类整理、整顿、清洁、清扫，标准化、规范化地持续维护。在实施过程中，要注意及时沟通和反馈，以便纠正错误和加强有效性。

3.引入5S工具辅助实施5S改善工作，包括5S检查表、5S标识、5S计时器等，提高改善工作的效率和准确性。

4.对5S改善工作的实施进行监督和评估，及时发现问题和改进点，并针对性地制订改进计划和措施，实现持续改进。

（五）具体改善措施

实施整理、整顿、清洁、清扫和素养等方面的改善，具体措施可参考表3-6。

表3-6　改善措施

改善方面	改善措施
整理	①完成现场物品整理，清理不必要的物品，避免堆积 ②设定整理标准，规定物品的分类和标识，制定相应的物品管理制度，确保工作现场干净、整洁、有序
整顿	①对整理过的物品进行分类，为每类物品制定分类标准 ②根据使用频率和使用场所，为每类物品分配固定的存放位置 ③制定整顿标准，明确每个物品的标准化存放位置，使用标识或标牌，以便员工操作和使用
清洁	①制定标准化的清洁工作流程和操作规程，确保员工操作符合清洁标准化要求 ②制定标准化的清洁作业标准和检查制度，对清洁工作进行检查和评估
清扫	①制订清扫计划，对于生产现场进行定期清扫和维护 ②制定清扫标准，规定清扫的内容和方式，对于清扫质量进行验收 ③强化环境清洁管理，严格管理垃圾分类、环境卫生等方面
素养	①建立5S纪律制度，对于5S工作的纪律性和执行情况进行严格管理 ②强化5S意识教育，对于5S的意义、目的、原则、标准化操作等方面进行教育培训

四、持续改进

1.定期对生产现场环境改善成果进行评估，发现问题和改进点，并针对性地制订改进计划。

2.建立5S工作实施的信息化管理系统，对5S工作实施情况进行跟踪和分析，及时发现问题和改进点。

3.建立奖惩机制，对于遵守5S原则的员工，给予适当表扬和奖励，以激励员工的积极性。对于不遵守5S原则的员工，须采取必要的纠正和惩罚措施，以确保所有员工都遵守5S原则。

4.推动全员参与5S改善工作，建立集体意识和责任意识，通过集体讨论和分享经验，推动5S工作的全员参与和持续改进。

5.采用PDCA循环，持续推进5S改善工作实施方案，不断优化和提高生产现场环境的整体质量和效率。

五、成果预测

1.通过生产现场环境5S改善工作，能够使生产现场环境变得整洁有序，减少员工在寻找物料和工具等方面所花费的时间，进而提高生产效率。

2.通过生产现场环境5S改善工作，降低废品率和损耗率，延长设备的使用寿命，减少设备故障和维修费用，降低生产成本。

3.通过生产现场环境5S改善工作，建立标准化操作流程，减少物料和设备的移动，降低生产过程中的错误，提高产品质量的稳定性和一致性。

4.通过生产现场环境5S改善工作，使生产现场环境变得整洁、有序、安全和舒适，减少事故和伤害的发生，改善员工的工作环境，从而提高员工的工作积极性和工作满意度。

5.通过生产现场环境5S改善工作，帮助员工养成良好的工作习惯和态度，提高员工的工作素质、技能水平、安全意识和环保意识，培养员工的责任感和团队精神，从而提高员工的综合素质和工作质量。

3.3.3　生产现场环境5S改善工作总结

在生产现场环境5S改善工作中，定期进行工作总结是必不可少的工作步骤，通过工作总结，可以对生产现场环境5S改善工作的实施情况进行全面的梳理和总结，了解改善工作的成果和效果，以及存在的不足和问题，有助于未来生产现场环境5S工作的改进和优化。

编写生产现场环境5S改善工作总结要从以下五个方面展开。

（1）首先需要介绍生产现场环境5S改善工作的范围及目标，包括改善的区域、部门、计划、责任人和目标等。

（2）其次介绍生产现场环境5S改善工作的具体内容和实施措施，例如，分类整理、整顿清扫、工作流程优化、持续改进等环节，以及在实施过程中采取的具体措施。

（3）再次介绍生产现场环境5S改善工作的成果和效果，包括改善的效果、对生产效率、质量、安全等方面的提升作用等。

（4）然后总结生产现场环境5S改善工作实施过程中的经验和教训，分析工作中遇到的问题和存在的不足，提出下一步的改进方向和具体措施，为未来的工作提供指导和参考。

（5）最后，在编写生产现场环境5S改善工作总结时，需要注意总结的结构清晰、逻辑严密、表述准确，同时要充分反映工作开展情况和工作效果，总结要兼具真实性和可参考性。

生产现场环境5S改善工作总结

本次生产现场环境5S改善工作总结是基于工厂这一季度的5S改善工作实施情况和改善成果撰写的，将对工厂的生产现场环境现状、存在的问题、改善措施等进行深入分析和总结。通过本次生产现场环境5S改善工作总结，希望能够为工厂今后的5S改善工作提供参考。

一、生产现场环境5S改善范围和目标

本次生产现场环境5S改善工作主要针对生产车间和仓库区域进行，旨在提高生产效率、优化工作环境，营造良好的工厂形象。改善目标包括以下五方面。

1.改善工作环境，提高工作效率，减少工作事故率。

2.减少仓库、生产设备等资产的损失，提高仓库的货品储存量。

3.提高生产质量，降低次品率。

4.优化生产人员工作流程，提高生产效率。

5.引导生产人员养成良好的工作习惯，提高人员素质。

二、生产现场环境5S改善工作内容和措施

1.分类整理。对车间和仓库进行分类整理，将不使用的物品分类整理出来，并将生产现场的物品按照使用频率、价值和种类分类存放，减少物品的堆放量，为车间和仓库留出更多的空间。

2.整顿清扫。在分类整理的基础上，进行整顿清扫，将车间和仓库的物品按照使用顺序摆放，清洁工具和设备放置在特定的地方，减少物品的混乱状态，使车间和仓库更加整洁、有序。

3.清洁。制定标准化的清洁规范，针对车间和仓库进行环境、设备、工具等的清洁标准化操作，保持车间和仓库的干净整洁，提高工作效率和工作环境质量。

4.人员素养。建立完善的人员素养培训制度，加强员工的5S意识宣传，建立绩效考核机制，提高员工的职业素养。

三、生产现场环境5S改善工作成果

通过本次5S改善工作，车间和仓库的工作环境得到了显著的改善，具体改善成果如下。

1.车间和仓库空间得到了有效的利用，可以存放更多的货物，提高了生产效率。

2.使工作场所更加整洁、有序，区域划分明晰，便于员工能快速地找到所需物料，减少浪费和错误。

3.通过标准化的清洁操作，车间和仓库的环境及设备更加干净整洁，提高了员工的工作积极性，减少了工作事故率。

4.加强了员工对5S工作的认识和理解，一定程度上提高了员工的职业素养与环保意识。

四、生产现场环境5S改善工作中存在的问题分析

1.员工习惯难以改变。员工习惯是多年形成的，改变需要时间，尤其是年长的员工，需要进行反复教育和培训。

2.缺乏标准和规范。工厂缺乏完善的5S管理标准和规范，导致5S改善工作实施效果不理想，无据可依，难以服众。

3.技术设备准备不充分。生产现场环境5S改善工作需要适当的技术设备支持，包括整理、整顿、清洁、清扫等方面的专用设备和工具，影响5S改善工作的质量和效率。

4.成本和时间压力。生产现场环境5S改善工作需要一定的成本和时间投入，包括人力、物力、财力等，在初次改善阶段对生产效率产生了一定程度的影响。

五、经验和教训

通过本次生产现场环境5S改善工作我们收获了不少经验与教训，具体有以下4方面。

1.制定具体、可行的改善措施，不能脱离实际，同时要严格按照计划执行，除此之外，改善工作需要充分考虑员工的实际情况，合理安排工作时间和工作强度，避免员工过度劳累。

2.充分发挥团队合作的力量，每个人都应该认识到自己的责任和义务，组织员工共同参与改善工作，可以提高效率，共同推进5S改善工作。

3.5S改善工作需要加强管理，以健全的制度和流程规范为依托，明确各项工作的责任和权限，加强对改善工作的监督和考核，确保改善工作的持续性和有效性。

4.5S改善工作是需要持续改进的，因此要不断总结经验和教训，逐步完善和提升工作质量和效率，不断提高工厂的管理水平和市场竞争力。

六、下一步改善计划

针对本次生产现场环境5S改善工作中存在的问题和不足，我们制订了下一步计划。

1.建立长效机制，加强生产现场环境5S改善工作的监督和管理，确保生产现场环境5S改善工作的持续推进。

2.加强员工培训，加大对5S改善工作重要性的宣传，提高员工的5S意识，让员工养成良好的工作与生活习惯。

3.对5S改善工作的效果进行跟踪评估，及时总结经验和教训，不断完善改善工作。

通过本次生产现场环境5S改善工作，我们深刻认识到，生产现场环境5S改善工作是工厂持续发展的基础，也是工厂形象的重要体现。我们将继续推进生产现场环境5S改善工作，不断提高生产效率和产品质量，为工厂的发展作出更大的贡献。

×××（总结人/部门）

××××年××月××日

3.4 生产现场环境管理精进化：持续改进

3.4.1 生产现场环境HSE工作推进方案

生产现场环境HSE工作是通过对生产现场进行管理，提高生产的安全水平、保障员工健康、减少对环境的污染、提高员工安全和环保意识、优化管理体系，从而提高工厂的经济效益和社会效益。

生产现场环境HSE工作推进方案

一、目标

识别和管理生产现场存在的健康、安全和环境风险，减少对员工、环境和工厂的潜在影响。

二、现状及问题

1.对HSE管理的重要性认识和重视程度不足，缺乏内在动力。

2.缺乏有效的HSE管理体系，HSE管理工作不系统、不规范，缺乏针对性。

3.缺乏专业人才，管理工作难以有效开展。

4.对于HSE管理的重视程度不够，很多时候只是为了应付检查或者符合政策要求，缺乏真正的内在动力。

5.全员参与意识不强，缺乏积极性，不能全面有效开展。

6.管理落实不到位，在执行落实方面存在困难，往往停留在表面形式，不能有效实施。

三、方案设计与执行

（一）确定目标和指标

1.通过对工厂生产现场的分析和评估，了解生产过程中可能存在的HSE风险和需求，包括安全事故、污染物排放、物料管理、近期发生的事故、污染事件、违规行为等。

2.制定与工厂发展战略和生产实践相一致的HSE目标，包括降低事故率、减少环境污染、提高员工安全意识等。

3.根据工厂生产过程中的HSE风险和需求，确定相应的HSE指标，在确定HSE指标时，应该关注以下5方面。

（1）安全指标。事故率、事故类型、事故损失等。

（2）环境指标。废水排放量、废气排放量、固体废物产生量、污染物排放浓度等。

（3）健康指标。员工职业病发生率、疾病率等。

（4）安全培训指标。培训时间、培训人数、培训内容等。

（5）HSE合规指标。安全标准合规度、环境法规合规度等。

（二）确认工作团队

组建一个专门的团队负责监督和协调各项活动。这个团队应该由工厂高层领导和相关部门专业人员组成，以确保方案得到适当的管理和实施。

（三）制订工作计划

1.明确工作计划的目的和意义，以确保工作计划的科学性和有效性。目的包括改善生产现场环境，增强员工的安全意识和环保意识，降低环境风险等。

2.在明确工作计划的目的和意义后，对实际工作任务和需求进行分析和梳理，明确工作计划的具体内容和任务，包括制定安全生产规程、组织员工培训、检查现场安全隐患、制定环境污染防治方案等。

3.根据工作任务和要求，制订工作计划的时间安排，明确工作计划的起止时间、重要节点和关键时间点等，确保工作计划的及时性和有效性。

4.根据实际需求和任务，制订工作计划的具体内容和步骤，包括工作任务、工作流程、工作标准、工作细节等，确保工作计划的科学性和可行性。

5.根据工作计划的具体内容和任务，分配工作任务和人员，明确每个人员的职责和任务细节，确保工作计划的有效实施和完成。

（四）加强员工培训

1.根据工厂生产现场的HSE目标和指标，制订相应的培训计划，明确培训内容、培训对象、培训方式、培训时间、培训地点等信息。

2.根据不同的岗位和工作内容，确定不同的培训内容。

（1）对于从事危险化学品操作的员工，应该加强化学品安全知识的培训。

109

（2）对于从事高空作业的员工，应该加强安全防护措施的培训。

3.根据不同的培训内容和培训对象，选择不同的培训方式。

（1）对于基础理论培训可以采用课堂讲解、视频展示等方式。

（2）对于实际操作技能的培训可以采用现场指导、模拟操作等方式。

4.准备相应的培训材料，包括课件、手册、视频等，确保培训内容清晰明了、易于理解，保证培训的效果。

5.开展培训后，应该对员工培训效果进行评估。采用测验、问卷等方式，了解员工对培训内容的掌握情况，并及时纠正培训中存在的问题。

6.随着生产过程的变化和HSE法规的更新，工厂需要定期更新培训内容，确保培训内容与最新的HSE法规和生产实践相符。

（五）执行工作计划

1.为确保HSE管理制度和操作程序的有效实施，工厂应提供必要的资源，包括人力、物力和财力等方面的资源。

2.落实HSE计划，包括实施措施、监督和检查等方面，注重过程管控，及时发现和解决问题，确保HSE目标和指标的实现。

3.采用巡检、检查、审核等方式对HSE工作进行定期监测和评估，确保实施效果符合预期，并根据结果制订相应的改进计划，具体可以采取表3-7提供的方法进行评估。

表3-7　评估指标及方法

指标	方法
事故率	评估工厂在一定时间内发生的安全事故的数量和频率，比较前后不同时间段的变化情况，分析事故的原因，处理情况，进一步改进安全管理措施
环境污染指标	通过对废水、废气、固体废物等的监测，比较排放浓度和排放量等指标是否符合国家和地方的环境保护要求，及时发现问题并采取有效的治理措施
健康指标	通过对员工健康状况的监测和调查，评估员工职业病发病率、疾病率等情况，及时发现和解决职业健康问题
安全培训指标	评估员工安全培训的情况，包括培训时间、培训人数、培训内容等，确保员工安全意识和技能得到有效提升
HSE合规指标	评估工厂是否符合相关的安全和环境法规要求，包括安全标准合规度、环境法规合规度等，及时发现和纠正违法违规行为

（六）具体措施

1.每月组织一次安全操作培训和卫生保健知识培训，包括安全操作技能、卫生保健知识和应急处理技能。

2.建立HSE管理委员会，制定安全管理制度，并明确各部门的职责和权限。

3.每季度对工厂内各种危险源进行全面排查，建立危险源台账，并采取相应措施予以控制。

4.每周对现场作业环境进行检查，并建立检查记录，对发现的问题及时进行整改。

5.每半年进行一次环保检查，建立环保档案，对废气、废水和废物的排放进行监管，确保不超标排放。

6.制定应急预案，每季度组织一次应急演练，确保在突发事件发生时员工能够及时应对。

7.对新入职的员工进行安全培训，包括相关法规、工厂安全制度、安全操作规程、应急预案等方面的知识，确保其了解工厂的安全管理体系和职业病防护措施，明确如何做好个人的安全防护措施，对其进行实地操作指导和技能培训，确保员工掌握正确的操作技能和注意事项，避免安全事故的发生。

四、持续改进

1.收集HSE数据和信息，包括事故记录、环境监测数据、培训记录等，并对其进行分析和统计，了解HSE工作的实际情况和存在的问题。

2.根据收集的数据和信息，确定需要改进的方向和重点，制订相应的改进计划，包括具体的改进措施、实施时间、责任人等。

3.定期对HSE工作进行审核和评估，评估改进措施的实施效果和HSE工作的绩效，确定改进的成果和不足，为下一阶段的改进提供参考。

4.建立HSE沟通机制，通过例会宣讲、培训、安全委员会沟通等形式进行沟通，推进全员参与HSE工作，确保信息共享和意见交流，实现HSE工作的不断改进，具体内容如下。

（1）根据沟通的目标和对象，确定沟通的内容和形式。

①对于员工，可以通过定期召开HSE培训、演习、安全例会等方式，向员工传达相关的HSE政策、标准、规程等内容。

②对于管理层，则可以通过组织定期的HSE管理层会议，交流HSE工作进展、风险

管控、资源投入等方面的情况。

③对于客户，则可以通过提供产品的HSE性能信息、处理紧急事件的情况等方式，展现工厂的HSE实力和责任。

（2）建立多样化的HSE沟通渠道和平台，包括建立HSE专区网站、设置信息公告栏、发布HSE通报、设立投诉建议箱等方式，以便管理层、客户、员工等能及时地获取HSE信息和反馈意见。

（3）通过收集反馈、问卷调查、定期审查等方式评估HSE沟通的效果，及时调整和改进沟通策略和方案，不断提升沟通效果和HSE工作的整体水平。

5.学习和借鉴其他工厂的成功经验，吸收有益的改进思路和实践，提升自身的改进能力，实现HSE工作的持续改进。

五、成果预测

1.通过推进HSE工作方案，能够使员工识别和管理潜在的健康、安全和环境风险，减少安全事故的发生，提高员工安全水平。

2.通过推进HSE工作方案，可以识别和解决生产现场存在的风险，减少生产过程中的中断和故障，提高生产效率和质量。

3.通过推进HSE工作方案，能够减少污染物的排放，保护环境和生态系统的健康，提升工厂的环保形象，降低环保风险。

4.通过推进HSE工作方案，能够降低法律合规风险，减少不必要的费用，提升工厂的经济效益和形象。

5.通过推进HSE工作方案，能够树立工厂安全、健康、环保的良好形象，增强客户和投资者的信任和好感度，提高工厂的声誉和品牌效益。

3.4.2　生产现场环境属地管理实施方案

进行生产现场的属地管理，可以合理配置和利用生产现场资源，加强生产现场环境卫生的监督和管理，让员工更加积极地参与生产现场管理，保障生产现场环境卫生，提高工厂对生产现场的管理水平。

生产现场环境属地管理实施方案

一、目标

将生产现场划分为不同的区域，在生产现场实现高效、精细、有序的环境管理，推进工厂生产现场管理水平的提升，促进工厂的可持续发展。

二、现存问题

1.生产现场属地管理存在责任不明确、管理人员分散等问题，导致管理不到位。

2.由于分区域进行管理，不同管理人员的管理标准和方法有差异，导致管理不统一，难以达到整体管理的效果。

3.生产现场属地管理需要不断评估管理效果，但是工厂缺乏评估管理效果的方法和指标，难以对效果进行评估。

4.员工缺乏主动性和积极性，不愿意参与管理，导致管理效果不佳，难以达到预期效果。

三、方案设计与执行

（一）区域划分

生产现场属地管理的区域划分有以下6种方式。

1.根据生产流程划分。对于每个生产流程，划分对应的区域，并且在区域中标明该生产流程的相关信息，将生产线划分为多个工位，每个工位对应一个责任人。

2.根据环境要求划分。考虑环境要求，对不同环境区域进行不同的管理和监控，如粉尘区域、噪声区域、清洁区域等。

3.根据安全要求划分。不同区域的安全要求可能有所不同。如一些区域需要严格控制进出，其他区域则需要进行危险品处理，划分出安全区域和非安全区域，更好地控制安全风险。

4.根据人员分布划分。在划分区域时考虑人员分布，对不同区域进行不同的人员安排和管理，如需要更多的工作人员进行操作和监控的区域，需要更多的安全人员进行管理的区域等。

5.根据物料流划分。根据物料流进行合理的区域划分。如原材料存放区、成品存放区、半成品存放区等，以便更好地管理和监控物料的进出和使用情况。

6.根据设备类型划分。根据设备类型进行合理的区域划分，如机械加工区、电气设备区、包装区、清洗区等。

（二）标准设计

进行生产现场环境属地管理标准设计时，有以下步骤。

1.对生产现场进行调研和分析，了解生产流程、设备类型、人员分布、安全风险等情况，对属地管理的需求和要求进行了解。

2.根据调研和分析的结果，制定符合实际需求的属地管理标准，包括区域划分、标识标记、设备放置、物品归置、清洁消毒、安全措施、明确职责等方面的内容。

3.根据属地管理标准，制定合理的设计方案，包括工具、设备、器材等的选择和放置、标识标记的设计和制作、清洁消毒的方法和周期、安全措施的落实等方面的内容。

（三）人员培训

1.定期对属地管理人员进行培训，介绍属地管理的标准、设计方案、操作方法和注意事项等，让其了解属地管理的重要性和必要性，提高他们的属地管理意识。

2.通过现场演示的方式，让属地管理人员亲身体验和学习属地管理的操作流程和方法，观察操作技巧和注意事项，学习属地管理的实际应用技巧。

3.让属地管理人员进行实际的操作演练，加强操作技能和培养操作经验。

4.对全体员工进行培训，让他们了解每个区域的管理要求和责任，提高员工的卫生意识和责任心。

（四）管理实施

1.根据生产现场的实际情况，确定划分属地管理区域的方式、确定管理目标和具体措施，并明确责任分工和考核评价体系，确保属地管理的科学性、系统性和可操作性。

2.根据不同的区域制定属地管理标准和规范，明确各区域的管理要求和责任人。

3.实行属地管理考核制度，定期对各区域的管理情况进行评估和考核，及时发现和解决问题。

4.加强宣传培训，增强员工环保和安全意识，并对属地管理人员进行专业的培训和技能提升，使其能够熟练掌握管理标准和技术，具备科学合理的管理能力。

（五）持续改进措施

1.定期对属地管理工作进行评估，对评估数据进行统计和分析，发现和解决问题，及时调整和优化管理措施，制订改进计划，不断提升管理水平。

2.建立改进措施的反馈机制，收集所有工厂人员对属地管理工作的意见和建议，不断优化属地管理措施。

3.参考其他优秀工厂的属地管理工作方式，借鉴其成功的经验，不断优化自己的属地管理方案。

四、成果预测

1.通过对生产现场环境进行属地管理，生产现场环境更加清洁、整洁、有序，减少生产中的误操作和缺陷，生产质量得到了提高。

2.通过对生产现场环境安全区域与非安全区域的明确划分，减少了生产中的事故和伤害发生的概率，保障了工作人员的安全和健康。

3.通过属地管理，提高对生产现场物料、设备等资源的有效管理和利用，降低了生产成本，提高经济效益。

4.通过生产现场环境属地管理方案的实施，建立了有效的属地管理机制，明确责任、规范管理，提高生产现场环境管理水平。

5.通过生产现场环境属地管理方案的实施，工作人员能更加自觉地遵守规章制度，增强员工的责任心和归属感，进一步提高生产效率和质量。

04

生产现场作业管理 "精益化"：
计划、执行、交期

4.1 生产计划与调度管理

4.1.1 生产计划准确性改进方案

生产计划准确性改进方案明确了生产计划准确性改进工作中各岗位的工作职责，指出了影响计划准确性的因素，提高了生产计划的准确性和改进措施的针对性，规范了生产计划准确性改进的工作要求，列举了生产计划准确性改进工作中应使用到的现代工厂信息化管理工具。

生产计划准确性改进方案

一、目标

提高生产计划的准确性，进而提高生产效率、降低成本、提高客户满意度，达到提高工厂生产效益的目标。

二、改进工作职责

1.生产经理负责组织制订生产计划，使用先进的工厂资源计划数智化系统，结合往期生产数据，根据当下市场需求、原材料供应和生产资源等因素，制订更加科学合理的生产计划，保证生产计划的准确性。

2.采购经理负责原材料的采购工作，组织学习使用供应链管理平台（SCM），建立符合实际情况的供应商评价档案与价格准入机制，确保供应渠道的稳定，保证原材料的供应稳定，避免原材料供应出现短缺或过剩的情况。

3.人力资源经理负责根据生产计划，做好人力需求预测，通过各种渠道招聘、培训和管理工人，提升招聘质量，同时，制订合理的培训计划，采取多种培训方式，提高工人的技能水平，避免人力资源不足和质量低下的情况。

4.设备管理人员负责按照设备维护和保养规程，对设备进行维护和保养，定期检查设备状态。

5.质量管理人员负责质量管理工作，建立质量管理制度，加强生产过程中的监控和检验，避免质量问题对生产计划的影响。

6.生产计划员负责生产计划的具体执行工作，根据生产计划制订具体的生产计划表，并按照生产计划表执行生产任务。

7.数据分析师负责对生产过程中的数据进行分析，及时发现和处理生产过程中的问题，提高生产计划的准确性。

三、明确影响计划准确性的因素

1.市场需求的变化。市场需求的变化可能导致生产计划与实际需求不符，从而影响生产计划的准确性。

2.原材料供应的不确定性。供应商原材料、辅料等供应的不确定性可能导致原材料的供应周期和数量不稳定，从而影响生产计划的准确性。

3.人力资源的不足。生产所需一线生产人员的不足可能导致生产计划无法按时完成，从而影响生产计划的准确性。

4.设备故障和维修。自动化或半自动化设备的故障和维修可能导致生产线停机，从而影响生产计划的准确性。

5.生产过程中的不确定性。生产过程中的不确定性包括自然灾害、工人操作不当、质量问题等，这些都可能导致生产计划无法按时完成。

四、常规改进措施

1.工厂市场部应加强市场调研，对市场需求进行及时、准确的分析，与生产部一起制订符合市场需求的生产计划。

2.建立原材料、辅料库存管理制度，将原材料、辅料的相关信息纳入工厂信息化管理系统中，建立供应链管理平台（SCM），加强与供应商的沟通，提升采购效率，保证原材料的供应稳定，避免原材料短缺或过剩的情况。

3.加强人力资源管理，制订合理的工作计划和培训计划，提高工人的技能水平，避免人力资源不足或质量低下的情况。

4.加强设备、工装模具的维护和保养，在工厂信息化管理系统中制订定期维护保养计划，定期检查设备状态，避免设备故障和维修对生产计划的影响。

5.建立全面质量管理制度，加强对采购、生产、物流等方面的监控和检验，避免质量问题对生产计划的影响。

五、精益改进措施

1.确定生产计划的优先级。根据市场需求、原材料供应、生产资源等因素，确定生产计划的优先级，以保证生产计划的顺利执行。

2.定期评估和更新生产计划。定期对生产计划进行评估和更新，及时对生产计划进行调整，以适应市场变化和生产资源的变化。

3.加强信息共享和协作。不同部门之间要借助信息化管理系统，加强信息共享和协作，及时了解生产过程中的问题，共同解决问题，以提高生产计划的准确性。

4.优化生产流程。各车间定期组织开展生产流程优化工作，通过优化生产流程，减少生产过程中的浪费和瓶颈，提高生产效率，保证生产计划的准确性。

六、改进方法与工具

（一）改进方法

1.精益生产管理法。通过5S与目视控制、准时化生产（JIT）、看板（Kanban）管理、标准化作业（SOP）、全面生产维护（TPM）等方法，优化生产流程，减少浪费和瓶颈，提高生产效率，保证生产计划的准确性。

2.六西格玛法。通过六西格玛方法，分析和优化生产过程中的各种因素，提高生产效率和质量，保证生产计划的准确性。

3.供应链管理法。通过供应链管理方法，建立稳定的供应链关系，包括研发、工艺、生产所需物料或设备的供应，提高供应链的透明度和可控性，保证生产计划的准确性。

（二）改进工具

1.使用ERP、MES等生产制造计划软件，对生产计划进行管理和优化，提高生产计划的准确性。

2.使用数据分析工具，对生产过程中的数据进行分析，及时发现和处理问题，提高生产计划的准确性。

3.使用智能制造技术，实现生产过程的自动化和智能化，提高生产效率和准确性。

七、注意事项

1.在制定推进方案之前，需要全面了解当前的生产情况，包括市场需求、原材料供应、生产资源等情况，以便为制定方案提供基础数据。

2.在制定推进方案时，需要明确具体的目标，包括提高计划准确性的具体指标和时间要求，同时要与工厂整体战略和目标相衔接。

3.对于生产计划准确性存在的问题，需要进行深入分析，找出根本原因，并提出解决方案。

4.在制定推进方案时，需要充分考虑生产现实情况，制订可行的计划，避免过于理想化和不切实际。

5.推进生产计划准确性需要投入一定的资源，包括人力、物力、财力等。在制定方案时，需要保证资源充足，以保证方案的有效实施。

6.在推进方案实施的过程中，需要建立相应的监督和评估机制，及时发现问题并进行调整，确保推进方案的顺利实施，达到预期目标。

7.在推进方案实施过程中，需要建立相应的沟通机制，及时与相关部门和人员沟通，解决生产计划准确性存在的问题。同时，要加强沟通与合作，形成推进方案的联合力量。

4.1.2　生产调度管理实施细则

生产调度实施管理细则可以明确生产调度管理工作中各相关人员岗位职责和工作内容，细致地规范生产调度的工作程序，指出生产调度的工作要求和工作方法，有力地推动了生产调度的实质性考核工作。

生产调度管理实施细则

第1章　总则

第1条　为加强现场生产调度的管理，及时纠正偏差，促进生产计划的完成，提高工厂生产效益，特制定本细则。

第2条　本细则适用于工厂生产调度管理实施工作的管理，除另有规定外，均需参照本细则办理。

第2章　生产调度管理岗位职责

第3条　生产调度员是生产调度管理中的核心角色，主要负责制订生产计划，协调生产现场的各项工作，监督生产进度，确保生产任务按时完成。其职责包括但不限于以下。

1.根据销售计划和库存状况制订生产计划。

2.按照生产计划安排生产线的开机和停机时间。

3.监督生产线上各项工作的进度和质量。

4.协调生产现场各个部门之间的工作。

5.及时处理生产中的问题和异常情况。

第4条 生产主管是生产调度员的直接上级，主要负责监督和管理生产现场的各项工作。其职责包括但不限于以下。

1.监督和指导生产调度员的工作。

2.确保生产线上设备的正常运行。

3.安排设备、工具维修和保养工作。

4.确保生产现场的安全和卫生。

5.协调生产现场各个部门之间的工作。

第5条 质量控制员负责监督和管理生产线上的产品质量。其职责包括但不限于以下。

1.检查产品的各项指标是否符合标准。

2.检查生产现场的工艺流程是否符合要求。

3.指导生产线上的工人正确操作设备和工具。

4.汇报产品质量情况并提出改进建议。

第6条 设备维修员负责生产设备的维修和保养工作。其职责包括但不限于以下。

1.检查设备的使用情况和维护记录。

2.安排设备的维修和保养计划。

3.及时处理设备故障和异常情况。

4.协调生产调度员安排设备维修和保养的时间。

第7条 安全主管主要负责管理生产现场的安全和卫生工作。其职责包括但不限于以下。

1.确保生产现场符合安全和卫生标准。

2.制定和实施安全卫生规定。

3.对生产现场人员进行安全和卫生培训。

4.安排紧急情况的处理措施。

第3章 生产调度程序

第8条 各车间或班组根据总体生产计划和库存状况，制订车间或班组生产计划，确定生产量和交货期限等生产要求。在制订计划时需要考虑到生产设备的使用率、生产线的平衡和材料的供应等方面。

第9条 各车间生产调度员根据计划制定生产调度方案，安排生产线的开机和停机时间、设备的调试和维护等工作。调度安排还需要考虑到生产线的状况、工人的技能和工作效率等因素，以确保生产任务按时完成。

第10条 一线生产人员按照调度安排执行生产任务。生产调度员需要实时监控生产线上的生产进度和质量，及时处理生产中的问题和异常情况。

第11条 在生产执行的过程中，生产调度员需要不断跟踪生产进度，检查计划执行情况和工作质量。如果发现生产任务存在偏差或延误，需要及时调整计划和调度安排，以确保生产任务能够按时完成。

第12条 生产调度员需要监督产品的生产过程，确保产品符合质量要求。质量控制包括对工艺流程、设备的使用情况和产品质量的检验等方面进行监督和管理。

第13条 生产调度员需要记录生产过程中的各项数据和指标，包括生产进度、产品质量、设备使用率和工人效率等方面的数据，以便对生产过程进行准确分析和评估。

第14条 在生产任务完成后，生产调度员需要对生产过程进行总结和评估，分析生产过程中存在的问题和不足，提出改进建议和措施，以提高生产效率和质量。

第4章 生产调度要求、方法、工具

第15条 生产调度要求如下。

1.按计划生产，合理安排生产时间和工作流程。

2.合理安排生产资源，提高资源利用率。

3.加强生产过程管理，确保产品质量和生产安全。

第16条 生产调度方法如下。

1.MRP（物料需求计划）。通过对生产所需物料和库存情况的分析，制订生产计划。

2.ERP（工厂资源计划）。基于计算机系统，通过对生产、销售、采购等各个环节的数据采集和处理，进行全面调度。

3.APS（高级计划调度）。基于数学模型和算法，优化生产计划，提高生产效率和资源利用率。

第17条 生产调度工具。

1.计算机软件。使用MRP、ERP、APS等生产调度软件，进行生产计划制订、调度、资源分配等工作。

2.传感器和控制器。采用PLC（可编程控制器）、DCS（分散控制系统）等智能化设备，对生产过程进行实时监督和控制。

3.智能装备和机器人。引进智能装备和机器人，自动完成生产任务，减少人力成本和生产周期。

4.大数据和人工智能。使用大数据和人工智能技术，对生产过程中的大量数据进行分析和挖掘，帮助生产调度管理人员制订更加精确的生产计划。

第5章　生产调度考核

第18条　生产调度考核标准应当包括生产进度、产品质量、设备使用率、员工效率等方面的指标，同时应当根据工厂的实际情况和生产需求进行适当调整。

第19条　考核周期和频率应当根据工厂的生产情况和管理需求来确定。考核周期应当与生产周期相对应，考核频率则取决于工厂对于考核结果的使用频率。

第20条　对于考核结果，需要进行分析和评估，找出生产调度管理工作中存在的问题和不足，并提出改进意见和措施。同时，需要对考核结果进行排名和评比，以便对生产调度管理人员进行绩效评估和奖惩。

第21条　对于生产调度管理人员的失职、疏忽或过失，应当建立责任追究制度。责任追究制度应当明确责任范围和责任人，并确定相应的追究措施。

第22条　对于生产调度管理人员的表现，车间主任应当建立奖惩制度，以激励其提高工作效率和质量。

第6章　附则

第23条　本细则由生产部负责编制、解释与修订。

第24条　本细则自××××年××月××日起生效。

4.2　生产现场作业执行管理

4.2.1　晨会、交班会、总结会工作管理办法

通过制定晨会、交班会、总结会工作管理办法，可以详细地指出晨会、交班会、总

结会的工作内容，明确晨会、交班会、总结会召开工作中各相关人员的管理职责，规范晨会、交班会、总结会召开的工作要求，规定晨会、交班会、总结会的工作程序。

晨会、交班会、总结会工作管理办法

第1章　总则

第1条　为规范、指导、推进晨会、交班会、总结会的召开工作，提升生产现场作业执行管理水平，提高生产效益，特制定本办法。

第2条　本办法适用于晨会、交班会、总结会工作的管理。

第2章　晨会、交班会、总结会工作内容

第3条　晨会的工作时间应严格控制在30分钟以内，晨会的工作内容包含但不仅限于以下。

1.讨论最新的生产计划和进度，并解释任何变化或延迟原因。

2.讨论关于生产的任何质量或安全问题，以及采取的行动和措施，以确保生产过程中的质量和安全。

3.讨论设备维护和修复问题，以确保生产设备处于良好的工作状态。

4.讨论员工调度和培训问题，以确保每个人掌握正确的技能和知识来完成他们的工作。

5.讨论生产效率和成本问题，发现任何可能的改进措施。

6.鼓励一线员工提供反馈和建议，以改进工作流程和提高生产效率。

7.讨论其他重要事项如生产工艺瓶颈或供应链问题等。

第4条　交班会的工作时间应严格控制在25分钟以内，交班会的工作内容包含但不仅限于以下。

1.前一班次的生产情况汇报。生产主管应向参会人员汇报前一班次的生产情况，包括生产进度、质量情况、设备运行状态、人员配备等情况。

2.前一班次的安全情况汇报。安全主管应向参会人员汇报前一班次的安全情况，包括发生的安全事故和隐患情况、安全培训和教育情况、安全检查和巡视情况等。

3.前一班次的质量情况汇报。质量主管应向参会人员汇报前一班次的质量情况，包括发生的质量问题、原因分析、解决措施和跟进情况等。

4.当前班次的生产计划。班组长应对当前班次的生产计划进行说明，包括生产目

标、重点任务、计划安排等。

5.当前班次的安全重点和任务。安全主管应对当前班次的安全重点和任务进行说明，包括安全检查和巡视任务、特殊工艺和工作的安全措施等。

6.当前班次的质量要求和任务。质量主管应对当前班次的质量要求和任务进行说明，包括产品质量标准、质量控制要点、重点工序等。

7.人员安排。管理层应对人员的安排进行说明，包括当前班次的排班安排、调动情况、新员工的介绍等。

8.一线生产人员可以在交班会上提出工作中遇到的问题，并进行讨论和解决。班组长、车间主任等管理层应给予积极的回应，并在交班会结束前确认解决方案。

第5条　总结会的工作时间应严格控制在20分钟以内，总结会的工作内容包含但不仅限于以下。

1.工作回顾。对前一段时间的工作进行回顾，总结取得的成绩和经验，并查找不足和问题，形成经验教训。

2.问题分析。对发现的问题进行分析，并找出根本原因，避免简单表面化的处理方法，而是要制定具体的解决方案和实施措施，确保问题能够彻底得到解决。

3.成本分析。对前期的生产成本、物料成本等进行分析，找出成本高的原因，通过采取合理的措施降低成本，提高工厂的经济效益。

4.质量分析。对前期的产品质量进行分析，找出不良品的原因，并采取措施加以改进，提高产品质量。

5.业务分析。对前期的业务经营情况进行分析，如销售情况、市场需求变化等，以制订合理的经营计划和市场策略。

6.人员分析。对员工的绩效和表现进行分析，对于表现优秀的员工，予以表扬和奖励，为表现不佳的员工制订具体的改进计划和培训方案。

7.下一步计划。根据以上分析结果，制订下一步的工作计划和目标，并明确责任人、工作重点和时间节点等，确保工作的顺利进行。

第3章　晨会、交班会、总结会管理职责

第6条　晨会的召开通常由工厂的管理层或生产部门负责人召集。参加晨会的人员通常包括管理层、生产部经理、车间主任、班组长、一线生产人员及其他必要的人员。具体的岗位职责如下。

1.车间主任负责召集晨会并确保会议的顺利进行。

2.车间主任负责主持晨会，引导会议议程，并确保会议的高效和有序。

3.生产部经理负责分享最新的生产计划和进度，并解释任何的变化或延迟原因。此外，生产部经理还可以分享任何关于生产的质量或安全问题，以及采取的行动和措施。

4.各班组长负责分享生产线的具体进展情况，例如，生产进度、设备维护和故障修复等。

5.当天所有一线生产人员均须参加会议，以了解最新的生产进展情况，并分享他们认为有助于提高生产效率的建议。

第7条　交班会是现场管理中非常重要的一环，交班会的召开需要明确以下人员的管理职责。

1.现场主管是交班会的主持人，负责组织会议、汇总报告、引导讨论等。

2.生产主管需要向现场主管和其他参会人员汇报当班生产情况，包括生产进度、质量情况、设备运行状态等。

3.安全主管需要向现场主管和其他参会人员汇报当班安全生产情况，包括安全事故、隐患情况、安全培训和教育情况等。

4.质量主管需要向现场主管和其他参会人员汇报当班质量情况，包括质量问题、原因分析、解决措施和跟进情况等。

5.现场员工需要向现场主管和其他参会人员汇报自己当班的工作情况，包括生产任务完成情况、设备运行状况、质量情况等。

6.厂长或生产部经理等管理层需要参加交班会，听取汇报、讨论问题、制定解决方案、下发指令等。

第8条　在召开总结会的过程中，以下人员应当承担相应的管理职责。

1.厂长是总结会的组织者和负责人，应当确保会议的顺利进行，达到预期目标。厂长需要根据厂长助理准备好的议程和材料，推进总结会的召开，保证议程的明确和内容的全面，掌握会场的节奏和氛围，引导与调控讨论的主题和范围，确保总结会顺利召开。

2.各车间主任和班组长是总结会的重要参与者，车间主任和班组长应当认真阅读和准备会议的相关材料，参与讨论并发表自己的意见和建议。

3.厂长助理是会议的记录者和后勤保障者，需要负责会议的纪要和会议记录，确保会议的过程和结果被完整和准确地记录下来，为会议的后续工作提供支持和参考。同时，厂长助理还需提供会议的后勤保障，包括会议场地的布置和设备的准备等工作。

4.采购部、市场部等相关部门的负责人需要参与会议并作出工作总结和任务分配，需向参会人员汇报各自部门的工作进展和成果，提出问题和困难，讨论解决方案和下一步的行动计划，还需要参与制定工厂的整体发展战略，确保各部门之间的协调和合作。

第4章　晨会、交班会、总结会工作要求

第9条　晨会的召开应该遵循以下要求，以确保会议的高效和有序。

1.晨会应该在固定的时间和地点召开，并确保会议按时开始和结束，以避免浪费时间和影响生产的正常运行。

2.会议应该有一个明确的议程，并向所有参会人员提供。主持人应该按照议程的顺序逐一介绍每个议程项。

3.参加晨会的人员应该是必要的生产相关人员，并应提前通知他们，以确保他们能够出席并参与会议。

4.在讨论问题时，应该确保所有参会人员都能够发言，以便进行全面的讨论和决策。

5.在作出决策后，应该制订具体的行动计划，以解决相应的问题或挑战。

6.应该记录晨会的讨论内容和行动计划，以确保每个人都明确自己的责任，并在下次晨会前对进展情况进行追踪和更新。

第10条　交班会的召开应该遵循以下要求，以确保会议的高效和有序。

1.交班会应该在班次开始和结束的时候举行，以便进行工作汇报和交接。如果出现特殊情况，比如，需要连续工作数天，可以考虑调整交班会的时间。

2.交班会的地点应该选择在适合开会的环境中，比如，会议室、办公室等，以确保参会人员可以集中注意力，专注于会议内容。

3.主持人需要提前准备会议的议程、资料和会议纪要模板等，以便会议顺利进行。

4.参会人员应该按照规定的时间和地点到场，并积极参与会议，提出意见和建议。如果出现无法到场的情况，需要提前通知主持人或秘书。

5.交班会的会议内容应该紧扣工作内容和目标，按照议程进行，重点关注工作的

进展和问题，提出解决方案和下一步工作计划。

6.交班会的纪要应该详细记录会议的内容和讨论结果，以便后续的跟进和实施。

7.交班会应该定期进行考核评价和奖惩措施，对工作成果和绩效进行量化评估，并根据结果进行奖惩和激励措施的制定。

第11条　总结会的召开应该遵循以下要求，以确保会议的高效和有序。

1.总结会须明确召开的目的和议程，包括总结过去的工作成果和问题，制订未来的工作计划和目标。

2.总结会须邀请相关部门负责人、员工代表等人员参加，确保会议的参与者覆盖所有关键的领域。

3.总结会须提供充分的资料和数据，以便参会人员对工作进行评估和讨论。

4.总结会须确保会议秩序，按照议程进行讨论和发言，避免无意义的争论和冲突。

5.总结会须记录会议内容和讨论结果，以便后续跟进和实施。

6.总结会须制订后续计划和行动计划，明确各项任务和责任人，确保总结会的成果能够落实到具体的工作中去。

第5章　晨会、交班会、总结会工作程序

第12条　以下是晨会召开的工作程序。

1.主持人应该提前准备好会议议程，列出要讨论的议程项和时间安排，并向参会人员发送会议通知和邀请。

2.在会议开始前，主持人应该对议程进行简短的介绍，确认参会人员是否收到了会议通知，并提醒大家尊重时间和议程安排。

3.会议开始后，生产线负责人应该分享最新的生产计划、进度和生产线问题等情况，并解释任何变化或延迟。

4.主持人逐一介绍每个议程项，并邀请参会人员进行讨论和提出建议。在讨论期间，应该记录重要决策和行动计划。

5.在讨论出解决问题的措施后，应该制订具体的行动计划，明确每个行动计划应具备的责任人和截止日期。

6.在会议结束时，主持人应该再次概括会议的讨论内容和行动计划，并确认所有参会人员都清楚自己的责任和截止日期。同时，应该确定下一次会议的时间和议程安排。

第13条　以下是交班会召开的工作程序。

1.在会议开始前，车间主任需要确定会议主持人和记录员，并让其做好充分的准备。

2.会议主持人宣布会议开始，并介绍会议的议程和目的。

3.生产主管、安全主管和质量主管向参会人员汇报前一班次的生产情况。

4.车间主任向参会人员说明当前班次的生产计划。

5.安全主管向参会人员说明当前班次的安全重点和任务。

6.质量主管向参会人员说明当前班次的质量要求和任务。

7.各班组长向参会人员说明当前班次的人员安排。

8.员工在会议上提出工作中遇到的问题，并进行讨论和解决。

9.会议主持人对会议进行总结，记录员要及时记录会议内容，并在会议结束后进行整理和归档。

第14条　以下是总结会召开的工作程序。

1.由主持人和相关负责人协商制定会议议程，明确会议的主题、时间、地点、参会人员等。

2.秘书或行政人员通知参会人员会议的时间、地点、议程等信息。

3.主持人按照议程主持总结会，参会人员依次发言，提出问题、提出建议和改进方案，对工厂的工作进行总结和分析。

4.秘书根据会议记录，形成会议纪要，并将会议纪要分发给相关人员，以便后续跟进和执行。

第6章　晨会、交班会、总结会管理考核与奖惩

第15条　在晨会、交班会和总结会召开前，工厂管理层需要制定相应的考核指标，用于对会议召开工作进行评价，这些指标应当包括生产效率、安全生产、质量控制、参会人员的参与度、发言质量、行动计划的执行情况等方面。

第16条　对于表现出色的员工，应当进行奖励，如荣誉证书、奖金、晋升等，以鼓励其继续提出优质建议。而对于工作失职和表现不佳的员工，需要进行责任追究和相应的惩罚措施，如警告、扣除绩效奖金、调整岗位等，以推动其改进。

第17条　对于每个员工的考核评价和奖惩情况，需要建立相应的档案。这些档案可以作为员工升职、薪资调整等的依据。

第7章 附则

第18条 本办法由厂长办公室负责编制、解释与修订。

第19条 本办法自××××年××月××日起生效。

4.2.2 临时生产任务排产方案

临时生产任务排产方案给出了临时生产任务排产的工作原则和要求，细致地规范了临时生产任务排产的工作方法和工作程序，解决了临时生产任务排产工作责任制建设不到位的问题，明确了临时生产任务排产的奖惩工作，有利于提高生产效率。

临时生产任务排产方案

一、目标

确保生产计划的高效执行，优化生产流程和资源配置方式，促进临时性生产任务的完成，避免不必要的生产延误和浪费，提高生产效率和质量。

二、排产原则

1.紧急性原则。将紧急的临时性生产任务放在优先级最高的位置进行排产，以确保及时完成任务。

2.资源优化原则。对于有限的资源，如设备和人力资源，需要借用工厂信息化管理系统，进行优化配置和利用，以最大限度地满足生产需求和任务完成要求。

3.相关性原则。生产主管应考虑临时性生产任务与其他任务之间的相关性和影响，尽量避免因为一个任务的延迟而影响整个生产计划。

4.可行性原则。在排产临时性生产任务时，需要考虑任务的可行性和实施难度，将可行性和难度量化出来，避免排出无法完成的计划。

5.有效性原则。排产的临时性生产任务需要有效地利用现有的可用的时间和资源，以最小化生产成本和时间。

6.及时性原则。对于临时性生产任务的排产，需要及时调整和处理，以确保任务的按时完成和顺利交付。

三、排产要求

1.充分了解生产任务的紧急程度和重要性。生产部所有相关人员对于生产任务的紧急程度和重要性，都要有清晰地认识，以便进行优先级排定和安排。

2.确定生产任务的执行时间和工期。生产主管、安全主管、质量主管等管理人员对于每个临时性生产任务，要清楚其开始时间和完成时间，以便安排其他任务的执行时间和工期。

3.评估生产任务对设备和人力资源的需求。评估每个临时性生产任务所需的设备、工具和人力资源，以确保有足够的资源来完成任务，并且不会影响其他生产任务的正常运行。

4.与相关部门进行沟通和协调。对于生产任务的调度和安排，需要借助工厂资源计划数智系统和即时通信工具与相关部门进行及时沟通和协调，以确保资源和生产计划的整体安排。

5.实时监控临时性生产任务执行情况。在任务执行期间，需要实时监控任务执行情况，以便及时发现和解决问题，确保任务按时完成，并且不会影响其他任务的正常运行。

6.不断优化生产调度和排产流程。在临时性生产调度和排产过程中，需要不断总结经验教训，优化流程和方法，提高生产调度和排产的效率和精度。

四、排产方法

1.借助先进的工具，利用专业的生产调度软件或ERP系统进行排产，可以通过系统自动优化排程，同时考虑多重约束和需求。

2.制定优先级和任务列表，根据紧急程度和任务需求进行优先级排序，以便更好地进行任务调度和安排。

3.制订详细的工作流程和任务计划，包括任务执行时间、需要的资源和人力等，以确保任务的及时完成和高质量交付。

4.实时监控和调整排产计划，及时处理临时性生产任务执行过程中的问题，确保任务能够按时完成。

5.在排产临时性生产任务时，要考虑潜在的风险和障碍，对临时性生产任务排产进行评估和预测，并制定应对措施。

6.在执行临时性生产任务时，应加强与相关生产人员的沟通和协调，确保任务的有效完成。

7.借助各种传感器和信息化管理系统，对生产数据进行分析，获取实时的生产情况和瓶颈信息，以便更好地进行排产计划和调整。

8.在执行临时性生产任务排产的过程中，要不断总结和分析，不断改进和优化排产计划和流程。

五、排产工作程序

1.收集信息。生产主管从生产经理处获悉临时性生产任务的相关信息，包括任务内容、紧急程度、完成期限、需要的资源等，相关人员将相关信息导入供应链管理平台、工厂资源计划数智化系统、工厂信息化管理系统等系统中。

2.确定任务优先级。根据任务紧急程度和生产计划的要求，确定任务的优先级，以便在排产时进行优先考虑。

3.制定任务清单。根据任务的优先级和需求，制定任务清单，包括任务执行时间、需要的资源和人力等。

4.进行资源约束。根据可用资源和任务需求，进行资源约束，以确保资源的合理利用和任务的顺利完成。

5.制订排产计划。根据任务清单和资源约束，制订排产计划，包括任务的开始时间和完成时间等。

6.分配任务和资源。将任务和资源分配给相关人员和部门，确保任务的及时完成和高质量交付。

7.实时监控和调整。对任务执行过程进行实时监控和调整，及时处理问题和异常情况，确保任务按时完成。

8.完成任务验收。完成任务后，进行验收和总结，总结任务执行过程中的问题和经验教训，以便持续改进。

六、排产工作责任制控制

临时性生产任务排产工作的各环节都应明确第一责任人，各相关人员都应签订排产责任书，以下是各相关人员的岗位职责。

1.生产管理人员负责整个临时性生产任务生产过程的规划、协调和控制，包括生产计划的制订、生产资源的分配和调度、生产任务的执行等，是整个生产流程的核心人员。

2.生产计划员负责制订生产计划，根据生产需求和生产能力进行协调和调整，以达到生产计划的实现。

3.排产人员负责根据生产计划和任务清单，制订排产计划，进行资源约束和任务分配，确保生产任务的及时完成。

4.项目经理对于复杂的临时性生产任务，可能需要指定专门的项目经理进行管理，负责任务的规划、协调和执行，确保任务按时、按质完成。

5.生产作业人员根据排产计划和任务清单，负责具体的生产作业，包括机器操作、生产工艺控制、品质检测等。

6.质量控制人员负责对生产过程进行质量控制，保证生产任务的质量符合标准和要求。

7.运输和物流人员负责生产物料和产品的运输和配送，确保生产任务的顺利完成。

七、排产工作奖惩

针对临时性生产任务进行排产，应该考虑以下的考核评价措施和对应的奖惩措施。

1.评价任务完成的及时性。评价生产部门能否按时完成生产任务，及时交付产品。对于按时完成任务的，应给予表扬和奖励；对于未按时完成任务的，应进行惩罚或扣除相应的奖励。

2.评价产品质量。评价生产部门生产出的产品质量是否达到要求。对于达到或超过质量标准的，应给予表扬和奖励；对于未达到质量标准的，应进行惩罚或扣除相应的奖励。

3.评价生产效率。评价生产部门的生产效率和生产成本是否控制得当。对于生产效率高，生产成本低的，应给予表扬和奖励；对于生产效率低，生产成本高的，应进行惩罚或扣除相应的奖励。

4.评价生产安全管理。评价生产部门的安全生产管理是否得当，生产过程中是否存在安全隐患。对于安全生产管理良好，没有发生安全事故的，应给予表扬和奖励；对于存在安全隐患或发生安全事故的，应进行惩罚或扣除相应的奖励。

4.3 生产现场进度与交期控制

4.3.1 生产进度异常应对办法

通过制定生产进度异常应对办法，可以明确生产进度异常应对工作中的岗位职责，指出生产进度异常的应对要点，详细地规定生产进度异常应对的工作程序，推进和完善生产进度异常应对的考核工作，有利于解决生产进度异常的问题，降低违约风险，提高生产效率。

生产进度异常应对办法

第1章　总则

第1条　为规范、约束和指导生产相关各部门对生产进度异常的应对工作，确保生产计划如期完成，避免违约风险，提升工厂生产经营的效益，特制定本办法。

第2条　本办法适用于指导生产相关各部门对生产进度异常的应对工作。

第3条　生产进度异常是指生产进程中出现的不正常情况，例如，生产进度延迟或提前，产量异常波动，设备故障等。

第2章　生产进度异常控制岗位职责

第4条　生产计划专员负责根据生产主管的要求制订生产计划，并根据实际生产情况及时调整，以确保生产进度正常。

第5条　生产主管负责监督生产过程中各环节的进展情况，并及时汇报生产进度中的异常情况，采取措施保证生产进度和质量。

第6条　品控部门负责生产过程中的质量控制，及时发现并处理生产过程中出现的质量问题。

第7条　设备维护人员负责设备的维护保养工作，确保设备处于正常运行状态，以避免因设备故障导致生产进度异常。

第8条　物流部门负责原材料、半成品和成品的配送和储存工作，确保生产所需的物料及时供应，以避免因缺料导致生产进度异常。

第9条　生产经理负责全面协调各部门的工作，制定生产策略，确保生产进度正常，同时也负责协调生产进度异常时的紧急应对措施。

第10条　班组长负责监督一线生产现场的运行情况，及时发现生产进度异常。

第3章　生产进度异常应对要点

第11条　通过传感器和智能化设备实时监测、分析生产数据，如生产线的产量、设备运行状态、工人的操作情况等，及时发现生产进度异常，确保能够在最短时间内采取措施解决异常问题。

第12条　生产部要对生产进度异常进行准确的分析和定位，找出问题的根本原因，并采取针对性的措施。通过对生产过程中的各项环节进行预防性的控制，尽可能避免生产进度异常的发生。

第13条　各部门之间要协调配合，共同解决生产进度异常问题，确保生产计划的顺利执行。

第14条　通过建立生产进度的预测模型，预测生产进度的变化情况，对生产进度异常进行分析和总结，找出问题的根本原因，及时改进和优化，确保生产进度异常不再发生。

第15条　对生产进度异常进行紧急应对，采取快速有效的措施，及时恢复生产进度，避免产生进一步的影响。

第16条　工厂应建立一个集成所有部门的信息化协同平台，使各部门之间能够实时共享信息、协作解决问题，提高部门之间的沟通效率。

第17条　各部门应制定清晰的工作流程和标准化操作规程，明确各部门的职责和工作流程，避免因为不清晰的流程导致生产过程出现问题。

第18条　厂长应组织建立绩效考核机制，通过评估各部门的绩效，激励部门之间的合作和协同，从而提高整个工厂的生产效益。

第4章　生产进度异常应对程序

第19条　通过应用物联网技术，实现对生产设备的实时监测和数据采集，通过实时监测生产数据，对生产进度异常情况进行诊断和分析，找出问题的根本原因。

第20条　根据问题的根本原因，制定针对性的应对方案，包括采取措施的步骤、责任人员和时间计划等。

第21条　将应对方案通知相关人员，明确各个岗位的职责和任务，确保各部门之间的协调配合。

第22条　按照应对方案及时采取措施，包括调整生产流程、加强人员培训、增加设备投入等。

第23条　对实施的措施进行检查和验证，确保措施的有效性和可行性。

第24条　对控制过程进行完整记录，包括异常情况的发生时间、控制措施的执行情况、效果等。

第25条　对控制生产进度异常的整个过程进行分析总结，找出问题的根本原因，制定进一步的改进措施，避免类似问题再次发生。

第5章　生产进度异常应对考核

第26条　厂长应组织设定生产进度异常指标，如生产延误率、生产效率下降率、质量问题率等，对生产进度异常情况进行评估。

第27条　各部门应建立生产进度异常考核评价机制，通过对生产异常指标的评估，对相关岗位和责任人进行考核评价。

第28条　工厂应设定奖励措施，对生产进度异常得到有效控制的责任人进行表彰、发放奖金或晋升职位等。

第29条　工厂应建立生产进度异常惩罚机制，对未能有效控制生产进度异常的责任人进行绩效扣减、责任追究等。定责措施和追责措施如下。

1.定责。对生产进度异常事故进行责任定位，明确相关责任人，包括生产、质量、设备等相关部门和人员。

2.追责。根据责任定位，对相关责任人进行追责。具体追责方式包括口头警告、书面警告、停职、降职、解聘等。

第30条　在进行责任追究前，工厂应该进行调查核实，收集相关证据和材料，确保责任追究的公正性和合法性。

第6章　附则

第31条　本办法由生产部负责编制、解释与修订。

第32条　本办法自××××年××月××日起生效。

4.3.2　生产交期异常应对办法

通过制定生产交期异常应对办法，可以明确生产交期异常应对工作中各相关人员的岗位职责，指出生产交期异常应对工作中的工作要点，规范生产交期异常应对工作的工作步骤，提升工作步骤的可行性，解决生产交期异常应对考核工作不到位的问题。

生产交期异常应对办法
第1章　总则

第1条　为规范、约束和指导生产相关各部门对生产交期异常的应对工作，确保生产计划如期完成，避免违约风险，提升工厂生产经营的效益，特制定本办法。

第2条　本办法适用于指导生产相关各部门对生产交期异常的应对工作。

第2章　生产交期异常应对岗位责任

第3条　对于生产交期异常的应对，各生产相关部门、岗位和人员要明确自己的岗位职责，各相关人员应当签订生产交期异常应对岗位责任书。

第4条　生产主管负责制订生产计划，并与销售团队、采购团队及生产部门进行协调。如果出现生产交期异常，生产主管应及时调整生产计划，并与其他部门协调，确保生产能够按时交付。

第5条　各车间负责生产产品，并按照生产计划组织生产过程。在生产过程中，生产部门应及时发现生产交期异常，并采取有效措施解决问题。

第6条　采购部门负责采购所需原材料、零部件等物资，并及时发现供应延误等问题，及时调整采购计划，确保生产能够按时进行。

第7条　质量部门负责监督生产过程中的质量控制，并及时发现和解决生产质量问题，确保产品质量符合客户要求。

第8条　销售团队负责与客户进行沟通，了解客户要求并及时反馈给其他部门，告知客户生产交期异常的情况，尽力协调解决问题。

第9条　厂长、生产经理等领导层负责对生产交期异常的应对工作进行监督和协调，确保各部门能够有效地协同合作，解决问题，并采取有效措施避免类似问题再次发生。

第3章　生产交期异常应对要点

第10条　及时发现异常情况。在生产过程中，应当及时监测生产进度，及时发现任何异常情况，如生产计划变更、生产质量问题等。

第11条　及时通知相关人员。发现生产交期异常后，应当及时通知相关人员，如生产计划部门、销售团队、质量部门等，以便及时采取应对措施。

第12条　快速响应和处理。应当在生产交期异常出现后，快速响应并处理问题，以尽快恢复正常生产进度。

第13条　协调各部门。在处理生产交期异常时，应当协调各部门之间的合作，确保所有部门努力的方向是一致的，共同解决问题。

第14条　加强生产计划管理。在生产交期异常的背景下，应当加强生产计划管理，优化生产计划和排程，以确保生产进度更为稳定和可控。

第15条　持续监测和改进。应当持续监测生产进度，以便及时发现潜在的问题和异常情况，并进行持续改进，以提高生产效率和生产质量。

第4章　生产交期异常应对步骤

第16条　确认异常情况。确认生产交期出现了哪些异常情况，如生产计划变更、生产质量问题等。

第17条　分析异常原因。针对生产交期异常情况，开展分析工作，找出造成异常的根本原因。并协调生产、质量、采购等多个部门进行沟通和协作。

第18条　制定应对措施。基于异常原因的分析，制定一系列应对措施，并制订具体的实施计划。应对措施应当包括对异常情况的解决方案及后续生产计划的调整。

第19条　实施应对措施。按照制订的实施计划，实施相应的应对措施。包括生产计划的调整、物料的调配、质量控制的强化等。

第20条　监测执行情况。在实施应对措施的过程中，应当对各项工作进行监测和评估，确保实施措施能够有效地达到预期效果，并及时进行调整和改进。

第21条　持续改进。针对生产进度异常情况，应当进行持续改进。包括加强生产计划管理、优化生产流程、改善产品质量等。

第5章　生产交期异常应对考核奖惩

第22条　生产部应当制定明确的生产交期考核指标，并将其纳入绩效考核体系中，以便及时发现和解决生产交期异常问题。同时，还应根据不同的生产交期异常情况，设置不同的考核指标和标准。

第23条　生产交期出现异常后，应当明确各个部门和责任人的具体职责和工作目标，并将其纳入考核评价体系中。对于未能按时完成工作的责任人，应及时进行问责和惩罚。

第24条　针对生产交期异常情况下，制定和实施的应对措施，应当明确相应的奖惩措施，以激励工作人员积极参与和推进应对工作。同时，也应当对不合理的应对措施进行惩罚。

第25条　应对生产交期异常不是一次性的工作，应当持续改进。生产部各车间应当制定相应的持续改进考核评价指标，并将其纳入绩效考核体系中，以促进持续改进工作的推进和实施。

第6章　附则

第26条　本办法由生产部负责编制、解释与修订。

第27条　本办法自××××年××月××日起生效。

4.4　生产现场作业管理精益化：降本增利

4.4.1　生产现场可视化管理推进方案

生产现场可视化管理推进方案可以指出生产现场可视化管理推进工作中的棘手问题，详细地规范生产现场可视化管理的工作要求，明确生产现场可视化管理的具体工作程序，解决生产现场可视化管理推进考核工作不到位的问题，有利于工厂加强现场管理。

生产现场可视化管理推进方案

一、目标

推进生产现场可视化管理工作，将生产现场的信息、数据和状态以图形、数字等形式展现出来，从而实现对生产过程的实时监控、分析、反馈和改进，提高生产现场的生产效率、产品品质、安全管理和环境保护等方面的绩效，同时也为管理者提供决策依据和决策支持。

二、可视化管理推进工作的棘手问题

1.数据收集和整合难度大。为了实现生产现场的可视化管理，需要收集和整合大量的数据，然而，这些数据来自不同的部门、不同的岗位、不同的系统和不同的生产现场，很难进行快速地收集和整合。

2.数据准确性和可靠性很难控制。受到传感器、摄像头、报警器等设备稳定性及可视化管理系统运行流畅度等因素的影响，生产现场可视化管理数据的准确性和可靠性可能很难控制，如果数据不准确或不可靠，管理者可能会做出错误的决策，从而导致生产效率下降或产生安全隐患。

3.可视化数据设计和呈现困难。可视化管理的目的是使数据更易于理解和应用，如何设计和呈现可视化数据是一个非常重要的问题，如果可视化数据呈现不清晰或不易于理解，那么管理者将很难从中获得有用的信息。

4.人员培训和使用困难。生产现场可视化管理需要相关人员具备专业的知识和技能，才能够正确使用和应用可视化管理工具，然而，相关领域的专业人才却比较少，因此如何进行有效的人员培训和使用是一个非常重要的问题。

5.出现故障或安全问题。生产现场可视化管理需要完善的基础设施与之配套，需要使用相关的软件和系统，这些软件和系统需要定期更新和维护，如果软件和系统无法及时更新或维护，那么可能出现故障或安全问题。

6.数据保密和安全不易。生产现场的数据通常包含工厂的商业机密，因此，保证数据的保密和安全十分重要，应采取适当的安全措施，确保数据不被未经授权的人员访问或泄露。

三、问题解决措施

1.建立数据管理系统和数据采集标准，确保不同部门和不同系统的数据可以被快速有效地整合。

2.建立可视化设备与系统供应商档案和价格评估机制，提升设备质量与设备稳定性，加强数据质量管理，建立数据验证和监测机制，确保数据的准确性和可靠性。

3.根据工厂实际需求和一线生产人员的反馈，进行可视化设计和呈现的改进，提高数据可视化的效果和易用性。

4.开展生产现场可视化管理相关人员的培训和技能提升，提高人员对可视化管理工具的使用和应用能力。

5.建立软件和系统更新、维护机制，及时修复漏洞，解决问题，确保软件和系统的正常运行。

6.采用安全措施和技术手段，加强数据保密和安全，如访问控制、数据加密、备份和恢复等。同时，加强安全意识教育，提高员工保密意识和防范能力。

四、生产现场可视化管理工作要求

1.确保数据准确性。生产现场可视化管理系统需要能够准确、实时地收集和反馈生产过程中的各项指标和数据，以便管理者能够及时地了解生产现状并作出正确的决策。

2.呈现可视化效果。生产现场可视化管理系统需要能够以图表、图像等视觉化的方式呈现生产数据，以便管理者能够一目了然地了解生产情况，进而作出正确的决策。

3.能够实时监控。生产现场可视化管理系统需要能够实时监控生产过程中的各项指标和数据，及时发现问题并进行调整和改进。

4.实现信息交互。生产现场可视化管理系统需要能够与其他系统（如ERP系统、MES系统等）进行信息交互，以便实现信息的无缝对接和共享。

5.数据安全可靠。生产现场可视化管理系统需要具备安全可靠的特点，确保系统的数据安全、稳定和可靠，避免因系统问题造成的生产损失。

五、生产现场可视化管理工作原则

1.重点突出原则。将生产现场关键指标和数据突出展示，帮助工厂管理者快速了解生产状况，优先处理关键问题。

2.简洁易懂原则。可视化界面要简洁易懂，使工厂管理者能够快速理解生产状况，不耗费过多时间和精力。

3.及时反馈原则。能够实现生产数据的及时反馈，能够帮助工厂管理者迅速响应生产情况，及时处理问题，保证生产过程的正常运转。

4.信息整合原则。将生产现场数据与其他系统的数据进行整合，实现信息的无缝对接和共享，避免信息孤岛和数据冗余。

5.持续改进原则。通过不断监测、分析和改进，推进生产过程的优化和改进，提高生产效率和品质。

6.安全可靠原则。确保生产现场可视化管理系统的数据安全、稳定和可靠，避免因系统问题造成的生产损失。

六、生产现场可视化管理具体程序

1.确定监测指标。根据生产过程的特点，确定需要监测的指标，如产量、质量、设备状态等。

2.设计数据采集系统。设计并实现数据采集系统，以实现对生产过程中各项指标数据的实时采集和传输。

3.设计可视化界面。根据监测指标的不同，设计合适的可视化界面，如图表、图像、数字显示等，使数据易于理解和分析。

4.实时监控与报警。通过可视化界面实现对生产过程的实时监控，并设置相应的报警机制，及时发现和解决问题。

5.数据分析与决策。对监测到的数据进行分析，发现问题和瓶颈，并根据数据和分析结果制定相应的改进措施。

6.持续改进。通过不断地监测、分析和改进，提高生产效率和品质，不断推进生产过程的优化和改进。

七、生产现场可视化管理工具

现代工厂生产现场可视化管理需要使用一系列现代化工具来实现数据采集、可视化、监控和分析。以下是生产现场可视化管理工具。

1.物联网（IoT）设备。通过物联网传感器设备采集生产现场的各种数据，如温度、湿度、压力、流量等，将数据传输到云端或本地服务器上，实现数据的实时监控和管理。

2.云计算技术。通过云计算技术，实现大数据的储存和处理，将数据分析和决策推向云端，提高数据处理的效率和可靠性。

3.数据可视化工具。通过数据可视化工具，将生产现场的数据以图表、图像等形式直观地展示出来，帮助管理者快速了解生产状况和问题，及时进行决策和处理。

4.人工智能技术。利用人工智能技术，对生产现场的数据进行分析和预测，提高生产效率和产品品质，为生产管理提供更加智能化的支持。

5.无线通信技术。通过无线通信技术，实现生产现场数据的实时传输和监控，避免因数据传输延迟等问题导致的生产损失。

6.移动设备应用。通过移动设备应用，实现对生产现场的远程监控和管理，方便管理者在任何时候、任何地点进行生产管理和决策。

八、生产现场可视化管理考核

（一）考核标准

现代工厂生产现场可视化管理的考核标准应该根据具体的业务需求和管理目标来制定。以下是一些考核标准。

1.数据采集质量。对数据采集的准确性、时效性、完整性等指标进行考核，确保数据的可靠性和有效性。

2.数据可视化效果。对数据可视化的效果进行考核，如界面设计、图表展示、操作便捷性等指标，确保数据可视化能够真正起到辅助决策和管理的作用。

3.生产效率提升。考核生产现场可视化管理对生产效率的提升，如缩短生产时间、提高生产质量、降低能耗、减少废品等指标。

4.生产安全保障。考核生产现场可视化管理对生产安全的保障，如对生产设备的监测、对生产现场的危险源排查、对员工的安全培训等指标。

5.数据分析应用。考核数据分析应用的成果和效益，如预测生产瓶颈、优化生产流程、提高设备利用率等指标，以及在管理决策中的应用效果。

6.系统运行稳定性。考核生产现场可视化管理系统的稳定性，如系统可用率、响应时间、数据安全等指标，确保系统能够稳定运行并为生产管理提供可靠支持。

（二）考核对象及考核措施

在现代工厂生产现场管理中，生产现场可视化管理的考核措施应根据不同岗位人员制定，实施不同的考核措施。

1.数据采集人员。对数据采集人员的考核指标应该主要关注其数据采集的准确性、时效性、完整性等指标；考核措施可以包括对数据采集过程的监督和抽查，对错误数据进行整改和纠正，对数据采集人员的培训和考核等。

2.数据分析人员。对数据分析人员的考核指标应该主要关注其对数据分析的深度、广度和有效性等指标；考核措施可以包括对数据分析结果的审核和抽查，对数据分析人员的培训和考核等。

4.现场管理人员。对现场管理人员的考核指标应该主要关注其生产现场管理的效果和成果，如生产效率、生产安全、生产质量等指标；考核措施可以包括对生产现场的巡视和检查，对问题的处理和整改，对现场管理人员的培训和考核等。

5.系统运维人员。对系统运维人员的考核指标应该主要关注其系统的稳定性和可靠性，如系统的可用率、响应时间、数据安全等指标；考核措施可以包括对系统的监控和维护，对问题的解决和优化，对系统运维人员的培训和考核等。

（三）奖惩与责任追究措施

1.对于生产现场可视化管理工作取得显著成效的人员，可以给予物质奖励、荣誉表彰或晋升机会等，以激励其持续优化和改进工作。

2.对于在生产现场可视化管理工作中表现突出的部门或个人，可以给予更多的资源支持，如增加预算、提供技术支持等，以加强其工作效果和影响力。

3.对于在生产现场可视化管理工作中表现不佳的部门或个人，可以采取相应的惩罚措施，如降低评级、限制资源使用等，以促使其改善工作质量和效率。

4.对于在生产现场可视化管理工作中能力不足的部门或个人，可以安排相关的培训和教育，以提升其技能水平和工作能力。

5.对于失职、渎职行为，首先应该进行调查和核实，明确责任人员和责任事实，以便采取相应的追究措施。

6.对于失职、渎职行为应该追究责任，采取相应的纪律处分或法律追究措施。包括根据法律法规和工厂的规章制度，给予警告、记过、记大过、降职或开除等不同的纪律处分，或者移送有关部门进行行政或刑事处罚。

7.对于失职、渎职行为，应该认真总结原因，分析短板和问题，及时改进相关的管理机制和制度，从制度层面预防和杜绝类似的问题发生。

8.对于失职、渎职行为造成的经济或者其他损失，责任人员应该承担相应的赔偿责任或承担其他恢复损失的措施，以减轻工厂和其他员工的负担。

4.4.2　生产现场高效协同推进办法

制定生产现场高效协同推进办法，可以明确生产现场高效协同推进工作中各管理岗位的岗位职责，详细地指出生产现场高效协同推进工作的工作程序，规定生产现场高效协同推进考核的考核标准、考核对象、考核措施等内容。

生产现场高效协同推进办法

第1章　总则

第1条　为明确各部门和人员的责任，规范各部门生产现场高效协同推进，提升工厂生产现场作业效率，特制定本办法。

第2条　本办法适用于指导生产现场高效协同的推进管理工作。

第2章　生产现场高效协同推进工作责任

第3条　厂长、各车间或部门负责人负责整个工厂的发展规划和战略，制定各车间或部门的目标和任务，为各个车间或部门之间的协同提供指导和支持。

第4条　各车间主任或部门经理负责各自部门的日常运营，包括人员管理、生产计划、质量控制、成本管理等等，同时须与其他部门紧密协作，共同推进整个工厂的生产工作。

第5条　生产主管负责生产线的运作和管理，包括生产调度、工艺改进、设备维护等，须与采购、物流等部门紧密协作，保证原材料和成品的供应和运输。

第6条　质量主管负责产品质量的控制和检验，保证生产过程和成品质量符合标准和要求，须与生产、采购等部门协同，及时发现和解决质量问题。

第7条　采购主管负责原材料和设备的采购，须与生产、质量等部门协同，根据生产计划和质量要求，及时采购合适的原材料和设备。

第8条　物流主管负责物流运输和仓储管理，须与采购、生产等部门协同，保证物流配送的及时和准确，同时合理管理仓储库存，减少成本。

第9条　信息技术主管负责建设和维护信息化系统，为各车间或部门提供信息支持和技术服务，须与其他车间或部门协同，共同推进数字化转型和智能化生产。

第3章　生产现场高效协同推进程序

第10条　明确目标和任务。通过制定战略规划，使工厂管理层和相关一线生产人员明确整个工厂的目标和任务，以及各个部门的职责和任务，确保各个部门都知道自己的工作重心和目标。

第11条　制订计划和流程。各部门应根据实际工作，制订明确的计划和流程，包括生产计划、物流计划、质量管理计划等，确保各个部门的工作协同有序。

第12条　建立协同平台。厂长应组织领导建立或引进一个集成所有部门的协同平台，包括各种信息化系统和通信工具，确保各个部门之间能够实时共享信息、交流沟通、协作解决问题等。

第13条　设立绩效考核机制。工厂人力资源部门应制定科学合理的绩效考核机制，根据部门和个人的表现来激励和奖励协同工作和创新能力。

第14条　加强沟通协作。厂长办公室应负责建立开放的沟通渠道，包括会议、报告、讨论等，定期组织跨部门协作的工作坊和团队活动，加强部门之间的沟通和协作。

第15条　持续优化改进。生产部定期对生产过程中的问题进行反馈和总结，通过持续的优化和改进，不断提高各个部门的协同效率和整个工厂的生产效益。

第16条　定期评估和监控。厂长办公室通过工厂资源计划数智系统等管理工具，定期对各个部门和整个工厂的生产效益进行评估和监控，发现问题和不足，及时调整和改进协同工作的方法和措施。

第4章　生产现场高效协同推进要求

第17条　信息共享。各部门之间需要及时共享信息、数据、资源等，以便在整个工厂的生产过程中快速响应和解决问题。

第18条　协调一致。各部门需要在生产计划、物流调度、质量管理等方面进行协调和一致，以确保整个工厂生产过程的无缝协作。

第19条　透明度。各部门的工作要做到透明化，各部门间的工作进展、问题和风险都要公开透明，以便及时调整协同策略。

第20条　持续优化。持续优化生产过程中的协同工作，不断提高工作效率和生产效益，以确保工厂的可持续发展。

第21条　各部门应积极引进并学习使用以下工具，来提升协同效率。

1.协同平台。引进信息化协同平台，用以集成各种信息化系统和通信工具，例如，项目管理软件、在线协作工具、视频会议软件等，使各个部门之间能够实时共享信息、交流沟通、协作解决问题。

2.大数据分析。引进大数据分析工具，用以分析生产过程中的数据，以便发现问题和不足，以及优化工艺流程和提高生产效率。

3.物联网技术。引进物联网技术，用以实现智能化生产，例如，自动化仓储和物流系统、生产设备远程监控系统、智能制造和质量管理系统等，以提高生产效率和降低生产成本。

4.人工智能技术。引进人工智能技术，用以处理生产过程中的复杂问题，例如，机器学习和深度学习可以用来分析生产过程中的大量数据，提高生产效率和质量。

5.云计算技术。引进云计算技术，用以储存和处理大量数据，以便各个部门之间共享信息和协同工作。

第5章　生产现场高效协同推进考核

第22条　推进各部门之间的高效协同工作，应制定以下考核标准。

1.目标完成情况。对整个工厂的生产目标进行考核，各个部门的任务目标是否按时完成，生产效率是否提高等。

2.信息共享情况。对各个部门之间信息共享的情况进行考核，包括信息传递是否及时、准确、完整等。

3.协调配合情况。对各部门之间的协调配合情况进行考核，包括生产计划的协调、物流调度的协调等。

4.问题解决情况。对各个部门之间的问题解决情况进行考核，包括生产过程中的问题是否及时解决、风险是否得到有效控制等。

5.责任心和工作效率。对各个部门成员的责任心和工作效率进行考核，包括工作完成质量是否达标、工作效率是否高效等。

第23条　推进各部门之间的高效协同工作，应该制定以下奖励措施。

1.根据部门和个人的工作绩效，给予相应的奖金，以激发工作积极性和提高生产效率。

2.对表现出色的部门和个人进行表彰，例如，颁发荣誉证书、进行表彰等。

3.对表现出色的员工给予晋升和加薪，以激励员工持续提高工作水平和产出效率。

第24条　对于推进各部门之间的高效协同工作中出现的问题，应该制定以下惩罚措施。

1.对工作绩效不佳的员工扣除相应的绩效工资，以促进员工提高工作积极性和效率。

2.对严重违反工作纪律、制度的员工给予记过或记大过处分，以维护工作秩序和推进各部门的高效协同工作。

3.对长期工作效果不佳的员工进行岗位调整。

第6章　附则

第25条　本办法由厂长办公室负责编制、解释与修订。

第26条　本办法自××××年××月××日起生效。

05

生产质量管理"精益化"：
管控、改善、保证

5.1　TQM

5.1.1　原材料质量控制办法

原材料是制造产品的基础，原材料的质量直接影响到产品质量。因此，控制原材料质量是确保产品质量的关键措施之一，通过对原材料的质量控制，可以减少产品的次品率，降低生产成本，提高产品的稳定性。

原材料质量控制办法

第1章　总则

第1条　为保证工厂原材料的质量，提高产品的质量与性能，对原材料的质量进行有效控制，特制定本办法。

第2条　本办法适用于工厂原材料质量控制管理相关事宜。

第2章　采购环节

第3条　工厂应选择合适的原材料供应商，以便获得质量好、价格低的原材料资源，从而保证产品质量，降低生产成本，提升工厂的市场竞争力。

第4条　根据生产计划和相关国家标准、行业标准等，对原材料进行预期评估，制定原材料的进货标准。

第5条　采购部在选择供应商时要对符合工厂要求的供应商进行线上调查和实地审查，通过供应商的历史产销记录、相关资格证书等调查结果，选择具有信誉良好、资质齐全的优秀供应商。

第6条　供应商的生产能力要符合工厂的生产需求，对其规模、设备先进程度、技术水平等都需要进行评估。

第7条　工厂还应对供应商的原材料质量进行检测，根据供应商所提供的有效检测报告、样品等来选择质量稳定的原材料供应商。

第8条　对供应商所提供的样品进行生产试用，对其效果进行短期的评估，若不符合工厂生产要求则可要求供应商进行原材料的调整或另寻其他供应商，以保证原材料的质量水平。

第9条　工厂在与原材料供应商签订订购合同或协议时，要与供应商进行谈判，选择价格合适、交货时间准确的供应商。

第10条　在订购合同或协议中要明确双方的责任与权利，确保供应商提供良好的售后服务，以保障原材料的质量及相关技术支持能够落实到位。

第3章　质量检测

第11条　经工厂采购部采购后到达工厂的原材料，质量管理部要尽快对其进行质量检测，确保原材料符合产品规格，避免因质量问题导致后续生产过程中出现残次品、废品等不合格产品。

第12条　工厂还要根据所需原材料的特性和生产需求，制定可实行的、快速的、具有准确性的检验标准和方法。

第13条　质量管理部在对一些表面特征比较明显的原材料进行检测时，可以根据其外观进行初步的判断，如金属材料表面是否存在氧化情况、是否有裂纹等，塑料材料色泽情况、透明度是否符合要求、表面的光滑程度等。

第14条　对于原材料相关的物理指标检验，可采用相关的仪器对其密度、硬度、重量等方面进行检测。

第15条　对于需要满足工厂某些化学要求的原材料进行检验时，质量管理部可以通过相关的化学分析方法进行检测，如利用质谱仪、红外光谱仪等仪器对原材料的化学成分进行检测，并将相关数据记录成册。

第16条　质量管理部在从大批量的原材料中抽取部分样品进行检验时，可通过标准化的检验方式进行，如ASTM标准、ISO标准等。质量管理部要实时了解国家对于各类材料的标准数据，并按照国家的政策要求严格执行该标准。

第17条　对于一些特殊的原材料，可以通过使用X光检测的方式，判断其内部是否存在异物和缺陷。

第18条　质量管理部在检验原材料后，对于不符合工厂要求的原材料要告知供应商，要求其进行退换处理，并根据签署的合同或协议进行相关赔付。

第4章　原材料储存

第19条　经质量管理部检验合格的原材料要进行入库处理，工厂在储存原材料时要根据原材料的特性、规格等选择不同的储存方式，以保证原材料的质量不受影响。

第20条　不同的原材料对储存条件有不同的要求，工厂应根据其要求设置不同条件的仓库进行存放，如易燃易爆易氧化的原材料应储存在避光、干燥、通风的环境中，同时对该环境的温度、湿度等进行智能调控，避免原材料发生质变。

第21条　对于不同品类的原材料要选择不同的包装方式来进行储存，对于液体式的原材料要选择封闭的容器进行储存，其中易腐蚀类的原材料要使用相关规定所要求的特制容器进行储存；固体类的原材料要选择防潮、防尘、抗压的包装袋或者包装箱进行储存。

第22条　仓储部要根据入库的原材料品类建立相关的原材料入库台账，内容包括原材料的名称、批次、数量、入库日期等，并对每种原材料进行标识，以方便原材料的检验、储存、使用。

第23条　仓储部根据原材料库存的管理制度，定期对原材料进行严格的检查、盘点、清理，保证原材料的质量，防止变质的原材料用于生产活动中，造成工厂的损失。

第24条　对仓储管理人员进行相关知识培训和考核，使其能够掌握储存要求、相关安全措施、应急处理方法等必要知识，确保原材料的安全和质量。

第25条　工厂的仓库应设置严格的安全设施，定期安排人员进行巡查，避免火灾、泄漏、爆炸等危险事件的发生。对于危险材料要进行专门的安全储存和管理。

第5章　建立原材料质量追溯系统

第26条　建立专门的原材料追溯系统，对原材料的来源与去向进行实时监控，为原材料的质量问题提供依据。

第27条　原材料追溯系统的内容应该包括原材料的来源、生产时间、质量检测数据、数量、规格、特性等信息。

第28条　明确原材料追溯的责任和流程，确定相关负责人的责任和权限，根据追溯流程，确保工厂精准掌握原材料的使用情况，以便及时解决出现的问题。

第29条　对供应商的质量体系进行定期的评估与监督，建立评估档案，保证其所提供的原材料的质量，减少原材料浪费、损失现象。

第6章　附则

第30条　本办法由工厂质量管理部负责编制、解释与修订。

第31条　本办法自××××年××月××日起生效。

5.1.2　生产制造过程质量控制办法

工厂生产制造过程质量控制是指在产品生产过程中，通过各种手段和方法，对生产过程进行监测、检验、改进等，减少资源浪费，以保证产品质量符合生产要求，同时，通过生产制造过程质量控制，可以发现生产过程中存在的问题和瓶颈，有针对性地进行改进和创新，为工厂的长远发展打下坚实的基础。

生产制造过程质量控制办法
第1章　总则

第1条　为保证工厂生产的产品质量，对生产过程中的质量进行控制，特制定本办法。

第2条　本办法适用于生产制造过程质量控制的相关事宜。

第2章　制定产品质量标准

第3条　在工厂生产制造过程中，要明确生产产品的质量标准，包括产品的外观、尺寸、性能、安全性等，根据不同产品的特点，确定相应的质量标准，并制定检查程序，确保产品符合工厂质量要求。

第4条　产品质量标准应符合国家标准和行业标准规定的各项技术指标和检测方法。

第5条　工厂在制定产品质量标准时，应参考客户的需求和反馈，以满足客户对产品的期望和要求。

第6条　工厂制定质量标准时，要考虑到产品的使用环境，不同的使用环境应制定不同的质量标准，确保产品在特定环境下具有可靠性和耐久性。

第7条　产品质量标准应包括产品的各项技术指标和检测程序，以及质量问题的判定标准。检查程序应包括检查时间、检查方法、检查频率等方面的规定，以确保产品符合质量要求。

第3章　进行原材料检查

第8条　工厂在生产制造过程中，要对原材料进行全面的检查，发现问题要及时通知供应商并采取必要的纠正措施，对于需要进行处理的原材料，必须建立相应的程序，确保处理后的原材料符合质量要求。

第9条　工厂要选择可信赖和信誉度高的供应商，供应商应经过认证、符合国家法规和标准，并建立长期稳定的供应关系，确保原材料的来源可靠。

第10条　在原材料到达工厂之前，工厂要安排专业人员对其进行严格的质量检测，确保原材料符合相关质量标准，避免因原材料的质量问题带来的生产问题从而造成不必要的损失。

第11条　原材料检验内容包括原材料的质量、数量、保质期、标识、外观、尺寸、性能等。检验方法有外观检查、物理性能测试、化学成分分析等，以确保原材料符合要求。

第12条　工厂应对检验人员进行相关的专业性培训，使其熟练掌握原材料的质量标准和检测方法，提高其识别和处理原材料质量问题的能力，确保其在检验原材料时的操作规范性和质量稳定性。

第13条　工厂与供应商要保持良好的沟通，要掌握其生产过程中的原材料质量的实时情况，及时发现并解决质量问题，避免因原材料质量问题对工厂的生产制造过程产生不良影响。

第14条　工厂在生产制造过程中，要实施原材料追溯体系，对每批次原材料的来源、生产日期、批次号等信息进行记录。出现原材料质量问题时，通过原材料追溯体系迅速锁定问题所在，及时采取措施解决问题，确保工厂生产制造的质量和安全。

第4章　控制生产过程

第15条　制定规范化的操作流程，并严格实施，确保生产过程中每个环节的操作规范、可控和可追溯，保障生产过程的稳定性和一致性。

第16条　设备是生产制造过程中的核心，工厂要定期对设备进行全面维护和检修，及时更换损坏的零部件，确保设备能够正常运行，提高生产效率和产品质量。

第17条　建立完善的质量管理体系，对每个生产环节进行严格的质量管理，质量管理体系应涵盖原材料采购、生产制造、产品检验、成品储存等方面，确保产品符合相关质量标准。

第18条　工厂要采取各种统计方法对生产制造过程中的关键环节进行过程控制，监测和分析生产过程的变化，以便能及时发现问题，避免生产制造过程中产生偏差和异常等问题，提高产品质量的稳定性。

第19条　工厂要针对每个岗位和每个环节的质量要求及体系进行大力宣传，使每个工厂人员都具有高度的质量意识和责任感，实现从源头到成品的全过程质量控制，从而确保产品质量符合要求。

第5章　进行检验

第20条　在关键的生产环节设置检测程序，通过自动检测仪器或人工对产品的尺寸、外观、物理性能等指标进行在线检测，及时发现生产过程中存在的质量问题，采取相应措施解决问题，确保产品质量符合生产标准。

第21条　对最终产品的各项性能指标进行检验，确保最终的产品能够达到客户要求，避免因产品质量问题产生纠纷，导致工厂产生不必要的损失。

第22条　在对产品进行检验时，工厂可以采用抽样检验的方式，评估所生产成品的整体质量水平，以便在出厂前及时发现问题并解决。

第6章　建立质量记录台账和反馈机制

第23条　建立各种质量记录台账，以便追踪产品质量，并对生产过程中的问题进行分析和解决。记录内容包括原材料检验报告、工艺流程、生产批次、产品检验报告、不合格品记录等，记录要清晰、准确、完整，便于查阅和分析。

第24条　建立质量反馈机制，以便了解客户反馈和内部反馈，在发现问题后能及时采取解决措施。反馈机制包括以下两个方面：

1.客户反馈：通过电话、邮件、调查等方式收集客户关于产品质量、服务质量等方面的反馈信息，建立反馈档案。

2.内部反馈：通过工作日报、质量问题通报、质量分析例会等方式收集工厂人员在生产过程中发现的问题、改进意见等。

第25条　对收集到的反馈信息进行分类、汇总和分析，以便发现问题的共性和特殊性，并制定相应的改进措施和纠正措施，预防问题的再次发生。

第26条　建立质量改进机制，持续改进生产过程和产品质量，机制包括以下几个方面：

1.分析问题：通过对记录和反馈信息的分析，找出生产过程中存在的问题和不足。

2.制定改进措施：针对分析出的问题和不足，制定具体的改进措施。

3.实施改进措施：在生产中实施改进措施，并监控改进效果。

4.审查改进效果：定期对改进措施的实施效果进行审查，以确保改进措施的有效性。

第7章　持续改进

第27条　根据实际的生产质量水平和目标，结合市场需求、竞争对手情况、资源投入等因素，明确需要改进的方向。

第28条　工厂要通过原材料检验、生产过程监控、产品检验等方式收集质量相关的数据，并进行分析和比较。

第29条　根据数据分析的结果，结合明确的改进方向，制定具体的改进方案，改进方案的内容包括提高原材料的质量、改进生产工艺、培训员工等方面。

第30条　工厂要根据改进方案中的时间安排、责任分配、资源投入等内容，及时实施改进方案，同时要对实施过程进行监控和控制，确保改进方案按照计划进行，能够达到改进目的。

第31条　工厂要持续监测生产数据，对改进方案的实施效果进行评估，发现问题并制定新的改进方案。

第8章　附则

第32条　本办法由工厂质量管理部负责编制、解释与修订。

第33条　本办法自××××年××月××日起生效。

5.1.3　成品质量控制方案

工厂成品质量控制是指在产品制造完成后，通过各种手段和方法对成品进行检测、测试、验证，确保成品符合质量要求的过程。对成品进行质量控制可以确保产品的最终质量符合客户要求，提高客户的满意度，降低售后的服务成本，提高工厂的形象和信誉度。

成品质量控制方案

一、目标

确保成品质量符合质量标准和客户需求。

二、质量检测

1.成品在入库前应进行质量检测，确保成品符合质量要求，避免交至客户处产生质量纠纷问题，增加工厂生产成本。

2.针对不同的成品要制定不同的检验标准，同时建立质量检测台账，对成品的质量检测结果进行记录。

3.对成品可以采用目视检查，对其外观、形状、颜色、标识等进行检查，确保成品符合客户需求。

4.检测过程中可使用重量及尺寸检测工具，确保成品的重量及尺寸符合客户要求，对于金属、塑料、陶瓷等材质的成品可采用声学、射线检测仪器进行自动化检测，判断其是否存在裂痕或异物。

5.成品要进行功能性测试，经过试行确保其能正常运行，保证其质量。

三、成品在库管理

1.成品若存在成品参数不符合客户要求、生产过程中出现质量事故或违规操作、检验不合格的情况则不能入库。

2.仓库的储存环境要保持干燥、通风，避免成品因温度过高、潮湿等原因变质。

3.成品在入库后应根据其生产日期、规格、名称等因素进行分类储存并挂牌标识，挂牌内容包括生产日期、数量、规格、检测结果等，以便成品能按时发货。

4.仓储管理人员要每日对仓库进行全面巡查，填写巡查记录，若发现成品存在过期、变质等异常情况，应及时上报至部门负责人处，调查成品损坏原因并解决。

四、建立质量管理系统

1.结合产品特点和市场情况，根据工厂的生产战略目标制定质量方针，保证方针能够落实到位，具有可行性。

2.编制质量方针手册，手册内容应该包括质量标准、实施质量方针的措施和流程、各人员的职责、操作标准等，包括从采购原材料到成品交付的全流程。

3.对员工进行质量管理培训，增强员工质量意识，帮助员工掌握相关的质量管理知识和技能。

4.工厂管理层要制定质量管理预算和绩效方案，对成品质量进行评估，根据评估结果对相关人员进行奖惩，确保员工能将质量意识融入每个生产环节中。

5.根据实际情况对质量管理系统进行持续改进，不断优化质量体系，提高产品质量和客户满意度，提升工厂的市场竞争力。

五、成品出库管理

1.工厂要对成品的技术文件和图纸进行审查，以确保成品的设计、材料和工艺满足质量要求和客户的需求。

2.成品要严格遵循"先进先出"发货原则，确保成品在其有效期内能发送至客户处，并仔细填写出库台账，包括发货成品名称、数量、生产日期、客户资料等信息，以便日后能对成品出库进行追溯。

3.在出库之前，工厂要核对订单信息，确保所出库的成品数量、型号、规格、客户地址等信息与订单相符。如果有差错，要立即与客户进行联系，及时作出调整。

4.在成品出库之前，工厂要根据成品的特点，选择适当的包装材料，并在包装箱上标明清晰的标记和警示语，确保成品在运输过程中不受损坏。

5.工厂要选择可靠的运输方式和物流工厂，确保成品能够按时、安全地到达目的地。同时，必须确保成品在交付时有签收人员在场进行签收确认，避免发生不必要的纠纷。

六、纠正措施

1.对成品进行质量检测，若存在问题，要采取相应措施进行纠正。

2.通过对生产过程、原材料质量控制、操作流程等方面进行调查分析，确定发生质量事故的环节和原因。

3.针对造成质量问题的原因，制定相应的措施进行改进，如更新生产设备、进行员工培训等，避免相同的质量问题再次出现。

4.实施改进措施，包括暂停生产、更换原材料、加大员工培训力度、回收问题成品等，确保不会因质量问题与客户产生纠纷，造成工厂生产成本增加。

5.如果成品的质量问题是因为原材料质量不符合要求，则要审查原材料质量问题出现的环节，并采取相应的措施进行纠正。

6.若成品问题是经发货后客户发现的，则要立即与客户进行沟通，并解释不合格原因和工厂即将采取的纠正措施，确保客户最终满意。

5.1.4 制程质量数据预警制度

制程质量数据预警制度是一种通过收集、分析生产过程中的数据，及时发现生产异常，防范质量事故发生的制度。建立制程质量数据预警制度可以使工厂及时发现质量问题，降低生产成本，提高产品质量和生产效率，同时，这些数据可以为工厂管理层提供决策支持，以便管理层及时调整生产策略和管理模式，进而提高工厂的管理水平和经营效益。

制程质量数据预警制度

第1章 总则

第1条 为对工厂生产过程中所产生的数据进行实时监测和分析，预测潜在的制程质量问题，并及时发出预警，特制定本制度。

第2条 本制度适用于制程质量数据预警相关工作的管理。

第3条 质量管理部负责制定和落实质量管理制度和标准；对产品质量进行控制和管理；制定产品质量目标和标准，收集制程数据；利用数据分析工具和技术对其进行分析和预警；提出质量改进措施，确保生产过程的质量稳定性。

第2章 数据采集和预处理

第4条 质量管理部根据生产计划，与生产部门进行协商和沟通，明确需要采集的数据范围，确保采集数据的准确性。

第5条 质量管理部根据数据类型和采集频率，选择合适的传感器与设备，将其设置在需要监测的设备或设施上，并对其进行校准和检查，保证与其他设备和系统通信无误，以确保采集到正确的参数。

第6条 质量管理部根据生产计划和制程数据类型配置相应的数据采集系统，并设置适当的参数和规则来确保数据的准确性和完整性。

第7条 质量管理部在收集完制程数据后，要对数据进行预处理，以确保数据的准确性和可用性。

第8条 质量管理部的数据处理人员要将来自不同设备的原始数据进行整合，将其转化为统一的格式，以便后续处理。

第9条 数据处理人员在数据处理过程中要对缺失值、重复值、异常值等数据进行重点处理，避免影响数据采集的准确性。

1.数据处理人员在处理缺失值时，要注意数据的分布和特征，采取删除缺失值、插值填充等方式进行处理。

2.数据中的重复值可直接进行删除。

3.确定异常值产生的原因后，根据异常值的数量、特点、原因采取删除异常值、替换异常值、将异常值标记为缺失值等方法进行处理。

第10条　数据处理人员在处理缺失值、异常值、重复值等无效数据后，需要对数据进行再次检查和验证，确保数据的质量稳定和可靠。

第3章　建立预警模型

第11条　为了提高生产效率和降低风险，工厂应建立预警模型，分析工厂生产过程中的各种数据，预测可能出现的问题并及时发出警报，从而采取相应的措施来避免或减少问题的发生。

第12条　根据实际生产目标和计划，确定预警模型的目标和范围，包括设备故障、生产效率、成本和风险等方面。

第13条　根据生产的特点和要解决的问题，选择合适的建模工具，以建立适合生产过程的预警模型。

第14条　依据预处理后的数据建立预警模型，并使用历史数据进行模型训练，使模型能够准确地预测未来的情况。

第15条　预警模型建立后需要根据模型的实际表现和评估结果对模型进行逐步的调整和优化。

第4章　预警设置

第16条　根据实际情况确定需要进行预警的指标，包括生产过程中的温度、湿度、压力、电流等参数，或者设备的运行状态、故障率等指标。

第17条　质量管理部应对历史生产数据进行收集、分析，掌握生产指标的变化规律，确定预警的阈值和预警规则。

第18条　将预警规则和阈值设置在监测设备或系统中，以实时监测生产过程，当指标超过设定的阈值时，预警系统会自动触发预警机制，通知相关人员进行处理。

第19条　当预警信息发生时，需要及时对信息进行处理和反馈。对于轻微的预警，可以由生产线管理人员进行处理；对于重要的预警，需要及时通知相关部门进行协调和处理，以防止生产过程出现故障或质量问题。

第5章　预警响应

第20条　建立预警预案，明确各个部门的职责和工作流程，准备必要的应急物资，并根据工厂环境和设备的变化，对预警预案进行修订和更新，确保其有效性和适用性。

第21条　触发预警系统时，相关人员要及时接收预警信息，并尽快采取应对措施。

第22条　在接收到预警信息后，要尽快确定触发预警的原因，若是由于设备故障或操作不当等原因导致，需要及时对设备进行维护或调整，或者对操作流程进行调整。

第23条　根据预警信息的严重性和潜在影响，对事件进行评估和分析，并实施相应的控制措施，密切监测措施的有效性，并对其进行调整和优化，以确保其能够及时发现和控制任何安全问题。

第24条　工厂的预警划分级别应根据不同预警事件的重要程度和紧急程度来确定。可以将预警划分为以下几个级别：

1.一级预警：预警事件较为严重，需要立即采取措施来避免生产事故或设备损坏等严重后果。例如，设备出现故障或异常，需要紧急停机或维修等。

2.二级预警：预警事件较为重要，需要及时采取措施来防止问题进一步恶化。例如，生产线上的质量问题、生产效率下降等。

3.三级预警：预警事件为一般，需要进行监控和跟踪，以便及时发现问题并采取措施加以解决。例如，生产设备的运行状态良好，但需要关注设备的使用寿命和维护情况等。

第25条　在实施应对措施之后，质量管理部相关负责人员需要对预警效果进行跟踪和评估，以确定预警系统的优化方向和改进措施。

第6章　反馈和优化

第26条　工厂要对引起预警响应的事故发生过程进行全面的总结和分析，包括事故的原因、响应流程实施情况、措施的有效性和不足之处等，以明确问题所在。

第27条　根据总结与分析结果，对预警响应计划和预案进行优化和改进，调整组织结构、修改流程和完善处置措施，以提高预警响应的效率和准确性。

第28条　工厂要建立完善的反馈机制，定期对预警响应过程进行评估和检查，及时了解和处理工作中存在的问题和难点，以便在下一次类似事件中提高处理效率。

第29条　工厂需要按照制定的优化措施来实施，并对实施的效果进行评估和调整。对于设备维护，需要按照计划进行维护，并对维护的效果进行评估和调整，以确保设备的正常运行和生产效率的提高。

第30条　对员工进行预警宣传和培训，针对性地开展应急培训和演练，增强员工的应急意识和能力，提高工厂应对突发事件的能力。

第31条　本制度由质量管理部负责编制、解释与修订。

第32条　本制度自××××年××月××日起生效。

5.2 QCC

5.2.1 生产质量QCC改善工作实施方案

QCC是Quality Control Circle的缩写，译为"质量控制圈"。它是一种通过员工参与和团队合作，持续改进生产质量的方法。工厂实施生产质量QCC改善工作具有重要的意义，它可以提高员工的参与度和生产效率、改善产品质量、提升工厂的竞争力。通过生产质量QCC改善工作的实施，工厂可以实现质量管理的全面升级，为工厂的长远发展打下坚实的基础。

生产质量QCC改善工作实施方案

一、目标

提高产品质量、降低成本、增强工厂竞争力、提高员工参与度，推动工厂文化建设。

二、建立QCC小组

1.QCC小组成员应该由工厂各部门或者各职能领域的员工组成，涵盖生产流程的各个方面。同时，小组成员应该有较强的学习能力、沟通能力和团队协作能力。

2.建立QCC小组后，QCC小组应选择生产过程中存在的质量问题或可优化的生产流程作为主题进行研究，以达到可衡量、具有明确目标。

3.工厂应为QCC小组提供培训和支持，包括相应的质量管理方法、数据收集和分析方法等，以此提高QCC小组解决问题的能力和创新能力。

4.QCC小组要根据工厂实际生产情况建立清晰的改善流程，包括问题诊断、目标设定、方案制定、方案实施和效果评估等环节，该流程应经过工厂高层领导同意和实际测试，并且能够适应工厂的实际情况。

5.工厂应建立奖励机制，奖励方式包括表彰、奖金、晋升等，具体可根据QCC小组成员在工作中的表现及贡献进行评定。

三、确定QCC改善主题

1.QCC小组选择的改善主题应该与工厂的实际生产目标相匹配，包括提高生产效率、降低生产成本、改善产品质量等。

2.工厂可以通过收集和分析生产数据来确定QCC改善主题。通过分析这些数据，工厂可以确定哪些生产环节存在问题并进行改善，以此提高工厂的生产质量。

3.工厂可以安排专人对车间生产过程中操作人员的操作流程、检查设备的运行状态、生产物料的质量等方面进行观察和记录，识别可能存在的问题。

4.工厂可以定期进行员工意见调查，收集员工对生产过程的建议和意见，从中确定生产质量QCC改善的主题。

5.工厂可研究分析同行业的其他工厂的生产流程，结合自身实际情况，找出存在的问题和可改进的方向。

6.工厂可根据客户提出的产品质量、交货时间、售后服务等方面的问题，对客户的反馈进行分析，以确定QCC改善主题。

四、分析问题和确定目标

1.QCC小组要收集关于生产质量问题的相关数据，包括生产过程中所产生的各种参数、产品质量的统计数据、员工反馈等。

2.QCC小组要利用图表、统计分析等工具对收集的数据进行分析，找出导致生产质量问题的原因及该问题对生产流程造成的影响。

3.QCC小组确定问题后，确定生产质量需要改善的目标，同时制定相应的改善方案，方案内容应包括改善方法、实施时间、责任人等，并且改善方案应得到工厂高层领导的认可和支持。

五、制定改善方案

（一）改善方法

1.建立相关产品检测标准，确保产品质量；优化产品设计，提高产品性能。

2.针对生产质量问题，简化生产流程，减少没有价值的多余程序；通过设备维护和保养，减少生产停机时间；对物流和库存进行精益管理，提高生产效率和减少浪费。

3.优化产品和生产流程，减少材料和人工成本，提高产品的附加值和市场竞争力。

4.建立有效的反馈机制，监测改善方案的实施情况并根据评估结果进行调整。反馈机制内容包括改善方案效果的评估，员工的建议和想法，改善方案的进展情况和结果等。

（二）实施时间

生产质量改善方案应在QCC小组制定后，报工厂总经理处，经工厂高层领导一致同意后实施，QCC小组应将实施过程中的重要时间节点进行记录，以便对改善方案进行阶段性评估。

（三）责任人

在改善方案中应根据工厂各部门的工作职责确定相应环节的负责人，并形成文件下发，确保工厂员工熟知生产质量改善方案的具体内容。

六、实施改善方案

1.在确定生产质量改善方案后，QCC小组要结合工厂实际情况制订详细的实施计划，内容包括具体的实施步骤、时间表、责任人等信息。

2.根据实施计划，QCC小组要进行任务分配，并设置相关的负责人。

3.在实施改善方案前，QCC小组应对工厂员工进行相关内容的培训，确保其能熟知方案内容和执行步骤，培训内容包括工艺流程、操作规范、质量标准等。

4.在实施改善方案时，应该严格按照方案要求进行，QCC小组要安排专人对实施情况进行监督，确保实施效果达到预期。

5.在实施改善方案的过程中，QCC小组要收集实施过程中所产生的各项生产数据，并及时反馈信息。

6.QCC小组要根据收集到的实施数据和反馈信息对生产质量改善方案进行实时调整，使方案更加适应实际情况，提升实施效果。

七、验证效果

1.改善方案实施后，QCC小组要收集实施过程中的数据，包括实施前后的指标变化情况、生产过程中的问题情况、员工的反馈意见等。

2.QCC小组要对收集到的数据进行分析和评估，了解改善方案的实施效果和存在的问题，并采取相应的改进措施。

3.QCC小组要根据分析和评估结果总结实施过程中的经验和教训，以便为今后的生产活动提供启示和参考，同时避免出现相同的问题。

4.QCC小组在总结经验后要提出具体的改进建议，改进建议要充分考虑工厂的实际情况，且具有可操作性和实际意义。

5.QCC小组要根据改进建议实施改进，使改善方案更加符合工厂实际情况和要求，确保改进后的计划能够顺利实施并达到预期效果。

6.若改善方案得以成功实施并产生良好效应，工厂就需要依据改善方案制定相关的标准化程序和操作流程，以确保改进方案得到持续实施。其间要对员工进行培训，以确保其了解并能熟练操作执行标准化程序。定期检查和评估标准化程序的执行情况，并实时进行调整。

八、注意事项

1.在生产质量QCC改善过程中，小组成员需要经常沟通，建立有效的沟通机制，确保信息的及时传递和共享。

2.生产质量QCC改善不是一次性的活动，而是持续不断地改进过程。QCC小组应该不断寻找改善的机会和方法，进行持续改进，以提高工厂生产质量和效率。

5.2.2　生产质量QCC改善工作推进计划

工厂设置生产质量QCC改善工作的推进计划可以让QCC改善工作变得有条不紊，督促各个部门和人员在规定的时间内完成改进任务，从而确保改进工作的有效性。计划还可以帮助人员在改进工作中避免重复劳动和浪费时间，从而提高改进效率和成果，以此实现持续改进的目标。

生产质量QCC改善工作推进计划

一、目的

为保障工厂生产质量QCC改善工作能够顺利推进，特制订本计划。

二、准备工作阶段

1.目标：明确改善的目标和范围，确定QCC小组成员。

2.任务：

（1）第1周：识别需要改善的问题，并确定改善目标和范围。

（2）第2周：确定QCC小组成员，包括生产人员、技术人员和质量控制人员等。

（3）第3周：为小组成员提供必要的培训，包括QCC工作的重要性、质量控制的基本概念和方法等。

（4）第4周：建立改善计划和时间表。

三、数据收集和分析阶段

1.目标：通过数据收集和分析找出问题的根本原因，并制定改善方案。

2.任务：

（1）第5周：通过对生产过程进行观察和记录，对产品进行检查和测试，以及对员工进行访谈等方式收集数据。

（2）第6周：对数据进行分析，找出问题的根本原因。

（3）第7周：制定改善方案，并确定改善方案的优先级。

四、实施改进阶段

1.目标：实施改善方案，提高生产质量。

2.任务：

（1）第8周：实施改善方案，包括改进生产过程、提高员工技能和质量控制等方面。

（2）第9周：提供必要的资源和支持，以确保改善工作的顺利进行。

（3）第10周：对实施过程进行监控和反馈，确保改善工作的顺利进行。

（4）第11周：鼓励团队成员分享经验和教训，并积极推进QCC改善工作。

五、计划实施的保证

1.生产质量QCC改善计划要得到工厂高层领导的支持和认可，以便营造出良好的改善工作的氛围和气氛。领导可以提供人员、资金、设备等资源的支持，确保改善计划的顺利实施。

2.QCC小组可以通过召开会议、现场观察、交流等方式与工厂生产相关部门进行沟通协作，以便获取必要的信息和资源。

3.通过制定KPI指标、设立奖惩机制等方式建立相应的考核机制，以便评估和反馈改善效果，同时激励和鼓励工厂各部门积极参与改善工作，确保改善工作能够顺利推行。

4.工厂要对QCC小组成员进行培训和教育，确保小组成员具备必要的知识和技能，从而提高其改善工作的能力和素质，有利于更好地推进改善计划。

5.2.3　生产质量QCC改善工作总结报告

对QCC改善工作进行总结，可以帮助工厂发现并改进工作中存在的问题，通过解决这些问题，让工厂更好地了解改善工作所取得的成果，从而更好地制定改进策略，提高改进工作的效益和质量。

生产质量QCC改善工作总结报告

一、目的

总结工厂QCC小组在生产质量QCC改善工作中所做的工作、取得的成果和经验教训，以达到提升工厂生产质量和效率的目的。

二、项目背景

1.简述工厂所面临的生产质量问题和困难，并且说明该问题会对工厂生产、经营造成哪些影响。

2.明确本次生产质量QCC改善工作的具体目标，包括但不限于降低生产成本、提高产品质量、改善生产效率等。

3.对QCC改善工作的范围和所涉及的生产环节、工作岗位和工序等进行简单介绍。

4.对QCC改善工作的实施计划和时间表，包括改善方案的制定、实施、检查和改进等阶段进行简单介绍。

5.列出参与该次改善工作的QCC小组成员及其分工，明确各自的职责和任务。

三、改善措施

1.详细说明具体的改善措施、改善的时间节点和实施计划，措施包括技术改进、管理优化、工艺优化、设备更新等方面。

2.员工改善可从培训切入，包括质量管理知识、生产流程分析等，并说明培训可以增强员工的专业技能和质量意识。

3.反馈机制方面，要充分发挥员工的主观能动性，鼓励员工报告其发现的问题并提出改进建议，有利于工厂管理者更快地发现问题并及时采取改善措施。

四、改善效果

1.对改善目标和指标的实现情况进行分析,比较改善前后的数据和表现,评估改善工作的效果和成果。

2.分析改善工作的投入成本和实际效益,包括直接经济效益、间接经济效益、社会效益等,以衡量改善工作的收益和效益。

3.评估改善工作对工厂产品和生产质量控制的影响,比较改善前后的产品质量和质量控制指标,分析改善工作对生产质量和产品质量的改进效果。

4.分析改善工作对生产效率的影响,比较改善前后的生产效率和生产指标,评估改善工作对生产效率和产能的提高效果。

五、问题分析

1.详细描述改善工作中遇到的问题,包括问题的性质、规模、所产生的影响等,以便更好地对问题进行分析。

2.对产生问题的原因进行分析,包括内部和外部因素方面,找出引起问题的根本原因。

3.对解决问题的方案进行详细解析,以便工厂在日后的生产活动中能更好地解决相同的问题。

4.对解决问题后的工作效果进行评估和总结,包括解决问题的成效、改善工作的效果等。

5.总结解决问题的经验和教训,包括面对问题时的处理方式、改善的工作策略和方法等,以便工厂能够更好地推广相关经验,同时提高QCC小组的团队能力。

六、经验总结

1.总结改善工作取得的成果和效果,提出下一步持续改进的措施和建议,为工厂未来的发展提供支持和指导。

2.总结QCC小组在改善工作中的合作方式和员工的参与程度,包括沟通协作、信任建立、角色明确和任务分配等,有利于更好地发挥团队的协同效应。

3.总结发现和解决问题的方法和技巧,包括对问题的分析、数据的采集、改进方案的制定、实施和效果评估等方面。

4.总结管理层领导力的重要性和影响力,包括目标设置、沟通管理、激励和奖惩机制等,有利于提高整体的绩效和人员的执行力。

5.总结在改善工作中所遇到的教训和失败，包括方案执行不力、目标不明确、人员不配合等，以便QCC小组吸取教训，避免重复错误。

七、个人贡献

1.评估个人参与改善工作的贡献和作用，比较改善前后个人参与度和工作表现，分析个人对改善工作的支持和贡献。

2.个人在改善工作中是否能及时发现并分析问题，制定出有效的解决方案。

3.个人在改善工作中是否能积极参与方案的实施，并对改善效果进行及时的评估和调整。

4.个人在改善工作中是否能提出创新的思路和解决方案，发挥创造性思维的作用。

5.个人在改善工作中是否能与他人积极沟通、协作和交流。

6.个人在改善工作中是否能发挥领导和组织能力，协调工作，推动改善工作的顺利进行。

7.个人在改善工作中是否能将所掌握的知识和经验传授给其他小组成员或工厂员工，促进整个工厂人员的能力提升。

八、注意事项

1.报告的语言应简明扼要，避免使用过于专业化的术语和烦琐的句式。同时，注意使用准确语言，以确保报告的准确性和可读性。

2.报告编写应该采用正式的格式，包括封面、摘要、目录、正文、附录等部分。封面应简明扼要地表达报告的主要内容，摘要应对报告的主要内容进行概括，目录应清晰地列出报告的各个部分和章节，正文应详细介绍QCC改善工作的整个过程和成果，附录可以包括具体的数据、资料和图表。

3.QCC小组在实施改善工作时，会对各种生产数据和资料进行记录，包括生产质量问题发生的时间、地点、影响程度，针对问题所设计的改善方案和方案的实施过程、成果评估等。所以在编写报告之前，要对以上数据和资料进行整理和归纳，以便后续报告的撰写和分析。

4.报告的正文部分要有足够的数据和资料来支撑其所产生的各种结论和推断，表达思路和逻辑关系要清晰明了。

5.3　QA 和 ZD

5.3.1　质量保证管理制度

工厂实行质量保证管理制度，旨在通过提高产品质量，降低因质量问题而导致的损失或赔偿。同时，帮助工厂改进产品质量及服务，以满足客户不断变化的需求，提升工厂的信誉和形象。

质量保证管理制度

第1章　总则

第1条　目的

为建立质量保证体系，确保工厂产品和服务的质量满足客户要求，提高工厂经营效率和竞争力，结合工厂实际情况，特制定本制度。

第2条　适用范围

本制度适用于工厂质量保证工作的管理。

第2章　制订质量保证计划

第3条　明确质量目标

1.产品质量目标包括产品的质量特性值是否符合工厂要求，工厂是否有稳定的提供产品、满足客户需求的能力。

2.工厂应选择适合的、符合规定的原材料供应商，并对原材料供应商进行有效管理。

3.生产过程控制与质量检验测试应符合工厂流程及标准。

4.客户满意目标包括客户满意度、回购率及投诉率。

第4条　建立质量管理体系

1.工厂质量管理部负责建立质量管理体系。

2.质量管理体系应包含成品质量管理、进料质量管理、样品质量管理、质量成本管理、质量仪器及工具管理、产品仓储管理等。

3.质量管理体系文件应由质量管理部负责人、工厂总经理审核审批。

第5条 制订质量保证计划

1.质量保证是指在执行质量管理工作中开展的一系列的检查、度量、评价、改进等行为的总称。

2.质量保证计划应包含组建质量保证小组、制定质量标准和流程、质量的控制和检验、实施时间和步骤。

（1）质量标准和流程应包括产品质量、服务质量、工作质量标准及流程等。

（2）质量控制和检验应包括质量控制、质量检验、质量审核、质量改进等。

第3章 实施质量保证计划

第6条 质量保证小组

质量保证小组由质量经理、质量工程师、质检人员构成，其中，质量经理担任组长。质量保证小组全权负责质量保证的控制、检验、审核、改进等工作。

第7条 质量控制实施

质量保证小组根据质量保证计划，预估会出现的问题及环节，确定相应解决措施，形成质量控制文件。

第8条 质量检验

1.在生产产品前，质量保证小组应对产品的工艺标准、参数及设计的可行性进行审核，对产品的工艺方案提出质量相关建议，最终确定产品工艺方案。

2.生产部在执行产品生产任务时，质量保证小组应巡检，若发现违反质量规定的现象，应予以制止。

第9条 质量终检

质量保证小组根据工厂质量标准，对产品成品质量进行检查，评定产品质量等级结果。对于质量不符合要求的产品，质量保证小组有权要求返工。

第10条 质量审核

1.审核计划。制订质量审核计划，确定质量审核的范围、目标、方法和时间等。

2.审核准备。收集与产品或服务质量有关的标准、文件、记录等资料，并进行整理和分析，以确定审核重点和要点。

3.实施审核。按照质量审核计划，选择合适的人员和方法，对产品或服务的质量进行现场审核。

4.收集和整理审核证据。审核人员应当收集和整理审核证据，包括客户反馈、内部审核结果、外部审核结果等方面。

5.分析和评价审核结果。根据审核证据和相关标准，对产品或服务的质量进行分析和评价，确定不合格项。

6.提出改进措施。针对审核中发现的问题和不合格项，提出相应的改进措施，并监督和实施改进措施。

7.跟踪审核结果。对改进措施的实施情况进行跟踪审核，确保改进措施得到有效实施和验证。

第11条　质量改进

1.明确目标及范围。明确质量改进的目标和范围，包括产品质量、服务质量、工作质量等方面。

2.分析质量问题。质量保证小组对质量管理过程中出现的问题和不合格项进行分析和评价，找出问题的根本原因和影响因素。

3.制订质量改进计划。根据分析结果，制订质量改进计划，包括具体的改进措施、时间和步骤等。

4.实施质量改进计划。按照质量改进计划，实施具体的改进措施，包括采取技术措施、管理措施、培训教育等方面。

5.监督和评估质量改进效果。质量保证小组对质量改进措施的实施情况进行监督和评估，确保改进措施得到有效实施和验证。

第12条　质量保证考核

1.质量保证的考核对象为质量管理部，由质量保证小组及人力资源部共同考核。

2.质量保证考核每月一次，考核指标单项满分为100分。其具体内容如下。

（1）废品率（30%）：指生产过程中不合格品的数量占总产品数量的比例；废品率每低于工厂规定水平的1%，扣5分。

（2）返工率（20%）：指生产过程中需要返工、返修等再加工的产品数量占总产品数量的比例；返工率每低于工厂规定水平的1%，扣5分。

（3）产品入库检验合格率（40%）：指产品入库时经过检验合格的数量占总入库数量的比例；产品入库检验合格率每低于工厂规定水平的1%，扣5分。

（4）运行监控质量（10%）：指质量保证计划在运行过程中持续保持符合性和有效性的程度。运行监控质量=（内部审核次数/应审核次数）×100%；运行监控质量每低于工厂规定水平的1%，扣5分。

3.质量保证考核等级及奖惩

（1）A级：考核得分在90（含90）～100分，奖励质量管理部相关人员各____元。

（2）B级：考核得分在75（含75）～89分，奖励质量管理部相关人员各____元。

（3）C级：考核得分在60（含60）～74分，不奖励、不惩罚。

（4）D级：考核得分在60分以下，从质量管理部相关人员的月度绩效奖金中扣除2%。

（5）质量保证考核的奖金与罚款随月工资一并实施。

第4章 质量保证措施

第13条 质量管理体系

质量保证计划是质量管理体系的环节，明确了科学、合理、清晰的质量管理体系，责任落实到人，才能确保质量保证管理到位。

第14条 质量风险管理

工厂应对生产流程及产品实行质量风险管理，识别和评估质量风险，并采取有效措施进行控制和管理，以降低质量风险。

第15条 建立质量信息管理机制

包括质量文件、记录、报告等方面的信息。质量信息管理应当真实、准确、完整、及时，并且应当与质量保证计划相适应。

第16条 质量审核和评审

定期对生产流程及产品进行质量审核和评审，以确保质量保证计划的有效性和适应性，并及时改进。

第17条 质量保证计划变更

根据市场、业务需求，对质量保证计划的变更进行管理及控制。

第18条 持续改建

质量管理部应不断寻求改进机会，持续改进质量管理体系及质量保证计划，以提高工厂的质量管理水平。

第5章 附则

第19条 编制单位

本制度由质量管理部负责编制、解释与修订。

第20条　生效时间

本制度自××××年××月××日起生效。

5.3.2　零缺陷管理办法

缺陷产品不仅会给工厂带来额外的检查、处理和改进的成本，同时也会影响工厂的形象及信誉，因此零缺陷管理是十分必要的。通过实行零缺陷管理，可以逐步培养员工严谨、认真的工作作风，提高工作质量和效率，建立"零缺陷""质量第一"的工厂文化。

零缺陷管理办法

第1章　总则

第1条　为系统地识别、分析并消除产品质量的缺陷，实现产品质量的持续改进，从而提高客户满意度和忠诚度，提高工厂的竞争力，结合工厂实际情况，特制定本办法。

第2条　本办法适用于工厂零缺陷管理工作。

第3条　生产部负责成立零缺陷管理小组，该小组包括生产部、工艺技术部与质量管理部人员。零缺陷管理小组负责工厂零缺陷管理的实施、改进工作。

第2章　"零缺陷"质量计划

第4条　确立"零缺陷"目标。

1.及时消除质量管理中的隐患、问题。

2.通过考核，确保质量"零缺陷"及时率100%和完成率100%。

第5条　对人员、机器、材料、方法、环境等多方面的因素进行分析与排查，确定质量问题的根源。

第6条　根据确定的根源和质量标准，确定需要采用的检验方法。一般根源检验可以采用直接观察、短反馈环、测量、试验、统计分析等。

第7条　在确定根源和检验方法的基础上，进行相应的检验工作，并记录和分析检验结果。

第8条　在分析检验结果并确定质量问题的根源和原因后，需要制定相应的改进措施，并持续改进，以保证质量的稳定和提升。

第3章 "零缺陷"考核

第9条 "零缺陷"考核对象包括研发人员、技术工艺人员、质量管理人员。

第10条 工厂每年设置"零缺陷"考核奖金，根据考核情况，对考核部门及对象实行奖金分配。

第11条 "零缺陷"考核每年度一次，考核指标单项满分为100分。其具体内容如下。

1.研发人员

（1）研发过程失误次数（50%）：研发过程每出现1次失误，扣除5分。

（2）检测质量（50%）：检测过程中每检测出1个质量问题，扣除5分。

2.技术工艺人员

（1）工艺参数准确性（50%）：工艺参数每出现1次错误，扣除5分。

（2）技术操作准确性（50%）：技术操作每出现1次错误，扣除5分。

3.质量管理人员

质量保证计划完成率（100%）：质量保证计划完成率每低于1%，扣除2分。

第12条 "零缺陷"考核等级及奖惩。

1.研发人员"零缺陷"考核

（1）A级：考核得分在90（含90）～100分，奖励研发相关人员共2000元奖金。

（2）B级：考核得分在75（含75）～89分，奖励研发相关人员共1000元奖金。

（3）C级：考核得分在60（含60）～74分，奖励研发相关人员共500元奖金。

（4）D级：考核得分在60分以下，从研发相关人员的年终绩效奖金中各扣除5%。

（5）研发部负责人根据各人员的参与度、贡献大小对所得奖金进行分配。

2.技术工艺人员"零缺陷"考核

（1）A级：考核得分在90（含90）～100分，奖励技术工艺相关人员共2000元奖金。

（2）B级：考核得分在75（含75）～89分，奖励技术工艺相关人员共1000元奖金。

（3）C级：考核得分在60（含60）～74分，奖励技术工艺相关人员共500元奖金。

（4）D级：考核得分在60分以下，从技术工艺相关人员的年终绩效奖金中各扣除5%。

（5）技术工艺部负责人根据各人员的参与度、贡献大小对所得奖金进行分配。

3.质量管理人员"零缺陷"考核

（1）A级：考核得分在90（含90）～100分，奖励质量管理相关人员共2000元奖金。

（2）B级：考核得分在75（含75）～89分，奖励质量管理相关人员共1000元奖金。

（3）C级：考核得分在60（含60）～74分，奖励质量管理相关人员共500元奖金。

（4）D级：考核得分在60分以下，从质量管理相关人员的年终绩效奖金中各扣除5%。

（5）质量管理部负责人根据各人员的参与度、贡献大小对所得奖金进行分配。

第13条　于次年1月10日前，研发部、技术工艺部、质量管理部各负责人均应确认"零缺陷"考核结果，零缺陷管理小组统计结果，呈报人力资源部，奖金与罚款随年终奖一并实施。

第14条　研发部、技术工艺部、质量管理部各负责人若对"零缺陷"考核结果有异议，在收到结果后的3个工作日内向零缺陷管理小组提出申诉，零缺陷管理小组应迅速审查申诉内容，并反馈最终审查结果。

第4章　"零缺陷"强化训练

第15条　"零缺陷"强化训练对象包括研发人员、技术工艺人员、质量管理人员。由人力资源部每季度实行1次"零缺陷"强化训练。

第16条　"零缺陷"强化训练内容。

1.研发人员"零缺陷"强化训练内容包含研发知识、技能、质量管理、安全生产及常见研发问题等。

2.技术工艺人员"零缺陷"强化训练内容包含技术工艺知识、技能、操作规范、安全生产及常见技术工艺问题等。

3.质量管理人员"零缺陷"强化训练内容包含质量意识教育、知识技能、质量检测、安全生产及常见质量管理问题等。

第17条　"零缺陷"强化训练考核。

1.考核试卷由培训师出具，得分在70分（含）以上即算通过考核，未通过者须查缺补漏、巩固知识，再次进行考核。

2.针对研发、技术工艺与质量管理训练的技能操作与现场演练部分，进行实践考核。由研发部、技术工艺部及质量管理部负责人对相关人员的现场实践进行打分，得分在70分（含）以上即算通过考核。

第18条　"零缺陷"强化训练结果评估。研发部、技术工艺部及质量管理部负责人通过培训考核结果、日常工作表现、绩效考核、质量管理检查情况，对"零缺陷"强化训练结果进行评估，同时人力资源部记录整理"零缺陷"强化训练考核及评估结果。

第5章　附则

第19条　本制度由研发部、技术工艺部、质量管理部与人力资源部共同负责编制、解释与修订。

第20条　本制度自××××年××月××日起生效。

5.4　生产质量管理精益化：降本增利

5.4.1　生产质量改善课题管理办法

工厂通过实行生产质量改善课题管理可以发现生产质量改善的重难点及对质量影响最大的课题，形成管理体系，同时可以通过对比样品的质量指标、客户反馈、市场反应等方面来验证、评估实施课题后产品质量是否有提高。

生产质量改善课题管理办法
第1章　总则

第1条　目的

为对生产过程中存在的质量课题进行分析和改进，提高产品质量和生产效率，结合工厂实际情况，特制定本办法。

第2条　适用范围

本办法适用于工厂生产质量改善课题工作的管理。

第2章　制订生产质量改善课题计划

第3条　明确改善课题名称

工厂应明确生产质量改善课题的名称，包括供应商管理改善、研发质量改善、技术工艺改善、生产过程改善、质量检测改善等，以便对其进行更好地管理和执行。

第4条　确定时间及资源

根据生产质量改善课题的具体情况和要求，确定改善课题需要的时间和资源。时间指课题推动的进度及时间节点，资源包括人力、物力、财力等。

第5条　判断预期效果

通过产品质量错误率、安全生产错误率、成本控制、客户满意度等方面来判断生产质量改善课题的预期效果。

第6条　确定验证标准

在确定生产质量改善课题的验证标准时，工厂应根据课题的目标和内容，结合国家、行业及标杆工厂的相关标准，制定明确的、详细的、可量化的验收标准。

第7条　科学评估

在评估生产质量改善课题的成果时，工厂应采用科学的评估方法，包括数据分析、客户反馈、市场反响及多方评审等，以确保课题成果的质量和效果。

第8条　合理考核

通过对制订课题计划的完整性、实施计划的及时性与完成度、实施成果的有效性等来评定考核，以便进行课题计划的反馈、改进、记录与总结。

第3章　实施生产质量改善课题计划

第9条　生产质量改善课题小组

由研发部、技术工艺部、生产部及质量管理部各推举1人成立生产质量改善课题小组。该计划每季度实行1次。

第10条　生产质量改善课题内容包括以下五方面。

1.供应商管理改善。包括供应商地选择、优化、评定等。

2.研发质量改善。包括研发质量标准、过程控制、研发材料的验证及研发人员的培训等。

3.技术工艺改善。包括工艺流程改进、引入新技术、工艺参数调整、设备改进与更新及技术工艺人员的培训等。

4.生产过程改善。包括生产操作、生产流程优化、生产效率及生产人员培训等。

5.质量检测改善。包括检测标准、检测流程优化、质量审核标准、审核流程优化及质量相关人员培训等。

第11条 制定生产质量改善课题时间进度表

包括课题名称、内容、现状（值）、目标（值）、具体改善措施、负责人、配合人、进度计划及评价等。

第12条 调整和改进

在课题实施过程中，生产质量改善课题小组需要与相关人员进行沟通和反馈，及时了解实施效果和问题，以便进行调整和改进。

第13条 进行相关培训

工厂应对课题计划内的相关人员进行供应商管理、研发、技术工艺、生产制造、安全生产及质量检测等方面的培训，尤其是培训中的常见问题及解决方法，以便相关人员应对、管控课题计划实施过程中的问题与风险。

第4章 验证及评估生产质量改善课题计划

第14条 供应商管理改善的验证及评估

1.验证标准。供应商具有法律法规认可的资质或证明文件且符合工厂要求，价格可控，信誉良好。

2.评估。通过数据分析评估供应商管理的改善对生产质量改善的影响程度，以此判断供应商管理的有效性。

第15条 研发质量改善的验证及评估

1.验证标准。研发质量标准及过程控制符合工厂要求；研发材料具有法律法规认可的资质或证明文件且符合工厂要求；研发人员的培训考核均通过。

2.评估。通过客户反馈、市场反响及数据分析评估研发质量的改善对生产质量改善的影响程度，以此判断有效性。

第16条 技术工艺改善的验证及评估

1.验证标准。技术工艺参数的准确度达到甚至超过工厂规定水平；新技术的实践性与创收预估；新设备的专业性、准确性及创收预估；技术工艺人员培训考核均通过。

2.评估。通过市场反响、数据分析及专家评审来评估技术工艺质量的改善对生产质量改善的影响程度，以此判断其有效性。

第17条　生产过程改善的验证及评估

1.验收标准。生产操作错误率不超过工厂规定水平；生产效率达到甚至超过工厂规定水平；生产人员培训考核均通过。

2.评估。通过市场反响、数据分析及专家评审来评估生产过程的改善对生产质量改善的影响程度，以此判断其有效性。

第18条　质量检测改善的验证及评估

1.验收标准。质量检测错误率不超过工厂规定水平；检测流程专业高效；质量审核标准符合工厂要求；审核流程专业高效，质量相关人员培训考核均通过。

2.评估。通过客户反馈、市场反响、数据分析及专家评审来评估质量检测的改善对生产质量改善的影响程度，以此判断其有效性。

第5章　考核生产质量改善课题计划

第19条　考核频次

生产质量改善课题考核每季度1次，考核对象为研发部、技术工艺部、生产部、质量管理部及其参与课题计划的人员。

第20条　课题计划考核指标单项满分为100分，加权平均后即为课题计划考核分数。课题计划考核分数=结果性指标分数×40%+过程性指标分数×40%+时间性指标分数×20%。

第21条　生产质量改善课题考核指标

1.结果性指标（40%）：含各改善课题完成率、质量错误率、安全生产错误率、客户满意度等。

2.过程性指标（40%）：含各改善课题完成质量、成本控制情况、发现及解决问题情况等。

3.时间性指标（20%）：各改善课题完成及时性等。

4.分别对研发部、技术工艺部、生产部、质量管理部实行上述指标的考核。

第22条　考核等级及奖惩措施

1.优：考核得分在90（含90）～100分，奖励考核部门参与课题计划人员各____元。

2.良：考核得分在80（含80）～89分，奖励考核部门参与课题计划人员各____元。

3.中：考核得分在70（含70）～79分，奖励考核部门参与课题计划人员各____元。

4.合格：考核得分在60（含60）～69分，不奖不惩。

5.不合格：考核得分在60分以下，罚扣考核部门参与课题计划人员各____元。

第23条　考核结果确实

于每季度结束前10天，研发部、技术工艺部、生产部、质量管理部各部门负责人均应确认生产质量改善课题考核结果，课题小组统计结果，呈报人力资源部，奖金与罚扣随月度工资一并实施。

第24条　申诉与审查

研发部、技术工艺部、生产部、质量管理部各部门负责人若对生产质量改善课题考核结果有异议，在收到结果后的3个工作日内向课题小组提出申诉，课题小组应迅速审查申诉内容，并反馈最终审查结果。

第6章　附则

第25条　编制单位

本办法由研发部、技术工艺部、生产部及质量管理部共同负责编制、解释与修订。

第26条　生效时间

本办法自××××年××月××日起生效。

5.4.2　生产质量改善成本控制方案

工厂生产质量改善成本控制，主要是通过对生产质量改善过程中的各个环节进行有效的成本控制，来达到提高生产质量和生产效益的目的。同时实行生产质量改善成本控制，能够将成本意识灌输至每位员工，实现工厂高质量、可持续的发展。

生产质量改善成本控制方案

一、目标

有效监控、分析、控制生产质量改善过程中的成本，降低产品的生产成本，提高产品的质量水平。

二、生产质量改善成本分类

1.预防成本。指在实施生产质量改善时所产生的培训、评审等成本。

2.鉴定成本。包括检验、试验设备维修及相关人员薪酬成本等。

3.损失成本。损失成本包括内部损失成和外部损失成本。内部损失成本指在交付前产品发生的返工、返修、报废、材料能耗损失、多次检验审核及关联部门损失等；外部损失成本指在交付后因产品质量问题而造成的客户投诉、返工、退货、索赔损失等。

三、预防成本控制

1.预防成本占生产质量改善成本的20%～40%。

2.预防成本构成及控制措施如表5-1所示。

表5-1　预防成本构成及控制措施

构成	具体内容	控制措施
质量管理培训成本	为提高相关人员的质量意识和质量管理水平所花费的培训成本	制定质量管理培训费用预算，确定费用控制范围；根据人员能力及培训项目难度选择合适的培训方式，若选择外部培训机构，应比对费用及预估效果后再行选择，同时审核及监督培训费用的使用情况
质量改善评审成本	产品投产前后的评审质量改善活动（专家评审、数据分析等）所花费的成本	制订质量改善评审费用计划，确定费用控制范围；根据评审内容选择合适的评审方式及渠道

四、鉴定成本控制

1.鉴定成本占生产质量改善成本的20%～40%。

2.鉴定成本构成及控制措施如表5-2所示。

表5-2　鉴定成本构成及控制措施

构成	具体内容	控制措施
检验成本	进行质量改善检测所花费的成本	制定检验成本预算；优化检验流程，减少不必要的检验环节和检验时间；采用高效的检验方法；使用合适的检验工具
试验设备折旧及修理成本	指用于质量检测的设备折旧及修理成本	制定试验设备折旧及修理成本预算；优化试验设备使用寿命；及时处理设备故障；定期进行设备维护和保养；引入设备维修报废制度
相关人员薪酬成本	指质量改善所涉及的人员（如检验人员）的薪酬成本	制定薪酬预算；实行"一人多岗多职"；优化薪酬结构；控制奖金与福利支出

五、损失成本控制

1.损失成本占生产质量改善成本的40%～60%。

2.损失成本构成及控制措施如表5-3所示。

表5-3　损失成本构成及控制措施

构成	具体内容	控制措施
内部损失成本	在交付产品前发生的返工、返修、报废、材料能耗损失、多次检验审核及关联部门损失成本等	制定内部损失成本预算；建立内部损失补偿机制，造成的损失由相关人员进行合理补偿；加强研发、技术工艺、生产制造、质量的错误率管理；加强内部损失审核
外部损失成本	在交付后因产品质量问题而造成的客户投诉、返工、退货、索赔损失成本等	制定外部损失成本预算；建立外部损失责任制；建立客户投诉处理机制；加强产品质量管理；建立品牌形象；引入责任保险

六、生产质量改善成本控制考核

1.生产质量改善成本控制考核每季度实行1次，考核对象为生产质量改善成本所涉及的部门及其相关人员。由财务部、人力资源部、质量管理部各推举1人成立生产质量改善成本控制考核小组。

2.生产质量改善课题考核指标分为预防成本控制、鉴定成本控制、损失成本控制，考核各指标的成本控制率及措施有效性等。预防成本控制、鉴定成本控制、损失成本控制的权责分别30%、30%、40%。

3.生产质量改善成本控制考核指标单项满分为100分，加权平均后即为成本控制考核分数。成本控制考核分数=预防成本控制指标分数×30%+鉴定成本控制指标分数×30%+损失成本控制指标分数×40%。

4.考核等级及奖惩措施

（1）优：考核得分在90（含90）～100分，奖励成本控制相关人员各____元。

（2）良：考核得分在80（含80）～89分，奖励成本控制相关人员各____元。

（3）中：考核得分在70（含70）～79分，奖励成本控制相关人员各____元。

（4）合格：考核得分在60（含60）～69分，不奖不惩。

（5）不合格：考核得分在60分以下，罚扣成本控制相关人员各____元。

5.于每季度结束前10天，生产质量改善成本所涉及的各部门负责人均应确认成本控制考核结果，考核小组统计结果，呈报人力资源部，奖金与罚扣随月度工资一并实施。

6. 若有对成本控制考核结果有异议者，在得到结果后的3个工作日内，向考核小组提出申诉，考核小组应组织调查，并将结果反馈至申诉人。

06

生产设备管理"精细化"：
操作、保养、维护、维修

▶ 6.1　设备更新与智能化

6.1.1　设备改进计划

设备改进计划可以明确对旧设备的评估内容与评估方法，规定设备改进各环节相关人员的工作职责，细致地指出设备改进的工作要求和工作步骤，加强设备供应商档案与价格准入机制的建设工作。

设备改进计划

一、计划制订目标

1.提高生产效率。通过更新和改进设备，实现生产效率的提升，减少生产过程中的停机时间和故障率，从而提高生产线的利用率和产量。

2.降低生产成本。通过设备更新和改进，实现生产过程的自动化和智能化，降低生产过程中的劳动力成本和能源成本，从而降低生产成本。

3.提高产品质量。通过更新和改进设备，提高生产过程的精确度和可控性，从而提高产品的质量。

4.提高安全性。通过更新和改进设备，提高生产过程的安全性，减少事故和损失，保障员工和设备的安全。

5.提高环保性。通过更新和改进设备，降低生产过程中的污染和能源消耗，实现生产过程的环保和可持续发展。

二、计划内容

（一）评估旧设备

对旧设备进行评估，确定是否需要更换新设备，需要从以下四个方面进行。

1.评估设备的使用寿命和维护状况。设备使用寿命和维护状况是判断设备是否需要更换的重要指标，如果设备已经使用多年，需要经常维护和修理，且维护成本较高，则考虑更换新设备可能更经济合理。

2.设备的生产效率和生产质量。设备的生产效率和生产质量是判断设备是否需要更换的重要因素，如果设备的生产效率低，导致生产效率和产品质量下降，则考虑更换新设备可能更有利于提高生产效率和产品质量。

3.设备的安全性和环保性。设备的安全性和环保性也是判断设备是否需要更换的重要因素，如果设备存在安全隐患或环保问题，那么更换新设备是必要的。

4.技术更新换代。若旧设备已经落后于市场上的新技术，那么更换新设备可能更有利于提高生产效率和降低成本。

（二）评估旧设备的方法

在对旧设备进行评估时，可以进行设备运行状态检查、维修记录查看、设备性能测试、设备可靠性分析及评估技术的更新换代等多种方法，综合考虑设备是否需要更换。同时，需要考虑设备更换的成本和收益，确保更换新设备的经济效益。以下是旧设备评估方法。

1.设备运行状态检查。对旧设备进行全面的检查，了解设备的运行状况。包括对设备的机械部件、电气元件、传动部件、液压系统等进行检查，检查设备是否有异常振动、噪声、漏油、漏电等情况。

2.维修记录查看。在工厂信息化管理系统中查看设备的维修记录，了解设备维修情况和维修频率，若设备需要经常维修，那么说明设备的可靠性较低，可能需要更换新设备。

3.设备性能测试。对设备进行性能测试，例如，进行生产效率测试、质量检测等，以了解设备的实际生产能力，若设备的生产效率低，或者生产出的产品质量不符合要求，那么需要考虑更换新设备。

4.设备可靠性分析。对设备的可靠性进行分析，了解设备的故障率、维修时间、维修成本等指标。如果设备的可靠性较低，导致经常需要维修和更换部件，那么需要考虑更换新设备。

5.评估技术的更新换代。了解市场上的新技术和新设备，对比旧设备和新设备的性能、生产效率、成本等指标，若新设备的性能明显优于旧设备，且经济效益较高，那么需要考虑更换新设备。

（三）改进计划工作推进人员职责

1.厂长、生产经理、采购经理等领导层负责设备改进计划的制订和实施，包括确定改进目标、制定预算、审批改进方案、监督改进进展等。

2.工厂应设立设备改进项目经理，负责设备改进项目的具体实施和管理，包括确定改进项目的工作范围、计划和时间表，组织和协调相关人员和资源，监督和管理改进项目的进展和质量，报告和反馈改进项目的进展和问题。

3.设备改进团队成员负责具体的设备改进任务和工作，包括参与改进方案的制定和实施，配合设备改进项目经理执行项目管理，解决实施过程中遇到的问题和难点。

4.设备操作人员负责设备的操作和维护，需要学习和掌握改进后的设备操作方法和技术，遵守相关的操作规程和安全要求，确保设备正常运行和维护。

5.培训师和技术支持人员负责向操作人员和其他员工提供设备操作和维护的培训和技术支持，确保员工能够熟练掌握新设备的操作和维护方法，提高设备的利用率和效率。

6.质量控制和安全管理人员负责设备改进过程中的质量控制和安全管理，包括确保改进项目符合质量和安全标准，发现和解决改进过程中可能存在的安全隐患和质量问题。

三、改进原则

1.以满足生产需求为导向。设备改进应该以满足生产需求为中心，考虑如何改进设备以提高产品质量和生产效率、降低生产成本、安全水平和环保水平等。

2.综合考虑成本效益。设备改进需要综合考虑成本和效益，确保改进方案的投资回报率高、实现成本低，避免无效或不必要的投资。以下是具体的成本效益要求。

（1）制定具体的成本效益分析指标，包括投资回报率、成本效益比、净现值等，对这些指标进行比较分析。

（2）对比不同的设备供应商和设备型号，从价格、性能、质量等多个方面进行评估，以确保获得最具性价比的设备。

（3）考虑到设备的全生命周期成本，包括购买成本、维护成本、使用成本和报废成本等，以综合的角度进行评估。

（4）分析设备改进后的效益，包括提高生产效率、提高产品质量、降低能源消耗等，以确保改进方案的效益可以弥补投入的成本。

3.优先考虑安全和环保。设备改进需要考虑设备的安全性和环保性，确保改进后的设备符合安全和环保标准。

4.以数据为依据。设备改进需要以数据为依据，通过分析和评估设备的数据来确定改进方向和措施，避免凭经验和主观判断进行改进。

5.强调团队协作。设备改进需要强调团队协作，各个岗位的员工应该共同协作，协调工作，避免岗位之间的矛盾和冲突，确保设备改进计划的顺利实施。

6.持续改进。设备改进需要持续进行，不断地寻求改进和优化的机会和方法，保持工厂的竞争力和创新能力。

四、改进步骤

1.收集和分析数据。收集和分析设备的数据，包括设备故障率、停机时间、维护成本、生产效率等，确定需要改进的方向和重点。

2.制定改进方案。根据数据分析结果，制定改进方案，包括改进目标、改进内容、改进措施、实施计划和预期效果等。

3.评估改进方案。评估改进方案的可行性和效益，包括改进方案的成本、风险、投资回报率等方面，确定是否实施该方案，改进方案还应经设备管理部、财务部、生产部等部门负责人的审核，最终报厂长审批。

4.实施改进方案。按照制定的改进方案实施改进措施，监测改进效果并做出相应调整。

5.培训员工。对员工进行操作培训，使员工熟练掌握改进后设备的使用方法和操作注意事项，提高员工的操作技能和工作效率。

6.监督和维护。对改进后的设备进行监督和维护，保证设备的正常运行，减少故障率和维修成本，保证改进效果的持续性。

7.持续改进。对改进方案和实施过程进行总结和反思，探索更加有效的改进方法，实现设备改进的持续性，提升工厂竞争力。

五、设备供应商档案建设

1.通过供应链管理平台，收集和分析供应商的信息，包括供应商的历史业绩、信誉、财务状况、生产能力、质量管理等方面的信息。

2.根据工厂的需求和要求，制定评估标准，包括供应商的产品质量、交货时间、价格、服务水平等方面的要求。

3.根据评估标准，对供应商进行评估，并将评估结果纳入供应商档案。

4.根据评估结果，筛选出符合工厂要求的优质供应商，并与其建立长期稳定的合作关系。

5.建立供应商档案后，加强与供应商的沟通和合作，并及时更新供应商的信息。

6.通过对供应商的供应质量与能力进行监控和评估，及时发现和解决问题，持续提高供应商的服务水平和质量水平。

六、供应商价格准入机制建设

1.定义价格准入标准。制定明确的价格准入标准，包括产品质量、技术水平、交货期、售后服务等方面，以确保工厂获得的产品和服务符合工厂的要求和期望。

2.收集市场信息。收集市场价格和竞争情况，了解行业价格水平和市场变化，以此来确定合理的价格区间和范围。

3.建立价格评估机制。建立价格评估机制，通过对供应商提供的价格进行评估，确定价格是否合理。同时，通过与其他供应商的价格进行比较，以确保供应商的价格在合理范围内。

4.采用竞争性采购。采用竞争性采购的方式，通过公开招标、询价、议价等方式来获取多个供应商的报价，以获得更具竞争力的价格。

5.建立供应商评估机制。通过对供应商的评估，以及对供应商的价格、质量、交货期等综合因素进行评估，建立供应商评估机制，以确保供应商的产品和服务符合工厂的要求和期望。

6.监控价格变化。定期监控市场价格变化和供应商的价格变化，及时调整价格准入标准，以确保供应商的价格始终在合理范围内。

6.1.2 设备更新与智能化管理规定

制定设备更新与智能化管理规定可以明确设备更新与智能化管理工作中各部门的管理职责；界定工厂是否应该对设备进行更新和引进智能化设备；给出设备更新与智能化管理工作的工作要求；指导设备更新与智能化成本效益评估工作的开展。

设备更新与智能化管理规定
第1章 总则

第1条 为推动设备更新与智能化管理工作，提升工厂竞争力水平，提高产品质量和工作效率，特制定本规定。

第2条 本规定适用于指导工厂设备更新与智能化管理工作，除另有说明外，均需参照本规定办理。

第2章　部门管理职责

第3条　技术部门负责智能化设备的选型、采购、安装、调试、维护和更新工作，以确保设备的正常运行和持续优化。

第4条　厂长办公室和设备管理部负责制定智能化设备的使用流程、生产计划和维护计划，协调各部门间的沟通，确保设备的合理利用和生产效率的最大化。

第5条　生产部门负责与技术部门和运营管理部门紧密协作，确保智能化设备与生产线的配合和优化，提高生产效率和产品质量。

第6条　人力资源部门负责组织培训操作人员，使其掌握智能化设备的使用和维护技能，提高其专业素质和工作效率。

第7条　质量控制部门负责监督智能化设备的使用情况，发现和处理设备故障和质量问题，提出改进意见和优化建议。

第3章　设备更新与智能化判定

第8条　若现有设备的性能和功能已无法满足业务需求，或业务需求已经发生了变化，需要提高生产效率或降低成本，则应更新或引进智能化设备。

第9条　若现有设备的维护和修理费用较大且现有设备需要经常维修或维护，则从经济角度和可持续发展角度考虑更新或引进智能化设备。

第10条　若新一代设备具有更高的性能、更多的功能或更低的能耗，则应该更新或引进智能化设备。

第11条　若新一代设备的回报高于成本，则应该更新或引进智能化设备。

第4章　设备更新与智能化成本效益评估

第12条　评估投资成本。设备更新与智能化的投资成本包括硬件、软件、设备和系统的购买和安装费用等。工厂应考虑现有设备的更新或替换成本、智能化设备的购置成本、部署和实施的成本、培训和维护的成本等。

第13条　评估运营成本。设备更新与智能化的运营成本包括维护、能源消耗、人力和培训成本等。工厂应考虑更新或引进智能化设备的保养和维护成本、能源消耗成本、系统和设备的培训和管理成本等。

第14条　评估收益。设备更新与智能化的收益包括提高效率、降低成本、提高质量和改善生产环境等方面。工厂应评估更新或引进智能化设备带来的直接和间接收益，如提高生产效率、降低人工成本、节省能源成本、改善产品质量、提升工厂形象等。

第15条　风险评估。设备更新与智能化实施过程中也存在一些风险，如技术风险、数据安全风险、设备运行稳定性风险等。工厂应评估这些风险对成本和收益的影响，以便制定相应的风险管理措施。

第5章　设备更新与智能化要求

第16条　设备更新与智能化推动工作应符合以下要求。

1.符合整体规划。在设备更新和智能化管理的过程中，要考虑到整个工厂的布局、生产流程等因素，确保设备更新和智能化管理的顺畅。

2.具备先进性。在设备更新和智能化管理中，要尽可能选用先进的技术和设备，确保工厂的生产效率和质量得到提高。

3.具备可行性。设备更新和智能化管理应当在可行的前提下进行，避免出现技术难题或经济问题导致设备更新和智能化管理的失败。

4.安全可靠。在设备更新和智能化管理的过程中，要确保新设备和新技术的安全可靠，避免出现事故和损失。

5.环保节能。在设备更新和智能化管理的过程中，要注重节能减排和环保，选择环保型设备和技术，促进工厂的可持续发展。

6.人性化。在设备更新和智能化管理的过程中，要注重人性化设计，应考虑设备操作和管理的方便、快捷，提高工作效率和员工满意度。

7.注重经济效益。在设备更新和智能化管理的过程中，要注重经济效益，确保设备更新和智能化管理的成本得到有效控制，以提高工厂的经济效益。

第17条　设备更新与智能化的推动工作中应同时引入以下系统，以对设备更新与智能化形成支撑。

1.CMMS系统。CMMS系统（计算机化维护管理系统）可以帮助工厂管理设备的维修保养和运行状态，提高设备的可靠性和生产效率。

2.MES系统。MES系统（制造执行系统）可以帮助工厂监控生产过程和设备状态，实现生产调度、生产计划管理和质量控制等功能。

3.SCADA系统。SCADA系统（监控与数据采集系统）可以实现对设备的远程监控和数据采集，帮助工厂实现设备的自动化控制和故障诊断。

4.ERP系统。ERP系统（工厂资源计划系统）可以帮助工厂实现各种业务流程的自动化管理，包括采购、库存、销售等方面的管理，提高工厂的管理效率和生产效益。

5.IoT平台。IoT平台（物联网平台）可以实现设备的互联互通和数据共享，帮助工厂实现智能化生产及对生产设备的智能管理。

第18条　工厂应至少引进并学习使用以下智能化设备。

1.机器人。机器人可代替人工完成烦琐的生产工作，提高生产效率和产品质量，并减少人工操作中的错误率和安全风险。

2.自动化装备。自动化装备包括各种自动化生产线、自动化装配线、自动化检测设备等，可以实现生产流程的自动化控制和高效运行，从而提高生产效率和产品质量。

3.物联网设备。物联网设备包括各种传感器、智能终端和云计算平台等，可以实现设备的互联互通和数据共享，帮助工厂实现智能化生产和对生产设备的智能管理。

4.AR/VR设备。AR/VR设备可以提供虚拟的生产环境和培训场景，帮助操作人员进行仿真操作和培训，减少实际操作中的错误率和安全风险。

5.智能传感器。智能传感器可以实现对生产环境的实时监测和控制，例如，温度、湿度、压力、光照等参数，从而实现生产环境的智能化管理。

6.3D打印设备。3D打印设备可以实现快速制造复杂形状的零部件和产品，从而提高生产效率和生产灵活性，同时也减少了制造成本。

7.AGV/AGC自动导航车。AGV/AGC自动导航车可以实现自动化的物流和运输，包括原材料、半成品和成品的运输和储存等环节，从而提高物流效率和产品质量。

第6章　附则

第19条　本规定由设备管理部负责编制、解释与修订。

第20条　本规定自××××年××月××日起生效。

6.2　设备运行保证与保障

6.2.1　设备维护计划

设备维护计划可以明确设备维护计划的工作内容和工作要求，推进设备维护工作的信息化建设，专门地指出对自动化、智能化等设备的维护措施，规范设备润滑与防腐工作的工作标准和工作内容。

设备维护计划

一、计划的目的

1.提高设备的可靠性和稳定性。设备维护计划可以确保设备在规定的时间内得到必要的维护和保养，从而减少设备故障和停机时间，提高设备的可靠性和稳定性。

2.延长设备的使用寿命。通过对设备的定期维护和保养，可以减少设备的磨损和损坏，从而延长设备的使用寿命，降低设备更换的频率和成本。

3.提高设备使用效率和生产率。制订设备维护计划可以确保设备在良好状态下运行，从而提高设备的使用效率和生产率，降低生产成本，增加利润。

4.保证生产安全。制订完备的设备维护计划可以确保设备在安全状态下运行，避免因设备故障而导致的生产事故，保障生产安全。

二、计划的内容

1.列出设备清单。列出工厂所有的设备清单，并备注设备名称、规格型号、安装位置和使用状况等信息。

2.确定维护周期。根据设备的使用频率、生产负荷、环境因素等，确定设备的维护周期，包括季度性维护和年度性维护等。各类设备保养周期如下。

（1）自动化设备。自动化设备通常采用电子控制系统、传感器、机械部件等多种技术，以实现高度自动化的生产过程。由于自动化设备使用的部件和技术比较复杂，所以通常需要定期进行细致的维护和保养。一般来说，自动化设备的维护周期较短，通常是每个月或每季度进行一次维护。

（2）半自动化设备。半自动化设备通常需要人工干预，以完成生产过程的某些环节。由于半自动化设备使用的部件相对简单，所以通常需要较少的维护和保养。一般来说，半自动化设备的维护周期较长，通常是每半年或每年进行一次维护。

（3）智能化设备。智能化设备通常采用先进的传感器技术、人工智能、大数据分析等技术，以实现高效的生产过程。由于智能化设备具有较高的智能化和自主化水平，所以通常需要更少的维护和保养。一般来说，智能化设备的维护周期较长，通常是每年或每两年进行一次维护。

3.确定维护内容。根据设备的特点和维护周期，确定相应的维护内容，包括清洁、润滑、紧固、更换等具体的维护内容。

4.安排维护人员。确定专职维护人员或维修队伍，并对其进行培训，增强其维护技能和安全意识。

5.管理维护记录。建立设备维护记录，并及时记录维护时间、维护内容、维护人员和维护结果等信息。

6.预防性维护。在定期维护的基础上，加强对设备的预防性维护，如对易损件进行更换、检查设备的运行状态等，以避免设备出现故障和停机等问题。

7.故障处理。在设备出现故障时，须及时进行维修处理，以减少设备停机时间和损失。

8.定期检查。对设备进行定期检查，包括设备的安全状态、使用情况和设备的损耗情况等，及时发现设备的问题并加以解决。

三、设备维护信息化管理

1.在工厂信息化管理系统中建立设备清单，并记录设备的规格型号、安装位置、使用状况等信息，以便维护人员进行查询和管理。

2.信息化系统可以根据设备的特点和维护周期，在系统中自动生成维护任务，并将任务分配给相应的维护人员，确保设备维护能够按时完成。

3.在信息化系统中记录设备维护的具体内容，包括清洁、润滑、紧固、更换等维护内容，并对维护内容进行分类和管理，以便维护人员进行操作。

4.在信息化系统中记录设备的维护记录，包括维护时间、维护内容、维护人员和维护结果等信息，以便对设备的维护进行跟踪和评估。

5.在信息化系统中记录设备的故障信息，并及时通知维护人员进行处理，同时记录故障的处理过程和结果，以便后续的分析和预防。

6.根据设备的实际情况，对维护计划进行优化和调整，以提高设备的维护效率和维护质量。

7.在信息化系统中记录设备维护的成本，包括人力、物料、工具等费用，并进行统计和分析，以便工厂进行成本控制和管理。

四、自动化、智能化设备保养要求

1.自动化、智能化的设备通常采用先进的控制系统和软件，需要维修保养人员具备一定的电子、计算机等方面的专业知识和技能，以便能够快速准确地诊断和处理故障。

2.自动化、智能化的设备通常具有很高的智能化水平和自我诊断能力，但也需要定期进行维护和升级，以确保其性能和功能的稳定和完善。

3.自动化、智能化的设备通常具有大量的传感器和控制器，可以采集大量的运行数据和参数，因此需要对数据进行监测和分析，以便预测故障和提高设备的使用效率和生产效益。

4.自动化、智能化的设备通常具有复杂的人机交互界面，需要进行人机界面操作，以便有效地控制和监测设备的运行状态和参数，因此，需要定期维护和保养。

5.自动化、智能化的设备通常采用先进的材料和工艺，因此，需要采用先进的维修保养技术和工具，以便有效地进行维修和保养工作。

五、设备润滑

1.设备润滑的频次应根据设备制造商的推荐频次或经验值来确定。通常来说，设备在开始运行前需要进行初次润滑，之后需要按照一定的润滑周期进行润滑，周期可以根据设备的使用情况、工作环境和制造商的推荐来确定。

2.对于高速旋转设备，如发动机、涡轮机、压缩机等，应采用滴油式或喷油式润滑方式，并按照设备制造商的推荐频次或经验值，以小时为单位确定润滑频次和标准。

3.对于重载设备，如挖掘机、铣床、冲床等，应采用润滑脂或润滑油进行润滑。润滑脂或润滑油的种类和质量应根据设备的使用情况、工作环境和制造商的推荐来确定，润滑频次和标准一般以工作时间为单位确定。

4.对于低速和周期性运动的设备，如传送带、输送机、电梯等，应采用润滑脂或润滑油进行润滑。润滑脂或润滑油的种类和品质应根据设备的使用情况、工作环境和制造商的推荐来确定，润滑频次和标准一般以工作时间或运行距离为单位确定。

六、设备防腐

1.定期对设备进行清洗，去除表面附着物，保持设备表面的干净整洁，以便及时发现并处理腐蚀问题。

2.选用适当的防腐涂料，根据不同设备的特点和使用环境选择不同种类的防腐涂料，定期对设备进行刷涂或涂覆，增加设备的防腐性能。

3.定期对设备周围环境进行监测，尤其是腐蚀性介质的浓度和温度，及时调整和控制环境因素，降低设备的腐蚀速度。

4.发现设备表面存在划痕、损伤或腐蚀等问题时，应及时进行修复，避免腐蚀加剧。

5.尽量避免设备表面与电解质接触，减少电解质侵蚀的风险。

6.对设备的防腐保养情况进行记录，包括清洗、涂料种类和时间、维修记录等，以便后续跟踪和分析。

6.2.2　设备维护保养制度

通过制定设备维护保养制度，可以梳理设备维护保养工作中的权、责、利关系，规范设备维护保养计划的工作内容和工作要求，给出详细地设备维护保养管理工作的工作步骤，提升设备维护保养工作的工作质量，解决设备维护保养工作考核与评价不到位的问题。

设备修护保养制度

第1章　总则

第1条　为规范、约束和指导设备的维护保养工作，明确设备维护保养的管理职责、计划制订、工作步骤、考核评价等，减少设备故障，延长设备生命周期，降低维护成本，提升工厂生产效益，特制定本制度。

第2条　本制度适用于设备维护保养工作的管理。

第2章　管理职责

第3条　设备维护保养主管负责制订设备维护保养计划、确定设备维护保养标准、协调维护保养人员的工作安排、监督维护设备保养质量等。

第4条　设备维护保养工程师负责制定设备维护保养技术标准、协调设备维护保养工作、指导设备操作人员进行日常维护等。

第5条　设备维护保养操作人员负责设备的日常使用和维护，如检查设备的运行情况、清洁设备表面、加注润滑油、更换易损件等。

第6条　维护保养工人负责设备的定期保养和维护，如清洁设备内部、更换老化的零部件、调整设备运行状态等。

第7条　质量管理人员负责设备维护保养工作的质量监督和管理，如检查设备维护保养工作的质量和效果，制定改进措施等。

第8条　生产管理人员负责协调生产计划和设备维护保养计划，确保设备维护保养工作不影响生产进度，保证生产任务的完成。

第9条　维护保养工程师是维护保养计划的审核者，负责审核维护保养计划的技术性、可行性和合理性，并提出改进建议。

第10条　设备管理人员是维护保养计划的审批者，负责审批维护保养计划的合规性和经济性，并确保维护保养计划与生产计划相适应。

第11条　对于季度、年度的预算开支大的维护保养计划，厂长是维护保养计划的最终批准者，负责审批维护保养计划的总体可行性、战略性和预算性，并对维护保养计划进行最终批准。

第3章　设备维护保养计划管理

第12条　设备管理部数据录入员应在设备维护保养工作开始前，将经审核、审批通过的设备维护计划的内容录入至工厂信息化管理平台中。

第13条　设备维护保养计划的内容应包括以下。

1.制定适当的维护保养策略，包括计划性维护保养和非计划性维护保养。

2.对不同的设备进行分类，根据设备类型、使用年限、重要性等进行分类。

3.明确维护保养的区域、周期（开始时间和完成时间）、内容、方法、人员、费用等。

4.制定设备故障排除流程和标准，明确故障排除的步骤、责任人、时间等，以确保设备故障能够及时解决。

5.制定维护保养人员的资质要求、培训计划和考核标准，以确保维护保养人员能够胜任工作。

6.明确维护保养工作的安全规定，确保维护保养人员和设备安全。

7.明确维护保养的验收程序、标准、验收人员、监督人员等。

第14条　设备维护保养工作要求如下。

1.参与设备维护保养的人员，应包括设备操作人员、维护保养人员和管理人员等，并明确各自的职责和任务。

2.开展具体设备维护保养工作时，维护保养人员应从系统中找到需要进行维护保养的设备清单，包括设备名称、设备编号、设备型号、设备位置、保养周期、保养标准等信息。

3.根据实际情况，测算维护保养工作所需具体时间，通过工厂信息化管理系统反馈至其他部门，以便安排生产计划。

4.详细地记录每一次维护保养内容，包括维护保养的日期、维护保养内容、维护保养方法、维护保养人员、维护保养费用等，以便追踪和评估维护保养效果。

第15条 在对设备维护保养工作进行管理时，应遵循以下要求或原则。

1.安全第一。设备维护保养工作应优先考虑人身安全，在确保断电、冷却的前提下进行维护保养，确保维护保养作业不对人员和设备造成伤害。

2.预防为主。设备维护保养工作应以预防为主，定期保养和不定期保养相结合，采取预防性维护保养措施，减少设备故障和停机时间。

3.规范作业。设备维护保养工作应遵循标准作业程序，规范作业流程，有第一责任人、监督人，确保维护保养作业的质量和效率。

4.及时反馈。设备维护保养工作应及时在信息化管理系统中反馈设备故障信息和维护保养记录，以便后续的改进和管理。

5.持续改进。设备维护保养工作应持续改进，通过不断优化维护保养计划、技术标准和作业流程，提高设备维护保养的效率和质量。

第4章 设备维护保养管理步骤

第16条 设备管理部和生产部根据设备的运行情况、维护保养的需求及生产计划等因素，制订合理的维护保养计划，初步审核后报设备管理部经理和生产部经理审批。

第17条 对于不需要设备厂家入驻进行维护保养工作的设备，设备管理部根据维护保养计划，合理安排维护保养人员的工作任务和时间，并对维护保养人员进行培训，确保其能完成维护保养工作。

第18条 设备维护保养人员根据维护保养计划和维护保养任务，准备好所需的维护保养工具和备件，并检查工具和备件是否完好、齐全，确保维护保养任务的顺利进行。

第19条 维护保养人员按照维护保养计划和标准作业程序，进行维护保养工作，确保维护保养的质量和效率。

第20条　维护保养人员对维护保养工作进行记录和反馈，包括设备的故障信息、维护保养记录和维护保养效果等。

第21条　设备管理部经理组织对维护保养成本进行分析和优化，寻求降低维护保养成本的途径，提高维护保养的经济效益。

第22条　设备管理部继续优化设备维护保养管理体系，包括维护保养标准、流程、考核、奖惩等方面，提高维护保养管理的科学性和规范性。

第5章　设备维护保养工作的考核与评价

第23条　对于设备维护保养工作的考核与评价，应由厂长办公室负责组建设备维护保养工作考评小组（以下简称考评小组），对设备维护保养工作进行考评，考评小组成员应遵循不相容岗位分离控制的原则进行组建，考评小组的成员应至少包括设备管理部技术人员__名、生产部一线生产人员__名。

第24条　考评小组根据维护保养工作的实际情况，结合工厂的经营目标和要求，确定评价指标。评价指标可以包括设备的故障率、维护保养的效率、备件库存水平、维护保养成本等方面。

第25条　考评小组根据评价指标，制定相应的评价标准。评价标准应具有可比性和可操作性，可以采用定量和定性相结合的方式。

第26条　考评小组通过查看设备维护保养记录、维护保养成本记录等方式，收集评价数据。评价数据应具有真实、准确、全面和可靠的特点。

第27条　考评小组应对维护保养工作进行定期评价，发现问题及时纠正，确保维护保养工作的持续改进。

第28条　对于维护保养工作的失职人员，考评小组需要进行事实调查，确认其责任，确保追究的责任的准确性。

第29条　考评小组根据工厂的规章制度和管理制度，对失职人员进行惩罚。对于轻微违规行为，需要进行相应的培训和管理，加强对失职人员的监督和指导，增强其业务素质和责任意识。对于严重违规行为，应当追究其给工厂造成的损失，并采取处分、降职或开除等惩罚措施，情节严重的还应移交司法机关处理。

第30条　在对失职人员进行处罚时，需要考虑其实际情况，比如，是否有疏忽、误判等不可抗力因素。对于情节较轻的，可以采取口头警告等方式进行处理。

第6章 附则

第31条 本制度由设备管理部负责编制、解释与修订。

第32条 本制度自××××年××月××日起生效。

6.2.3 机械设备故障处理预案

机械设备故障处理预案可以明确机械设备常见的故障并指出与之相对应的预防措施，对机械设备故障预防的工作要求或工作原则进行规范，提升故障诊断和处理故障的效率，给出详细的设备故障预防措施。

机械设备故障处理预案

一、目的

1.确保在机械设备出现故障时，能够及时、有效地进行故障排除和维修，以减少设备停机时间、降低维修成本和提高生产效率。

2.通过预先制定的故障处理预案，可以使设备的维修流程和维修质量规范化、标准化，提高故障排除和维修的效率和准确性，保障设备的正常运行，保障生产的稳定性和持续性。

3.为机械设备维护工作提供有条理、有依据的指导，加强设备维护的管理和监控，提高维护工作的质量和效率。

二、机械设备常见故障

机械设备可能发生多种不同类型的故障，一般来说，常见的机械设备故障可以归纳为以下几类。

1.电气故障。电气故障是指与机械设备的电气系统相关的故障，如电源故障、电线短路、电机过热、电机绕组短路等。

2.机械故障。机械故障是指与机械设备的机械部件相关的故障，如轴承损坏、齿轮磨损、轴弯曲、零件松动、机械结构变形等。

3.液压故障。液压故障是指与机械设备的液压系统相关的故障，如油泵失效、液压管路漏油、液压缸失效等。

4.气动故障。气动故障是指与机械设备的气动系统相关的故障，如气压不足、气动元件损坏、气路堵塞等。

5.控制系统故障。控制系统故障是指与机械设备的自动控制系统相关的故障，如传感器故障、控制器故障、程序错误等。

三、应急预防措施

针对上述机械设备可能出现的故障，可以采取以下应急预防措施。

1.定期检查和维护机械设备的各部件，保证其正常运行；定期更换易损件和检查液压系统与电气系统的连接状态，防止漏油和电线松动。

2.建立机械设备使用记录，监控机械设备运行情况，以便及时发现异常状况，并采取措施进行处理。

3.建立故障处理预案，对各类故障进行分类，采取相应的处理措施。在预案中，应明确负责人、联系方式、应急措施等，以便在出现故障时能够快速响应。

4.配备必要的维修设备和备件，以便在出现故障时能够及时维修或更换损坏的部件，减少设备停机时间。

5.对机械设备操作人员进行培训，让其了解机械设备的基本原理和操作规程，并提高其对设备故障的识别和处理能力。

6.严格执行设备维护计划，定期对机械设备进行检查和维护，保证其长期稳定运行。

四、故障处理原则

1.安全第一。在处理机械设备故障时，首要考虑的是安全问题，确保维修工作在断电和冷却的情况下进行，确保在进行维修和保养时不会对工作人员造成任何危险和伤害。

2.快速响应。及时发现故障，快速采取解决措施，在最短的时间内恢复机械设备的正常运行。

3.控制成本。在保证维修质量的前提下，预先进行成本测算，尽可能降低维修成本，对设备进行预防性维护，减少故障的发生，提高设备的可靠性。

4.保证生产计划不受延误。在维修和保养机械设备时，需要考虑对生产计划的影响，尽可能缩短停机时间，减少生产影响。

5.注重现场管理。对机械设备进行维修时应按规范摆放工具和备件，应尽可能地减少对生产现场的占用和污染，避免生产物料被污染或损毁。

6.维修记录。对于每次维修和保养，需要做好详细的记录，并将其导入信息化管理系统中，以便日后的维护和故障排查。

7.培训维修人员。对机械设备维修人员进行定期培训和考核，保持其维修技能的水平，提高维修效率。

五、故障诊断流程

1.确认故障现象。当发现机械设备出现异常时，首先需要确定具体的故障现象，例如，设备噪声过大、出现振动等。

2.检查设备部件。根据故障现象，对设备的关键部件进行检查，例如，检查传动系统、检查电气控制系统等。

3.分析原因。根据检查结果，分析出可能的故障原因，并确定进一步的维修方案。

六、人员安排

1.指定专业维修人员进行设备维修，确保维修工作按照操作规程进行。

2.必要情况下，需指派工程师进行设备分析和评估，协助维修人员确定故障原因，并制定最佳的维修方案。

3.对于设备的日常操作人员，需要对设备使用规程进行培训，使其掌握基本的维护知识和应对常见故障的能力。

七、紧急联系方式

1.在设备故障处理中，需要及时联系设备制造商获取技术支持和维修指导。

2.若设备制造商无法提供技术支撑和维修指导时，应该及时联系维修服务商进行维修服务。

3.对于紧急情况，应该掌握维修服务商或相关机构的紧急维修热线，以便及时获得支持。

八、维修工具和备件

1.工厂应备有常用的维修工具，如扳手、螺钉旋具、锤子、钳子、电钻、管工工具及计量器具等。

2.对于易受磨损的设备，应根据设备的型号和规格，备有必要的备件库存，以便在需要时能够快速更换。

九、故障处理记录

1.记录故障现象。在发现设备故障时，应该立即进行记录，包括时间、故障现象和处理人员。

2.记录维修过程。应该详细记录维修过程和维修方法，包括更换的备件的型号和数量等。

3.记录维修结果。在维修完成后，应该对设备进行测试和检验，并记录维修结果，包括故障原因、维修方法和维修效果等。

十、定期维护

1.维护周期。根据设备的使用情况和维护要求，制订合理的定期维护计划，包括清洁、润滑、检查等维护项目。

2.维护记录。对于定期维护的内容和结果，应该进行记录，以便下次维护时参考。

十一、安全注意事项

1.停机操作。在对设备进行维修前，应该切断电源并进行必要的锁定和标识，防止意外启动设备造成伤害。

2.佩戴安全装备。在维修过程中，应该佩戴好安全帽、手套、护目镜等安全装备，确保人员的安全。

6.3 智能化设备操作管理

6.3.1 智能化设备操作培训制度

制定智能化设备操作培训制度，可以明确智能化设备操作培训管理工作中各相关人员的管理职责和工作内容，规范智能化设备操作培训工作中的工作要求，细化考试内容、形式及题库建设的要求，解决培训考核监督控制不到位的问题，有利于提升培训质量。

智能化设备操作培训制度
第1章 总则

第1条 为确保智能化设备的安全操作，提高员工的操作技能水平，提高生产效率，降低生产成本，特制定本制度。

第2条　本制度适用于智能化设备操作培训工作的开展与管理。

第2章　管理职责

第3条　人力资源部和设备管理部负责与生产厂家沟通，协调智能化设备操作培训外协事宜，对于需要进行自主培训的情形，设备管理部负责培训讲师与考核人员的确定，人力资源部负责组织培训工作。

第4条　培训主管负责制订设备操作培训计划和课程，确保员工能够正确操作设备并了解设备的工作原理。

第5条　培训讲师负责设计和实施设备操作培训课程，课程应包含理论与实操两部分，并设置考试题库。

第6条　人力资源部负责人与设备管理部负责人负责在考试题库中抽取题目，做好保密工作并负有保密责任，做好监督和指导培训工作的实施，确保培训计划和课程的有效性和实施效果。

第7条　质量管理部门负责辅助人力资源部和设备管理部对产品质量进行检测，对培训效果进行评估和监督，确保员工能够正确操作设备并符合质量标准。

第8条　安全管理部门负责对培训过程中的安全问题进行监督和指导，确保员工在操作智能化设备时遵守安全规程。

第3章　培训要求

第9条　根据员工实际情况制订培训计划。培训主管应根据员工的工作职责、年龄、学历、熟练程度等实际情况，制订有针对性的培训计划，包括培训内容和培训时间等。

第10条　重视理论知识和实际操作相结合。培训应注重理论知识的讲解，同时结合实际操作进行演示和实践，帮助员工理解和掌握智能化设备的操作流程和技巧。

第11条　强调操作规程和安全标准。培训讲师应重点介绍设备的操作规程和安全标准，强化员工的安全意识和操作规范，确保设备的安全和稳定运行。

第12条　多种培训方式相结合。培训工作可以采用多种形式的培训方式，如现场演示、视频教学、在线学习等，以适应员工的不同学习需求和习惯。

第13条　追求培训效果和培训效率的平衡。培训主管和培训讲师应在追求培训效果的前提下，尽可能提高培训效率，避免过长的培训时间和冗杂的培训内容。

第14条　鼓励员工反馈和交流。鼓励员工在培训中提出问题和疑问，并与其他员工交流和分享操作经验，促进知识的共享和传递。

第4章　培训考核要求

第15条　智能化设备操作培训考试内容的设置应该根据培训的目标和内容来确定，确保考试能够全面、准确地检验员工对培训内容的掌握程度和技能水平。

第16条　考试应该囊括培训内容中的核心知识点和技能要点，以确保员工能够全面掌握培训内容。

第17条　考试分为理论部分和实操部分，理论部分占据总分值的__%，实操部分占据总分值的__%。考试形式应该符合培训内容的特点和目标，并尽可能地反映员工实际的操作能力和技能水平。

第18条　考试的形式可以有多种选择，如选择题、填空题、操作题等，以下是各种题型的评分要求。

1.选择题：每道题目设定一个分值，正确回答加分，错误不得分。

2.填空题：每个空格设定一个分值，正确回答加分，错误或遗漏不得分。

3.操作题：按照操作流程和正确要求，分阶段设定分值，操作步骤正确加分，错误或不规范操作不得分。

4.综合题：根据不同考查内容，综合设置分值，如对一项操作流程进行综合考查时，包括理论知识和实际操作技能的考查，按照操作规范和操作效率等方面设置不同的分值。

第19条　考试难度应该与培训内容的难度相匹配，并根据知识点和技能要点的重要程度来合理分配分值。同时，为了更好地评估员工的综合能力和技能水平，可以设置不同难度等级的考题。

第20条　考试范围应该包括培训内容的全部或部分内容，以确保全面掌握员工培训内容。同时，可以根据不同员工的职责和岗位要求，设置不同的考试内容和考试难度。

第21条　合理安排考试时间，充分考虑员工的工作和学习时间。

第22条　对于考试分数优秀（高于且等于80分）的员工，可以给予适当的奖励，例如，奖金、荣誉证书等，以激励其优秀表现。同时，要及时总结其成功经验，推广宣传优秀典型。

第23条　对于考试分数不合格（低于60分）的员工，应该采取相应的惩罚措施，例如，进行再次培训、降薪、调整工作岗位等，以促进其进一步改进。同时，要找出其不足之处，制订个性化的培训计划和改进措施，帮助其提高知识和技能水平。

第5章　培训考核监督控制

第24条　厂长办公室应制定相应的监督控制制度和流程，明确培训考核工作的监督人的责任和权限，并定期开展监督和检查工作，对培训工作进行监督控制。

第25条　厂长应当对重大培训计划进行审核和审批，确保培训计划的合理性和实际可行性，防止出现形式主义的情况。

第26条　厂长应当对培训资料进行审核和审批，确保培训资料的准确性、科学性和规范性。

第27条　工厂可聘请外部专业机构对培训师进行评估和管理，确保培训师具备专业的技能和优秀的教学能力，避免培训质量低下的情况。

第28条　厂长办公室应当对培训记录进行保存，确保培训记录真实可靠，用于后续追责。

第29条　工厂审计部应当对考试和评估进行监督，确保考试和评估的公正性和客观性，避免舞弊的情况。

第6章　附则

第30条　本制度由设备管理部负责编制、解释与修订。

第31条　本制度自××××年××月××日起生效。

6.3.2　精密设备操作管理规定

对精密设备操作的管理进行明确规定，可以明确对精密设备的具体操作要求和管理要求，给出精密设备操作中常见问题的应对措施，加强对精密设备操作管理工作中的过程控制，规范精密设备操作的考核标准和指标。

精密设备操作管理规定
第1章　总则

第1条　为规范精密设备操作的规程，降低精密设备的故障率和损毁率，明确精密设备的管理考核工作内容，提升工厂生产质量与效益，特制定本规定。

第2条　本规定适用于对精密设备操作工作的管理，除另有说明外，均需参照本规定办理。

第2章　精密设备操作要求

第3条　精密设备操作的首要要求是保障操作人员的安全，操作人员必须按照标准操作规程进行，不得随意改动或跨越禁区，严禁使用不合格的设备或工具。精密设备的操作应在稳定和干净的操作环境下进行，避免影响设备的正常运行和精准度。

第4条　操作规程必须明确、规范，操作人员必须严格按照规程操作，不得有任何差错或疏漏，确保精密设备的稳定性和可靠性。

第5条　操作人员必须接受专业培训，具备相应的专业技能和实践经验，熟练掌握设备的操作方法和维护保养知识，能够做到快速排除故障。

第6条　工厂必须对操作过程进行实时监控，对设备运行情况、温度、压力等参数进行监测，及时发现和解决问题。

第7条　对精密设备进行日常维护保养，定期进行检查和维修，确保设备处于最佳的工作状态，避免设备因为疏忽而出现问题。

第8条　相关部门必须对设备的数据进行管理，建立完整的数据档案，包括设备的使用记录、故障维修记录、维护保养记录等，为设备的优化管理提供参考依据。

第3章　精密设备常规问题应对

第9条　精密设备通常由多个复杂的部件组成，一旦出现故障，排除故障可能非常困难。需要根据设备的故障情况，进行逐一排查，并使用相应的工具和技术进行修复。

第10条　精密设备的操作通常需要对设备的运行速度、温度、湿度、气压等参数进行非常精确的控制。对于不同的设备和工艺要求，需要进行专门的参数设置和精度控制，保证设备和产品的质量和稳定性。

第11条　由于精密设备通常需要进行高速旋转、高压等操作，一旦出现意外情况可能对操作人员造成严重的伤害，因此需要严格遵守设备的安全规程，使用相关的安全措施和防护装置，确保操作人员的安全。

第12条　精密设备的维护和保养需要非常专业的技术和维修工具，对于不同的设备和部件，需要采用不同的维护和保养方法。例如，清洁设备时需要使用特定的清洁剂和工具，更换易损件时需要使用专业的维修设备等。

第13条　精密设备的操作通常需要高度的专业技能和经验，操作人员需要进行专门的培训和学习，熟练掌握设备的操作流程和技巧。对于新型设备和工艺要求，需要进行不断的学习和更新，以保持技能的先进性和适应性。

第4章　精密设备操作管理控制

第14条　精密设备的附近必须张贴有精密设备的详细操作规程，详细地介绍设备的结构原理、操作步骤、注意事项、故障处理等内容，由设备管理员审核并授权后方可使用。同时，应有专门的人员将精密设备的操作规程、养护要求、保养周期、注意事项等录入工厂信息化管理系统中。

第15条　操作人员应按照操作规程操作设备，不得超出规程范围，不得私自修改或删除规程。

第16条　操作人员应对设备进行正确的启动、运行、停止等操作，并注意设备的运行状态，如发现异常情况时应及时报告设备管理员或相关人员。

第17条　每台精密设备都应该明确操作第一责任人和养护第一责任人，第一责任人必须签订精密设备操作养护责任书。

第18条　若精密设备没有被定期保养，信息化管理系统应报警，由设备管理部经理查明原因，开展追责工作。

第19条　工厂应推进精密设备生产现场的可视化管理工作，借助高清探头和传感器，对精密设备进行数据监控，记录设备的运行状态和数据，例如，温度、湿度、压力等，以便后期分析和监督。

第5章　精密设备操作考核与责任追究

第20条　对精密设备的操作进行考核，需要制定合适的考核标准和指标，以确保考核的准确性和公正性。以下是考核标准和指标。

1.操作规程。操作规程是精密设备操作的基础，考核应该首先关注操作人员是否能够严格遵守操作规程，包括设备的开关机顺序、安全操作要点、设备维护保养等方面的规定。

2.操作技能。操作人员需要具备一定的操作技能，包括对设备的操作熟练程度、快速判断和处理设备故障的能力、设备维护保养技能等方面的考核。

3.安全意识。精密设备的操作具有一定的危险性，考核应该关注操作人员是否具备足够的安全意识，包括使用个人防护装备、设备安全管理等方面的考核。

4.故障排除能力。在使用精密设备的过程中，常常会出现各种故障，考核应该关注操作人员是否具备足够的故障排除能力，包括快速定位故障、有效解决故障等方面的考核。

5.质量意识。精密设备的操作关系到产品的质量，考核应该关注操作人员是否具备足够的质量意识，包括对产品质量的要求、对设备质量的把控等方面的考核。

6.数据处理能力。精密设备常常需要处理大量的数据，考核应该关注操作人员是否具备足够的数据处理能力，包括数据采集、处理、分析和报告等方面的考核。

第21条　对精密设备操作的考核应该采用多种措施进行，以保证考核的全面性和准确性。以下是考核措施。

1.查看操作记录。对于精密设备的操作应该进行详细的记录，包括操作人员姓名、操作时间、设备状态、操作步骤等信息。通过分析操作记录，可以判断操作人员是否按照规程操作，并且可以发现潜在的问题和风险。

2.考核测试。考核测试应该包括理论知识和实际操作能力的测试，可以通过编制考核试题和实际操作演练来进行。考核测试可以检验操作人员的操作熟练程度和对操作规程的理解，同时可以发现操作人员在操作过程中存在的问题和不足。

3.评价分析。对于精密设备的操作应该进行综合评价分析，包括设备的稳定性、质量指标、维护保养记录等方面的评价。通过评价分析，可以发现操作人员在设备操作、维护保养等方面存在的问题，并且可以提出改进建议和措施。

4.资格认证。为了确保操作人员的操作能力和技能，可以通过相关的资格认证考试来评定操作人员的能力和水平。通过资格认证，可以认定操作人员是否具备操作精密设备的资格和能力，并且可以鼓励操作人员进行学习和提高自身能力。

5.审查检查。对于精密设备的操作应该进行定期的审查检查，包括设备的安全状况、操作规程的执行情况、设备维护保养记录等方面的检查。通过审查检查，可以发现操作人员存在的问题和不足，并且可以采取相应的措施和改进措施。

第22条　如果精密设备发生损坏，需要对责任进行追究。以下是追责对象。

1.如果精密设备的损坏是由于操作人员的错误或疏忽导致的，如没有遵守设备的操作规程或安全要求，或者没有及时发现和报告设备故障，操作人员承担一定的责任。

2.如果精密设备的损坏是由于维护人员的错误或疏忽导致的，如没有按照设备维护规程进行维护或没有及时发现和处理设备故障，导致设备受损或无法正常工作，维护人员需要承担一定的责任。

3.如果精密设备的损坏是由于设备制造商的质量问题导致的，设备供应商需要承担一定的责任。由设备管理部和采购部开展追责工作。

4.如果精密设备的损坏是由于管理人员的错误或疏忽导致的，如没有建立健全的设备管理制度或没有对设备的操作、维护进行有效监督，导致设备受损或无法正常工作，管理人员需要承担一定的责任。

第6章 附则

第23条 本规定由生产部负责编制、解释与修订。

第24条 本规定自××××年××月××日起生效。

6.4 自制设备与工具管理

6.4.1 自制设备管理办法

自制设备管理办法可以明确自制设备工作中各相关人员的岗位职责，细化自制设备工作中各环节的工作要求，推动自制设备风险评估和成本收益分析工作的开展，解决自制设备质量不高和不符合实际需求的问题。

自制设备管理办法

第1章 总则

第1条 为指导自制设备的管理工作，确保工厂内部制造的自制设备能够安全、稳定地运行，并且满足质量标准和生产要求，提升生产效益，特制定本办法。

第2条 本办法适用于指导自制设备的管理工作。

第2章 岗位职责

第3条 工厂设计师或工程师负责制定自制设备的设计方案和技术规范，包括确定自制设备的功能、性能、材料、制造工艺等。

第4条　制造人员或技术人员负责实际的制造过程，包括选择合适的加工工艺和工具、进行加工、装配和测试等。

第5条　质量控制人员负责对设备的质量进行监控和检测，确保设备符合相关标准和规范，能够满足生产要求和客户需求。

第6条　厂长负责协调和管理整个自制设备项目，包括项目计划、资源分配、进度控制、成本管理等。

第7条　安全管理部经理负责组织相关人员对自制设备的优缺点和风险进行评估，确保自制设备的安全性和可靠性，预防事故和故障的发生，保障员工和设备的安全。

第3章　自制设备工作要求

第8条　在自制设备的过程中，必须确保员工和设备的安全。工厂需要建立相应的安全管理制度和流程，加强安全培训和宣传，采取有效的安全措施和预防措施，避免事故和故障的发生。

第9条　在自制设备的过程中，必须确保设备的质量和可靠性，避免因质量问题导致生产延误或产品质量问题。需要建立完善的质量管理制度和流程，加强质量控制和检测，保证设备符合相关标准和规范。

第10条　在自制设备制造的过程中，必须控制好成本，避免因过高的成本导致生产效益下降。需要建立相应的成本管理制度和流程，优化资源配置，采用合适的制造工艺和材料，降低制造成本。

第11条　自制设备的设计和制作过程应充分考虑安全和环保要求，确保其使用不会对人身安全和环境造成危害。

第12条　在自制设备的过程中，必须注重技术的创新和发展，切忌擅自复制和盗用，做出侵权行为，而是要提升创新意识和文化，鼓励技术创新和改进，提高技术水平和创造力。

第13条　自制设备的设计应符合工艺流程和质量要求，设计方案应经过论证和批准后方可实施制作。设计方案应包括设备的功能、结构、材料、加工工艺等要素，必须做到合理、简洁、实用、可靠。设计方案还应考虑设备使用寿命、维修保养、升级改造等因素，具有一定的可扩展性和可维护性。

第14条　设计人员必须具备一定的设计经验和技术水平，应具备相应的职业资格要求。

第15条　自制设备的使用应遵循正确的操作规程，严禁超负荷使用和违规操作。

第16条　自制设备应定期进行保养和维修，并记录在册，确保其状态良好。

第4章　自制设备风险评估和成本收益分析

第17条　工厂在决定是否自制设备时，应该进行全面的风险评估和成本收益分析，以确定是否值得自制。以下是风险评估和成本收益分析步骤。

1.了解市场和行业情况。工厂须了解市场对产品的需求情况和行业的发展趋势，以及竞争对手的情况，分析自制设备是否可以助力工厂提升市场竞争力。

2.确定需求和规格。工厂须明确自制设备的功能、性能和规格要求，以及产量和生产周期等相关参数。

3.调研供应商。工厂须调研供应商的情况，了解设备零部件的价格、质量、性能和售后服务等情况，评估自制设备的可行性，对比自制设备与外购设备的差异。

4.评估自制设备的风险。工厂须评估自制设备的风险，包括技术风险、时间风险、成本风险、质量风险和安全风险等。制定相应的风险控制措施，避免风险的发生和影响。

5.进行成本收益分析。工厂须进行详细的成本收益分析，包括外购设备和自制设备的成本对比和收益预测，以及相应的财务指标计算和分析。考虑到设备使用寿命、折旧、维修和更新等方面的因素，对设备的总成本和收益进行全面的评估。

6.综合评估和决策。工厂须综合考虑上述因素，对外购设备和自制设备进行综合评估和比较，确定是否自制设备，并制订相应的实施计划和管理流程。

第18条　工厂应成立自制设备项目小组，由生产部、设备管理部、工艺技术部、采购部等相关人员组成，自制设备风险评估和成本收益分析工作完成后，项目小组应提交项目可行性研究报告给厂长审批，项目可行性研究报告还应附自制设备工作方案草案。

第5章　自制设备工作的考核

第19条　在自制设备制造完成后，厂长须组织相关技术人员和一线工人开展设备自制的验收和测试，确保自制设备的性能和质量符合预期要求。

第20条　自制设备工作考核评价标准如下。

1.自制设备的质量。评估自制设备的质量是否符合设计要求和技术标准，如达到或超过要求，可获得奖励；如质量不合格，则需要重新制造或修复，并扣除相应的费用。例如，质量达到优秀水平可获得奖励____元，如需要重新制造或修复，则扣除相应的费用。

2.自制设备的成本。评估自制设备的成本是否控制在预算范围内，如低于预算，可获得奖励；如超过预算，则需要进行成本分析并制定相应措施。例如，成本低于预算可获得奖励____元，如超过预算则需进行成本分析并制定相应措施。

3.自制设备的创新性。评估自制设备过程中的技术创新和效率提升，如有创新或效率提升，可获得奖励。例如，技术创新和效率提升可获得奖励____元。

4.自制设备的安全性。评估自制设备制造过程中的安全措施是否到位，如符合要求可获得奖励；如安全事故发生，则需要进行安全分析并采取相应措施。例如，安全措施到位可获得奖励____元，如发生安全事故，则需要进行安全分析并采取相应措施。

第21条　自制设备工作责任追究步骤如下。

1.开展内部调查。工厂应成立专门的调查组或委员会，对涉嫌舞弊的事实进行调查，了解事实真相。在调查过程中，要认真听取涉事人员的陈述，查看相关的文件和记录，并保护涉事人员的合法权益。

2.划定责任范围。对于涉嫌舞弊的人员，工厂应该划定责任范围，确定责任主体。同时，应该收集证据，对事实进行深入分析，查找根本原因。

3.进行严肃处理。对于涉嫌舞弊的人员，工厂应根据相关法律法规和工厂规章制度进行严肃处理，如开除、降职、调离等，以惩戒违纪行为，维护工厂纪律和正常秩序。同时，如果涉及经济损失或法律责任，工厂还应该要求其进行相应的赔偿并追究其法律责任。

4.加强制度建设。为了防止舞弊行为的再次发生，工厂还应加强制度建设，规范自制生产设备的管理流程，明确责任和权限，加强内部监管和审计，建立健全内部控制制度。

第22条　在自制设备验收通过后，需要对相关操作人员进行培训并在其考核通过后，才可操作自制设备，同时确保自制设备的正常使用和维护。

第23条　在自制设备投入使用后，需要定期对自制设备进行监控和维护，包括设备运行状态监测、维修保养、更新升级等，将自制设备的维护和监控工作纳入绩效考核中。

第6章　附则

第24条　本办法由厂长办公室负责编制、解释与修订。

第25条　本办法自××××年××月××日起生效。

6.4.2　自制工具管理办法

通过制定自制工具管理办法，可以明确对自制工具管理的工作要求、工作步骤及所需工具，指导自制工具管理工作的组织、开展和考核评价，加强自制工具管理过程中的质量控制工作，有利于提高自制工具的质量，使自制工具更加符合实际需求。

自制工具管理办法

第1章　总则

第1条　为加强对自制工具工作的管理，明确自制工具的工作要求、工作程序、工作考核规范等，提高生产效率，特制定本办法。

第2条　本办法适用于对自制工具工作进行管理。

第2章　自制工具工作规范

第3条　自制工具的工作主要由设备管理部和工艺技术部协同完成，在自制工具开始之前和自制工具的过程中，应明确并遵守以下工作要求。

1.自制工具必须符合安全规范，确保在使用过程中没有任何安全隐患，防止意外事故发生。

2.自制工具必须经过严格的测试和验证，确保其在使用过程中具有稳定的性能。

3.自制工具必须具有高精度，以确保其在生产过程中不会超出误差范围，影响产品质量。

4.自制工具必须易于使用和操作，可以提高工作效率，减小劳动强度。

5.自制工具必须具有经济效益，其制作成本不能太高，否则将降低其实用性和经济性。

6.自制工具必须具有良好的可制造性，即在设计和制造过程中，必须考虑到工艺性、材料成本、加工难度等因素，确保制造过程中没有浪费和不必要的成本。

第4条　自制工具的制造需要用到不同的设备和工具，具体使用哪些设备和工具取决于自制工具的类型和复杂程度。以下是工厂应准备的常用设备和工具。

1.设计软件。工厂应引进计算机辅助设计（CAD）软件和计算机辅助制造（CAM）软件，用于设计和制造各种零部件、装配件和工具。

2.机床。工厂应引进用于制造各种金属零件和装配件的机床，例如，铣床、车床、钻床和磨床等。

2.焊接设备。工厂应引进用于将不同的零部件和装配件焊接在一起的焊接设备，例如，手持式电弧焊机、气体保护焊机、点焊机等。

4.切割设备。工厂应引进用于切割各种金属材料的切割设备，例如，剪板机、钢丝切割机和激光切割机等。

5.测量和检测设备。工厂应引进用于测量和检测制造出的零部件和装配件的尺寸、形状和性能的测量和检测设备，例如，卡尺、百分表、高度计、硬度计和三坐标测量机等。

第5条　制作自制工具需要遵循一定的步骤，以下是一般情况下自制工具应遵循的制作步骤。

1.需求分析。明确需要制作的自制工具的功能和使用需求，确定其主要参数和性能指标，评估其制造成本、使用寿命和可靠性等因素。

2.设计方案。根据需求分析，设计自制工具的结构、零部件和功能等方面，制定详细的设计方案，并根据实际情况选择合适的材料和加工工艺。

3.制作零部件。根据设计方案制作各个零部件，并进行严格的尺寸和质量控制，确保每个零部件符合要求。

4.装配调试。将各个零部件按照设计方案进行装配，并进行调试和测试，确保自制工具能够正常工作，并且性能指标符合要求。

5.安全检测。在自制工具投入使用前，进行必要的安全检测和测试，确保其符合安全要求，能够安全可靠地运行。

6.管理维护。自制工具在使用过程中，需要进行定期的维护和保养，及时发现和解决问题，以确保其长期稳定工作和使用寿命。

第3章　自制工具质量控制

第6条　工厂应建立和执行质量管理系统，该系统应该包括质量计划、控制计划、测试和检验计划等流程，以确保设备的质量和性能符合要求。

第7条　工厂应设立一个自制工具项目小组，由工艺技术部负责人任组长，由生产部、工艺技术部、设备管理部等部门的人员任组员，负责开展自制工具工作。

第8条　生产部门或其他需要自制工具的部门产生自制工具的需求后，应向相关部门提交申请，申请通过后，再提交给项目小组审核，项目小组成员就可行性进行研究分析，然后形成可行性分析报告并附自制工具方案草案给项目小组组长审批。对于预算开销大于等于50000元的自制工具方案，还应由厂长审批。

第9条　自制工具方案的内容应包括自制工具材料、加工工艺、尺寸、精度、功能、可靠性、维护保养等多个方面，应对自制工具的结构、功能、性能和安全性等方面进行分析并得出结论。

第10条　厂长办公室相关人员负责监督整个自制工具的制造过程，包括原材料采购、加工制造、装配和测试等环节。监督制造过程是否遵循相关标准和规范，并及时纠正不符合要求的问题。

第11条　质量控制人员负责监督自制工具的制造质量，以确保自制工具的质量符合相关标准和规范。应对自制工具最终成品进行质量检验、测试和验证，以确保设备达到预期的性能和可靠性要求。

第12条　安全管理人员负责监督自制工具制造过程中的安全措施是否到位，负责制订和执行安全管理计划，对制造过程进行安全评估和管理。

第13条　以下是对自制工具的过程进行监督时应采取的措施。

1.检查和审核。定期对自制工具的制造过程进行检查和审核，发现问题及时处理。

2.记录和报告。对制造过程中的关键步骤和数据进行记录和报告，以便进行跟踪和分析。

3.验证和测试。对制造的自制工具进行验证和测试，以确保其符合质量要求和性能标准。

4.培训和教育。对参与自制工具制造的人员进行培训和教育，增强他们的技能和安全意识，以确保制造过程符合质量和安全要求。

第4章　自制工具工作考核

第14条　厂长办公室负责组织开展自制工具的考核工作，并根据考核结果对相关人员进行奖惩。

第15条　考核小组应考核自制工具的制作质量，包括精度、可靠性、安全性等。可以采用质量检验、现场测试等方法进行。

第16条　考核小组应考核自制工具的制作周期，即完成自制工具所需的时间。可以将实际制作时间与计划制作时间进行比较，评估员工的制作效率。

第17条　考核小组应考核自制工具的使用效果，即自制工具在生产过程中的使用效果。可以通过现场观察、分析生产数据等方式进行。

第18条　考核小组应考核员工的创新能力，包括自制工具的创意和创新性。可以通过评审委员会或领导小组等方式进行。

第19条　考核小组应考核自制工具的安全和环保性能。可以评估自制工具对员工安全和环境保护的影响，对制作不符合要求的自制工具进行批评和纠正。

第20条　考核小组应综合以上各项指标，对自制工具的制作和使用情况进行总体评价，提出改进意见和建议。

第21条　对于在自制工具的设计、制作、应用等方面表现突出的员工进行奖励，一次发放奖金＿＿＿元，并颁发荣誉证书，对于获得奖金和荣誉证书超过5次的，应晋升其职位。

第22条　对于自制工具制作不合格或存在安全隐患的情况，应采取相应的惩罚措施，例如，进行批评教育、责令改正、取消奖励等。

第5章　附则

第23条　本办法由设备管理部负责编制、解释与修订。

第24条　本办法自××××年××月××日起生效。

6.5　生产设备管理精细化：提质增效

6.5.1　智能制造行动方案

智能制造行动方案指出了智能制造行动的目标，推动了智能制造行动推进小组的建立，规范了智能制造行动推进工作的工作原则和工作要求，解决了智能制造行动做不到循序渐进的问题，细化了智能制造行动的考核标准、措施和内容等。

智能制造行动方案

一、目标

1.提高生产效率。推动智能制造，通过自动化和数字化的方式来提高生产效率，从而减少生产成本和提高生产能力。

2.优化生产流程。智能制造可以通过实时监控和数据分析来优化生产流程，从而缩短生产周期，提高生产效率和降低生产成本。

3.提高产品质量。智能制造可以通过精确控制生产过程和使用高质量的原材料来提高产品质量，从而增强产品竞争力。

4.提高生产安全性。智能制造可以通过自动化和数字化的方式来减少生产过程中人为操作导致的风险，从而提高生产的安全性。

5.增强工厂创新能力。智能制造可以通过数字化和智能化技术的应用，提高工厂的研发和创新能力，推动产品不断升级和创新。

6.提高工厂资源利用率。智能制造可以通过数字化和自动化的方式来优化工厂资源的利用，从而降低成本并提高生产效率。

二、建立智能制造行动推进小组

建立智能制造行动推进小组（以下简称推进小组）可以帮助工厂在智能制造工作方面进行有针对性的推进和实施。以下是建立临时性的智能制造行动推进小组的步骤。

1.确定推进小组的目标和任务。明确推进小组成立的目的、推进的具体内容和目标，以及任务分配和实施计划等。

2.确定推进小组成员。根据推进的任务和目标，确定推进小组的成员，包括负责人、组员、技术专家等，以保证推进小组的多元化和专业化。

3.确定推进小组的工作方式和流程。如会议频次和形式、沟通渠道、工作分配等，以保证推进小组的高效运转。

4.制订推进计划和时间表。明确推进的阶段和目标及具体的时间节点和工作内容，以保证推进小组的有序推进和实施。

5.执行推进计划并持续跟踪。按照制订的推进计划和时间表执行推进工作，及时跟踪和调整工作进度和任务分配，以保证推进小组的工作顺利进行，实现预期目标。

三、智能制造行动原则

1.立足实际，量力而行。推进智能制造需要根据工厂实际情况和发展阶段，量力而行，不应盲目追求高端技术和先进设备，以避免过度投资和风险。

2.整体规划，循序渐进。推进智能制造需要制定整体规划和逐步实施的计划，遵循循序渐进的原则，确保每步都能实现经济效益和成本效益。

3.开放合作，共同发展。推进智能制造需要开放合作，与供应商、客户、合作伙伴和行业组织等共同发展，共享资源和知识，提高行业整体水平和竞争力。

4.以人为本，注重人才培养。推进智能制造需要以人为本，注重人才培养和知识更新，建立人才梯队和技术团队，为工厂发展提供有力的支持。

5.持续改进，不断创新。推进智能制造需要持续改进和不断创新，不断优化生产流程和管理模式，提高效率和质量，实现可持续发展。

四、智能制造行动要求

在推进工厂智能制造的过程中，需要对工厂和各部门提出以下要求。

1.工厂整体要求。工厂需要有全面的规划和有效的组织管理，建立合理的生产流程和设备配置，提高生产效率和质量，同时注重成本控制和持续改进。

2.研发部门要求。研发部门需要不断创新，掌握新技术和新材料，为工厂提供更高效、更节能、更环保的生产方案和设备，促进工厂向智能化转型。

3.生产部门要求。生产部门需要具备高素质的管理和技术团队，掌握现代生产管理技术和先进的制造技术，不断优化生产流程和工艺，提高生产效率和质量。

4.供应链管理部门要求。供应链管理部门需要协调内外部资源，优化供应链管理，提高物流效率和产品质量，为工厂提供高效、稳定的物流支持。

5.质量管理部门要求。质量管理部门需要建立完善的质量管理体系，严格把关产品质量，提高产品竞争力和客户满意度。

6.人力资源部门要求。人力资源部门需要为智能制造提供有力的人才支持，培养和引进高素质的技术人才和管理人才，为工厂智能化发展提供人才保障。

五、循序渐进推进智能制造

推进工厂智能制造需要循序渐进地进行，充分考虑现金流和成本效益的因素。以下是推进策略。

1.制订智能制造推进计划。推进小组应根据工厂实际情况，制订一份详细的智能制造推进计划，包括目标、任务、时间表、预算和风险评估等内容。推进计划应该充分考虑现金流和成本效益，确保推进计划的可行性和经济性。

2.选择低成本、高收益的智能制造项目。推进小组应根据推进计划，选择低成本、高收益的智能制造项目推进。这些项目可以是部分自动化、半自动化或数字化的生产环节，或者是针对现有生产线进行改造或升级的项目。

3.采用开放式标准和平台。在推进智能制造的过程中，推进小组应采用开放式标准和平台，以降低技术成本和实现系统互通互联。以避免过度依赖供应商的技术和平台，从而降低成本和风险。

4.利用数据分析优化生产流程。推进小组应通过数字化技术和数据分析，优化生产流程，减少废品率和生产周期，从而提高生产效率，降低生产成本。建立可靠的数据采集、传输和处理系统，以支持实时监控和数据分析。

5.进行技术培训和人才引进。推进智能制造需要具备相关技术和管理知识的人才。因此，需要进行技术培训和人才引进，以提升工厂的技术和管理水平，促进智能制造的实施和推广。

6.进行成本效益评估和持续改进。在推进智能制造的过程中，需要进行成本效益评估和持续改进，以确保推进的成本和收益可控。评估和改进可以通过制定指标体系、实施成本控制和效益分析等方式实现。

六、智能制造行动工作考核

1.制定指标体系。制定针对智能制造的关键指标体系，包括生产效率、质量、成本、物流、环保等多个方面的指标，以确保智能制造的各个方面都得到了考虑和衡量。

（1）生产效率指标可以包括设备利用率、产能利用率、停机时间、设备平均运行时间等，通过监测和分析这些指标，可以帮助工厂优化生产流程，提高生产效率。

（2）质量指标可以包括不良品率、产品合格率、返工率、客户投诉率等，通过监测和分析这些指标，可以帮助工厂优化生产流程，提高产品质量。

（3）成本指标可以包括人工成本、原材料成本、能源成本、运输成本等，通过监测和分析这些指标，可以帮助工厂降低成本，提高经济效益。

（4）物流指标可以包括库存周转率、发货及时率、配送准确率等，通过监测和分析这些指标，可以帮助工厂优化供应链和物流管理，提高生产效率和客户满意度。

（5）环保指标可以包括能源消耗、碳排放、废水排放等，通过监测和分析这些指标，可以帮助工厂优化生产流程，减少资源消耗和环境污染。

2.建立数据监测系统。建立数据监测系统，对生产过程、生产数据等进行实时监测和记录，可以从实际数据中得到智能制造的效果和成果。

3.实施比较分析。与同行业工厂进行比较，分析工厂在智能制造方面的差距，进一步发现提高空间和改进方向。

4.评估经济效益。对于智能制造带来的经济效益，如降低成本、提高生产效率、减少人工等进行评估。

5.评估社会效益。对于智能制造所带来的社会效益，如减少能源消耗、降低碳排放、提高产品质量、促进产业升级等进行评估。

七、智能制造行动所需工具或设备

1.传感器：传感器是物联网的核心组成部分，可以实时监测生产过程中的温度、压力、湿度、振动等参数，通过将这些数据传输到云端进行分析，可以帮助工厂优化生产流程和产品质量。

2.自动化设备：自动化设备包括机器人、自动化装备等，可以减少人工操作和管理成本，提高生产效率和产品质量。

3.人工智能（AI）和机器学习（ML）：AI和ML可以通过学习和分析大量的数据，自动优化生产过程和产品设计，提高生产效率和产品质量。

4.云计算和大数据分析：云计算和大数据分析可以帮助工厂在全球范围内共享数据和资源，实现供应链协同，优化生产流程和管理。

5.虚拟现实（VR）和增强现实（AR）：VR和AR可以帮助工厂在产品设计、生产过程中进行虚拟仿真和实时监测，减少试错成本，提高生产效率。

6.工业机器人：工业机器人可以代替人工完成重复性、危险性高的操作，提高生产效率和产品质量。

7.自动化生产线：自动化生产线可以减少人工操作和管理成本，提高生产效率和产品质量。

8.3D打印机：3D打印机可以实现快速原型制作和小批量定制生产，提高生产效率和产品质量。

9.能源管理系统：能源管理系统可以帮助工厂优化能源消耗和成本，减少环境污染。

10.智能仓储设备：智能仓储设备可以实现自动化储存和管理，提高物流效率。

6.5.2 设备能耗节约管控方案

对设备能耗节约实施管控可以指出设备能耗节约管控的具体目标和具体指标，明确设备能耗节约工作中各相关人员的管控职责，解决设备能耗管控措施不具备针对性和不到位的问题，可以有效地推动设备能耗测算工作的开展，规范设备能耗管控考核评价工作。

设备能耗节约管控方案

一、目标

1.降低能源成本。通过对生产设备能耗进行管控，工厂可以减少能源的浪费和损耗，降低能源成本，提高工厂的经济效益。

2.提高生产效率。管控生产设备能耗可以帮助工厂提高生产效率，减少因为能源故障或者能源供应不足导致的生产停滞或生产线维护。

3.减少环境污染。合理管控生产设备能耗可以减少二氧化碳、废气、废水等对环境造成的影响或污染，使工厂符合环保要求，降低环保罚款风险。

4.增强工厂竞争力。通过降低生产成本和提高生产效率，工厂可以增强其竞争力，从而在市场上更有优势。

二、管控指标

1.年度能源消耗量降低5%以上。

2.生产效率提高3%以上。

3.环境污染物总量排放降低10%以上。

三、管控职责

1.生产经理和生产主管负责设备使用计划和能耗预算的制定，生产主管负责监控生产现场的设备运行状况，并组织相关技术人员对能耗情况进行实时跟踪和监管，同时指导设备操作人员合理使用设备，减少不必要的能耗。

2.能源管理部经理负责制订能源定额管理计划，并对生产现场能源的使用进行监测、分析和优化，确保生产过程中能源的有效利用。节能计划中应至少包含以下内容。

（1）监测设备、采集数据的方法和数据分析的过程。

（2）根据设备的能耗情况，制定相应的管控措施，明确措施的实施时间和目标。

（3）明确设备的能源管理制度，包括能源使用标准、节能措施的制定和实施、设备的维护保养等。

（4）制定员工能耗意识培训措施，提高员工对能源管理的重视程度，加强员工的能源管理意识。

（5）建立管控效果评估体系，监测管控效果，不断优化管控计划。

3.设备操作人员负责设备的日常操作和维护，并按照规定使用设备，减少不必要的能耗，设备操作人员是设备能耗管控工作的第一责任人，应签订设备能耗管控责任书。

4.设备维护人员负责设备的日常维护和保养。在设备能耗管控中，设备维护人员应该注意设备的运行状况，及时发现和解决设备能耗问题，并进行设备维护和保养。

5.能源管理部技术人员负责开展能源测量和分析工作，对生产过程中的能源使用情况进行评估和分析，并提出节能建议和措施。

6.工厂财务人员负责能耗成本的核算和管理，监督能源费用的使用情况，保证生产过程中能源费用的合理使用和管理。

四、基本管控措施

1.制订能耗管控计划。制订能耗管控计划是实施能耗管控的第一步，要明确管控目标和措施，包括制定节能目标、计划和能耗预算等。

2.建立能耗数据监测和分析体系。借助工厂信息化管理系统，建立完善的能耗数据监测和分析体系，对设备的能耗进行实时监测和分析，发现能耗异常情况并及时调整。

3.加强设备管理。借助工厂资源计划数智系统，加强设备管理，保障设备的正常运行，减少不必要的停机和待机时间，控制设备的启停次数，减少能源浪费。

4.优化生产流程。借助数智化系统，优化生产流程，合理安排生产计划，尽量避免不必要的生产环节，提高生产效率，降低能耗。

5.培训和宣传。加强员工培训和宣传工作，提升员工节约能源的技能，对节约能源的行为和建议进行奖励，增强员工节能意识，提高能耗管控的有效性。

五、设备能耗测算方法

1.直接测量法。通过实际测量设备的能耗情况来确定设备的能耗，包括使用电表、水表、气表等测量设备的能耗情况。

2.统计测算法。通过对设备的使用情况和工作时间进行统计，估算设备的能耗，包括根据设备规格和负载率来计算能耗、以设备的开机时间和使用次数计算能耗等。

3.基准能耗法。通过设定能耗的基准值，对设备的能耗情况进行对比，从而确定设备的能耗，包括对同类型设备的能耗进行比较，或者根据生产任务量和工作效率来确定基准能耗值。

4.模拟计算法。通过模拟设备的能耗情况，对设备能耗进行计算，包括通过计算机模拟设备的能耗情况，或者通过仿真软件对设备的能耗进行模拟。

六、设备能耗管控考核评价

在设备能耗管控工作中，考核评价工作是非常重要的一环，可以帮助工厂了解能耗管控工作的效果和不足，发现问题并及时纠正，进一步提高能耗管理水平。设备能耗管控考核评价工作由厂长办公室组织成立的考核小组开展，以下是开展考核评价工作的步骤。

1.制定考核评价标准。考核小组应结合工厂的实际情况，制定相应的考核评价标准，报厂长审核通过后实施。考核评价标准包括各项能耗管理工作的指标和要求，如能耗控制目标完成情况、节能措施实施情况、能耗管理制度的贯彻执行情况等。

2.收集数据和信息。考核小组应该对相关数据和信息进行收集和整理，如能源使用量、能源消耗结构、能源消耗指标等，以便进行考核评价。

3.进行评估分析。考核小组应该根据考核评价标准，对收集到的数据和信息进行评估分析，评估分析的结果应该客观、准确，并对能源管理工作的不足之处进行深入分析。

4.提出改进措施。考核小组应该根据评估分析的结果，提出相应的改进措施，并对改进措施进行量化目标的制定和实施计划的制订。

5.实施改进措施。考核小组应该根据制定的改进措施逐一实施，并根据实施情况进行监测和跟踪。

6.评估改进效果。考核小组应该定期对实施的改进措施进行评估，评估改进效果，并对效果进行总结和归纳。

七、注意事项

1.不同的设备在生产工艺上存在差异，比如，生产流程、操作方法、生产周期等。因此，在制定节能措施时需要根据具体情况制定相应的节能方案。

2.不同的设备负载率不同，即设备运行时的实际负荷与额定负荷之比。对于负载率较低的设备，应该考虑如何提高设备的负载率以减少能耗。

3.不同的设备启停次数不同，频繁的启停会导致设备的能耗增加。因此，应该考虑如何减少设备的启停次数，如通过设备的智能化控制，减少人为干预等。

4.不同的设备在使用过程中，由于设备的不同材质和工艺特点，设备表面容易积累灰尘、油污等，这些附着物会影响设备的散热效果，导致设备能耗的增加。因此，应该对设备进行定期清洗和维护。

5.不同的设备在能耗监测方面可能存在差异，有些设备需要通过传感器等设备来实时监测能耗，而有些设备则需要通过手动读取设备表盘等方式进行监测。

07

生产物料管理"精细化"：
储存、投料、使用

7.1　物料储存管理

7.1.1　现场物料储存管理制度

生产现场的物料储存管理可以规范物料的储存方式，使物料储存更加有序、高效，保持生产现场的整洁、卫生，避免物料的交叉污染，降低物料的损耗和浪费，提高储存效率。通过加强对生产现场物料储存的监管和控制，还能够有效地减少物料遗失和损坏，避免生产中断和质量问题。

现场物料储存管理制度

第1章　总则

第1条　为了使生产现场空间得到充分利用，提高车间的物料储存管理水平，保证物料的储存质量，提高物料取用的便捷性和生产效率，特制定本制度。

第2条　本制度适用于工厂生产现场物料的储存管理工作。

第2章　现场物料储存规划

第3条　考虑物料储存的安全性。不同的物料有不同的储存安全性。

1.远离火源和易燃材料，减少火灾和爆炸的风险。

2.具备良好的通风条件，确保空气流通，避免有毒有害气体积聚。

3.对于危险品、易燃易爆品、压缩物品、毒性物品等，应单独存放。

第4条　间隔距离。物料储存间隔的距离规划须考虑多方因素，以保证物料之间有足够的空间，方便物料的管理和取用。具体可参考以下内容。

1.不同属性的物料需要规划不同的储存间隔距离。易燃、易爆、有毒、有害等特殊性质的物料须规划较大的储存间隔距离，以减少安全风险。

2.考虑储存容器和堆垛方式。物料的储存容器和堆垛方式会影响储存间隔距离。使用托盘、货架时，需要根据其尺寸和设计要求来决定储存间隔距离，并留出足够空间，以便物料的取用和管理。

3.根据生产现场的布局和大小进行规划。若生产场地比较狭小，储存间隔距离需要更小，以节省现场空间。

第5条 分类储存。在进行物料储存规划时，要充分考虑物料的属性，标注清楚物料的名称、编号、生产日期等信息，防止不同物料的交叉污染。分类储存可以根据物料的性质和用途进行划分，每个类别的物料应该有其独立的储存区域，具体标准如下。

1.原材料。在储存原材料时，应该考虑到其性质及特点，采取相应的储存方式。

（1）对于易腐的原材料，应该采用冷库等低温储存方式，以延长其保质期。

（2）对于易挥发的原材料，应该采用密闭储存方式，避免其挥发。

（3）对于化学原料，在存储时，应采取防火、防潮、防污等措施。

（4）对于需要避光的物料，应该存放在避光柜或避光房间中，以避免光照对其产生不良影响。

2.成品。对于不同类型的成品，应该采用不同的储存方式。

（1）对于易碎的产品，应该采用特殊的包装和保护措施，以避免损坏。

（2）对于易受潮的产品，应该采用干燥、通风的储存方式，以避免受潮。

3.半成品。对于半成品的储存，应该采用合适的储存方式，以避免其变形、变质、受损等。

（1）对于易变形的半成品，应该采用垫板、保护架等支撑物，以避免其变形。

（2）对于易受潮的半成品，应该采用干燥、通风的储存方式，以避免受潮。

4.辅助材料包括工具、模具、夹具等，需要进行储存和保管，以确保其安全和方便取用。对于辅助材料的储存，应该采用分类、标记、分区等方式，以便员工取用和管理。

第6条 储存时间。在进行规划时，要考虑到物料的储存时间，不同物料的储存时间因其属性和储存条件不同而异。以下是一些常见物料的储存时间。

1.电子器件。电解电容、PCB等产品的有效储存期限为6个月，其他陶瓷电容、二三极管、电阻、电感、IC、稳压管、继电器、电流保险丝、绝缘材料、套管类、胶带、美纹纸等有效储存期限为12个月。

2.化工类产品以包装有效期限为准。

3.线材类。防水线、DC线、AC电源线、漆包线类等有效储存期限为12个月。

4.包材辅材类。纸箱、PE袋、纸盒等有效期为12个月，标签类为6个月，其中周期性标签保存期限为1个月。

5.五金类。磁性材料类有效期限为12个月，电镀品为3个月。

第7条　物料数量。物料的储存规划需要基于物料的数量多少，对于数量多的物料，可采用的货架储存以扩大储存空间；对于数量较少的物料，可进行散装储存。

第8条　温湿度控制。存放物料的环境要保持一定的温湿度标准，温度通常在5℃～35℃，相对湿度应低于75%。有特殊储存要求的物料应进行分类管理，保持温湿度正常，具体要求如下。

1.塑料及其制品，室温0℃～25℃，相对湿度低于70%。

2.无线电元器件，室温0℃～40℃，相对湿度低于75%。

3.橡胶及其制品，室温0℃～25℃，相对湿度在45%～70%。

4.防静电区，室温10℃～30℃，相对湿度在30%～70%。

第3章　现场物料储存管理要求

第9条　选择合适的储存方式，确保物料储存的安全、有序和易于管理，从而提高生产效率，降低储存成本。以下是五种适用于不同情况的物料储存方式。

1.货架储存。将物料放在货架上，两面开放式货架可扩大储存空间，取放便捷，适用于物料种类较多、储存空间有限的情况。

2.堆放储存。将物料按属性直接堆放在地面或储物区中，适用于物料储存时间较短、数量不多、储存空间较大的情况。

3.料箱储存。料箱是一种便于储存和管理小件物料的设备，通常可以根据物料的大小和形状进行定制化设计。具备防潮、防火、防盗等安全措施，并且可以方便地进行堆叠和搬运。

4.周转箱。用于存放周转物料，便于管理和操作。周转箱通常具备标准化的尺寸和形状，便于堆叠和搬运，并且可以根据需要进行组合和调整。

5.托盘储存。将物料放在托盘上，再将托盘存放在储存区中，优点是便于搬运，适用于大型物品、较重物品、需要机械搬运的情况。

第10条　根据物料类型和数量，规划和布置生产现场储存区域，确保储存区域适宜、安全、易于访问和管理。落地摆放的物料可以按照不同类型进行排列编号，上架的物料以分类号位编号。

第11条　加大对生产现场边角地带的利用，通过设置货架或货箱等储存设施，将物料摆放在这些区域，方便日常管理和取用。

第12条　生产现场的储存区布置应采用横列式或纵列式，即货垛或货架与库房的宽向平行排列，且货架之间应留出至少一米的距离，以供通行和物料的分类存放和取用，提高取用效率。

第13条　对于同类物料，应该规划完整的摆放区域，并进行清理、整顿、汇集，最后用标识卡标识清楚。

第14条　不同的物料应该设置特定的标签或标识，标签上应该详细记录物料名称、规格型号、批次和有效期限等信息。

第15条　现场物料储存区域必须安装防盗设备、自动报警设备、灭火设备等必要的安全设施，并保证设施齐全有效，线路畅通。

第16条　车间必须严格执行安全保卫制度，做好防火、防盗、防潮、防锈、防腐、防霉、防鼠、防虫、防尘、防爆、防漏电等工作，定期检查安全设备，确保物料的安全保管。

第4章　现场物料库存管理

第17条　生产部应根据生产计划，制订现场物料的储存计划，包括储存位置、数量和周转率等。储存计划应该根据实际情况进行调整和优化，以确保物料始终处于适当的库存水平，确保生产计划不会被延误。

第18条　定期进行库存盘点，以确保物料的库存量和使用量始终处于控制之下。盘点可以采用人工盘点方式或自动化盘点方式进行，以保证数据的准确性和可靠性。

第19条　当现场物料库存量不足或过多时，需要进行库存调拨。库存调拨需要制订相应的调拨计划，并确保调拨过程的及时性和准确性。

第20条　通过分析现场物料库存数据，找出管理中存在的问题，并采取相应的改进措施，以提高对物料管理的效率。

第5章　附则

第21条　本制度由仓储部负责编制、解释与修订。

第22条　本制度自××××年××月××日起生效。

7.1.2　现场物料目视管理实施办法

目视管理，是指利用形象直观、浅显易懂、色彩适宜的各种视觉感知信息来组织现场生产活动，以提高劳动生产率的一种管理手段。对生产现场进行目视管理能够迅速快捷地传递信息，直观地将物料储存和使用中的问题显现出来，提高物料管理的效率和质量，将物料管理的可视化和科学化管理落到实处，提高生产效率。

现场物料目视管理实施办法

第1章　总则

第1条　为实现对物料的快速定位和识别，提高物料的储存和领用效率，特制定本办法。

第2条　本办法适用于工厂生产现场的物料目视管理。

第2章　现场物料的目视管理

第3条　生产现场物料目视化管理的目的有以下四点。

1.实现对物料的快速定位和识别，提高物料的储存和取用效率。

2.及时发现物料存在的问题，避免物料的损失或浪费。

3.实现对物料的质量控制和监控，及时发现和处理物料质量问题，提高物料的品质。

4.实现对物料库存的实时监控和管理，优化现场物料库存管理。

第4条　目视管理的常用工具主要有以下六种。

1.颜色板。可应用于区域标识、品质标识、人员识别、文件管理等。

2.信号灯。可用于表示操作的正常或异常，快速准确地传递信息。

3.告示板。公告事务，及时传递信息。

4.警示线。在仓库或生产现场用来表示一定含义的，涂在地面上的彩色油漆线。

5.区域线。主要用于划分区域，保证生产安全。

6.操作流程图。可用于描述生产过程中的工序重点和作业顺序。

第3章　目视化管理方法

第5条　总经理负责组织生产经理、各车间负责人、物料管控人员和质量管理人员成立目视管理小组，执行工厂生产现场的目视管理工作。

第6条　通过不同颜色的画线，来区分区域与区域警示或物料储位区分，具体划分如下。

1.区域区分。

（1）红线通常用于标记危险区域。

（2）黄线用于标记警示区域。

（3）绿线用于标记合格区域。

（4）红白斑马线用于标记禁止放置物品的区域。

2.物料储位。

（1）红线。线内放置不合格品、危险化学品、废品。

（2）黄线。通道线、定位线，只允许部分相关人员进入。

（3）蓝线。待检区域线，线内放置待检验物品。

（4）绿线。合格品区域线，线内放置合格品。

第7条　工厂可通过不同颜色的标签，来标明物料或产品的品质状态，以便目视管理小组快速了解并区分物料状态。具体区分方式如下。

1.红色标签。贴红色标签代表物料或产品品质不合格。

2.黄色标签。贴黄色标签表示物料或产品品质待检验。

3.绿色标签。贴绿色标签代表物料或产品品质合格。

第8条　在设置标识牌时要注意，标识牌的颜色不能相同，尽可能与物料的颜色相近，标识内容除材料名称、规格、进场日期、数量以外，还需注明物料保存方法和要求。

第9条　对于具有易碎、易燃、易受潮等特质的物料，应在存放位置处贴上特殊标签或设置标识牌，提醒相关人员注意保护。

第10条　对于体积较大或较重的物料，应注意其存放位置的稳定性和安全性，以免发生物料倒塌、损坏等安全事故。

第11条　对于使用频繁的物料，可以在储存位置附近设置标识牌，提醒相关人员在取用时需要注意安全操作流程、正确存取顺序等。

第12条　对于需要定期维护的物料，应制订维护计划，并在储存位置附近设置标识牌，注明维护周期、维护方法和维护要求。

第13条　目视管理小组应合理划分各类物料摆放位置，并保证物料的摆放符合"先进先出"的原则，确保物料的取用顺序合理，避免物料的浪费和过期损失。

第4章　目视管理的评估

第14条　评估目视管理制度首先需要评估它覆盖面是否广泛，是否包括所有的生产线和生产环节。同时需要明确目视管理制度应该涵盖的所有可能存在的问题点和隐患点，制度执行的责任人和流程。

第15条　评估目视管理制度是否得到了落实，是否严格按照制度执行，是否存在制度的漏洞和缺陷。评估方法可以通过现场检查、员工访谈、数据分析等方式进行。

第16条　评估员工在目视管理操作过程中是否按照规范操作，是否存在疏忽、不规范操作、漏检或错检等情况，以此评估该制度的落实情况。

第17条　评估目视管理的效果，包括检查的准确性、及时性、有效性等。检查的准确性主要评估目视管理员工的专业技能水平，及时性主要评估处理问题的速度，有效性主要评估问题是否得到了彻底解决。

第18条　评估员工对目视管理的理解程度、意识和参与度，是否采取了针对性的培训措施，是否有奖励机制来激励员工积极参与目视管理。

第19条　评估目视管理制度是否具备持续改进的机制和措施，包括对制度的评估、反馈和修订等。对于发现的问题，应该采取措施对制度进行修订和完善，以确保制度的及时有效。

第5章　附则

第20条　本办法由生产部负责编制、解释与修订。

第21条　本办法自××××年××月××日起生效。

7.2　投料管理

7.2.1　智能化投料管理规定

通过对投料的过程进行智能化的监控和管理，能够实现对投料过程的实时监控和控制，减少人工操作中的误差和浪费，从而提高生产效率，降低生产成本，保证产品质量，实现生产现场的信息化管理。

智能化投料管理规定
第1章　总则

第1条　为提高工厂生产效率和产能利用率、降低生产成本，提高生产线的安全性和稳定性，特制定本规定。

第2条 本规定适用于工厂智能化投料的管理工作。

第2章 智能化投料技术

第3条 引入智能化投料技术，通过使用智能设备和控制系统，减少人为操作的失误和浪费，提高生产效率和产品质量，智能化投料技术主要由称量、输送、喂料、计量、控制和反馈控制等环节组成。

第4条 利用智能化称量系统，测量物料的重量，实现自动配料，提高配料的精准度和效率。

第5条 通过输送带、螺旋输送器等智能化设备，将物料自动输送到投料点，避免人工搬运成本和投料过程中的浪费和误差，以提高生产效率。

第6条 通过使用自动喂料机，将物料送入生产设备的加工区域，在节省大量人工成本的同时，避免生产时间的浪费。

第7条 利用流量计等自动化计量设备，对物料的流量和速度进行测量，以实现物料的自动和精准投料。

第8条 利用计算机控制系统实现对投料过程的全面监控和控制，实时调整投料量和投料时间，确保产品质量，提高生产效率。

第9条 通过传感器等智能设备，对投料后的产品质量进行实时监测和反馈，有针对性地对投料量和投料时间进行调整，从而提高产品质量的稳定性和可控性。

第3章 投料前准备

第10条 在投料工作物料前，质量控制部门须对物料进行严格的质量检查，确保物料质量符合投料要求。

第11条 各生产车间应对生产计划进行分析，根据生产需要严格把控投料的数量和时间，实现精准投料，提高生产效率和产品质量。

第12条 生产人员进行自动化投料前须清洗智能设备和输送管道，以免在生产过程中造成交叉污染。

第13条 工厂应安排专业的安装和维护人员，进行设备调试，生产人员在使用前应仔细阅读自动化投料设备的说明书，了解正确的操作方法，避免造成人身伤害。

第4章 投料中断处理

第14条 出现投料工作中断，操作人员应立即检查投料设备和系统的工作状态，查找故障原因。具体检查事项如下。

1.检查电源是否正常，电线、插头、开关等是否损坏，电气控制系统的电路是否通畅。

2.检查机械部件的连接状态、传动系统的齿轮、皮带等是否有损坏或脱落，设备的振动是否正常。

3.检查传感器和控制器的连接是否正常，信号是否正常，设备控制系统是否工作正常。

4.检查投料设备是否存在堵塞、卡料、漏料等异常情况，设备的调节是否正确。

第15条　根据故障原因采取相应的处理措施，例如，清除设备存在的堵塞和卡料、调整机械部件的位置、更换零部件等。

第16条　根据中断时间长短，及时调整生产计划。

1.若中断时间较短，可通过延长生产时间或提高生产速度来弥补中断带来的影响，以完成原生产计划。

2.如果中断时间较长，则需要重新制订生产计划，调整生产顺序或增加生产线，以保证完成生产计划。

3.如果中断时间不确定，应该及时与相关部门沟通协商，制定相应的紧急应对方案，保障生产的正常进行。

第17条　审查中断原因，分析故障的原因和存在的问题并做好记录，以便在今后的生产过程中更好地应对类似的问题。

第18条　针对中断原因，制定相应的预防措施，定期对设备进行维护、保养，增加备件储备量，提高设备的自动化水平等，以减少类似故障的发生。

第5章　操作注意事项

第19条　生产人员必须服从专业指导人员的安排，禁止从事未经指导人员同意的工作，不得随意触摸、启动各种开关。

第20条　禁止在生产现场大声喧哗、嬉戏追逐、吸烟等；生产人员禁止用潮湿的手触摸任何开关或按钮；手上有油污时不得操控控制面板。

第21条　各生产车间的操作人员均不得私自调整自动投料设备的各项参数，以避免造成生产损失和安全隐患。

第22条　在使用自动化投料设备前，必须先检查电源连接线、控制线及电源等。

不得出现过压、缺相、频率不符等情况。

第23条 为了员工人身安全，操作自动化投料设备时，对员工的穿着有一定的要求，男性不得穿短裤、拖鞋；女性禁止穿裙子、短裤，且长头发要盘在帽子里。

第24条 当设备出现故障时，应立即切断电源，并报告现场生产组长，不得擅自进行处理，防止造成设备和人身事故。

第6章 附则

第25条 本规定由生产部负责编制、解释与修订。

第26条 本规定自×××年××月××日起生效。

7.2.2 人工领料、投料管理规定

对人工领料进行管理能够规范物料领用程序，提高工作效率和物料利用率，保证投料的准确性和及时性，保证生产的稳定性和产品质量，提高生产效率，并有效地防止因投料不当而导致的生产事故，减少不必要的成本。

人工领料、投料管理规定

第1章 总则

第1条 为规范人工领料流程，避免因领料不当而造成工厂的损失，加强对投料工作的管理，特制定本规定。

第2条 本规定适用于工厂物料的人工领料、投料的管理工作。

第2章 人工领料流程

第3条 各车间应根据生产情况和物料需求情况，向生产主管提出领料申请，并填写"物料领用单"。

第4条 "物料领用单"应包括领用物料的名称、数量、规格型号、用途、领用日期等信息，并需要生产主管签字确认。

第5条 库管员对生产车间提交的"物料领用单"进行审核，核对领用的物料是否有库存及领料数量是否与物料计划一致，由仓储部主管审核后，将"物料领用单"与所领物料交予领料人员，并在发料处签字确认。

第6条 库管人员须凭"物料领用单"将每次物料领用情况记入出库台账，以便后

续查验。

第7条　物料需求部门的领料人员应根据生产计划和实际进度，提前到仓储部门领取物料，防止过早领料造成生产现场堆积，过晚领料影响生产进度等情况发生。

第8条　生产部门和仓储部门应提前根据"产品用料明细表"和生产经验，进行领料限额及损耗标准的编制，库管员在发料时应仔细比对车间申领数量及领料限额。

第9条　当物料需求部门申请超限额领料时，须详细说明原因。由仓储部人员进行情况调查，并将调查结果上报仓储主管与主管副总，让上级对是否发放超额物料进行审核、审批。

第10条　若生产现场出现物料质量不合格、物料超发、物料少发等情况，生产部门须及时办理补退料，避免影响生产计划和生产进度。

第3章　投料前注意事项

第11条　在投料工作开始之前，投料员需要先对原料进行检查，查看原料是否符合工厂生产的质量要求，包括检查原料的外观、质量和品种标识牌，抽查原料的标包重，防止在原料品种上出现差错，确保投料的安全和稳定。

第12条　在进行投料之前需要对生产现场进行清理，保证生产现场干净卫生，并校验磅秤，准备原料，以保证人工投料工作的准确性。

第13条　在进行人工投料操作前，必须先确保生产现场的安全，包括检查设备和工作环境是否符合安全标准。

第14条　在投料操作前，应该了解所投物料的性质、特点和用途，包括物料的稳定性、易燃性、易爆性、腐蚀性等，特别是对于有毒有害物品的投料，要了解其毒性、毒性阈值、累积效应等信息。

第4章　投料操作规范

第15条　投料时应穿戴符合规范的个人防护装备，穿戴正确的工作服、手套、口罩、护目镜、防护鞋等，特别是在投料过程中可能产生毒害、腐蚀等危险物品的场合更需要注意。

第16条　在进行人工投料时，投料员应遵循节约原则，尽量减少原材料的浪费和损耗，提高生产效率，降低成本。

第17条　每种物料均须进行过秤之后才可投入机器中，保证投料工作的准确性；同时，对于结块、凝固的物料，投料员应将它们敲碎，保证物料充分地混合均匀。

第18条 一种物料称重完毕后，配料员应对称重现场和配料秤进行清理，不可影响下一种原料的称配，以提高投料的准确性。

第19条 投料员须根据规范的投料量进行投料，避免过多或不足的情况出现，根据实际需要逐步加料，确保生产的连续性和稳定性。

第20条 在投料前必须清洁投料工具和设备，避免物料混淆和不同物料之间的交叉污染，造成产品品质问题。

第21条 投料员必须严格按照操作规程操作，按照规定的投料位置、投料顺序、时间间隔等要求进行投料操作，确保操作的正确性和安全性。

第22条 投料员要接受班组长及质检员的监督和不定期抽查，从而保证人工投料的准确性，提高员工自觉性，提高产品品质。

第5章 后续工作注意事项

第23条 及时清理投料设备，特别是投料口和输送带等容易形成物料堆积的部位，避免物料残留和污染，影响后续生产。

第24条 及时清理投料现场的环境，清理投料设备周围的物料残留、投料现场的垃圾和污染物等，提高生产现场的整洁度和安全性。

第25条 将剩余的物料进行妥善保存，对于高价值或易变质的物料，应该采取相应的保护措施，避免物料的浪费和损失。

第26条 投料员应及时填写相关信息，包括投料时间、投料量、物料品质、操作人员等，以备后续管理和追溯。

第6章 交班注意事项

第27条 交班人员须仔细核对物料清单，确保正确列出物料种类，并检查数量是否正确。不正确的物料清单会导致物料不足或过多，影响生产计划，降低生产效率。

第28条 交班人员在交班之前，必须仔细检查物料的质量。如果物料质量有问题，必须及时通知相关部门，寻求解决方案。

第29条 在交班过程中，搬运物料时应注意安全操作，确保每个物料都被妥善地包装和标记，以便能够安全地运输和储存，降低运输损耗。

第30条 交接人员在接收物料时，应及时记录每个物料的交班信息，包括物料名称、数量、质量等信息，并确保记录无误，以便物料的跟踪和管理。

第31条 各部门之间应加强协调和沟通，协调好物料的交接时间和方式，共同解决可能出现的问题。

<h1 style="text-align:center">第7章　附则</h1>

第32条　本规定由生产部负责编制、解释与修订。

第33条　本规定自××××年××月××日起生效。

7.3　物料使用管理

7.3.1　现场物料使用管理细则

通过规范生产现场物料的使用，能够确保物料的合理使用和有效管理，提高物料的利用效率，从而降低物料的浪费和损失，降低生产成本，实现经济效益的增收。

<h3 style="text-align:center">现场物料使用管理细则</h3>

第1章　总则

第1条　为加强对工厂生产现场物料使用的管理和控制，节约物料成本，提高资源利用率和生产效率，降低生产成本，增加工厂利润，特制定本细则。

第2条　本细则适用于生产现场物料使用的管理，除另有规定外，均需参照本细则办理。

第2章　现场物料分发方式

第3条　工厂车间物料的发放方式可分为两种，具体如下。

1.常规性、周期性、批量大的物料应采取用多少领多少，如实登记的物料发放方式，该方式能够避免物料浪费，降低生产成本。

2.对于工作量一定的计件生产应该采取一次性分配与工作量相适应的物料数量，该方式能够实现定额给料，避免物料浪费。

第4条　各车间应指定专人负责记录和监督物料的分发和使用情况，确保车间员工在生产过程中没有违反物料使用规定，没有物料浪费、物料损坏等现象发生，并就发现的问题及时形成报告，以便向上级汇报。

第3章 现场物料浪费控制

第5条 生产人员必须遵循"先进先出"的原则使用物料，确保物料的使用顺序是正确的、合理的，避免物料过期导致损失产生。

第6条 物料使用前，生产人员须核对物料品名、规格、批号、数量、质量等，确认物料各项指标符合质量要求后方可投入生产，以降低废品率和次品率。

第7条 各生产车间应对历史物料消耗数据和市场趋势进行分析，预测物料消耗量，进行合理的库存控制，避免出现库存物料过多或过少的情况，造成资源浪费。

第8条 对于原材料、半成品等物料，应按照其种类和规格分类存放，并使用标识牌或标签用以区分，避免物料的混淆和错误使用。

第9条 对于易受损、易受潮等特殊物料，各生产车间须采取相应的保护措施，包括轻拿轻放、小心作业、加盖防潮罩、使用密封袋、存放在特定的温湿度环境下等，避免物料受损。

第10条 对于常用物料，生产部门应进行定期检查，并按照需求量和库存量进行补充，确保现场物料库存充足。

第11条 根据生产需要引进智能化、自动化的生产设备和工具，减少对人工的依赖，提高生产效率和物料利用率，避免由于人工操作不当造成的物料浪费。

第12条 生产部门对生产工艺和流程进行优化，减少非必要的生产环节和物料使用，提高生产效率，降低物料消耗，以降低生产成本。

第13条 生产部对生产过程中的各个环节进行控制，确保质量符合要求，减少废品率和次品率的发生，减少物料的非必要消耗。

第14条 各车间负责人须定期组织人员对生产现场进行清理和整理，确保物料存放位置的清晰和有序，避免物料遗失或混淆。

第15条 建立物料回收机制，将生产活动中产生的废弃物料、边角料等资源进行回收利用，减少物料的浪费。

第16条 加强对员工的培训，增强节约物料使用的意识，提高员工对物料使用的重视程度，减少不必要的物料浪费。

第17条 对于有效控制现场物料浪费的员工或部门，工厂可为其颁发节约材料奖，给予员工或部门____元的现金奖励，以激励员工和部门在物料浪费控制中的积极行动，具体奖金数目应该考虑到以下四个因素。

1.节约的数量。员工或部门节约的物料数量越多，奖金应该越高。

2.节约的成本。不同种类的物料成本不同，节约不同种类的物料应该有不同的奖金划分标准，对于成本较高昂的物料应给予更多的奖金。

3.节约的难度。有些物料比较容易节约，而有些物料则比较难节约，工厂应根据物料的节约难度制定具体奖金数目。

4.节约的效果。对于成本节约效果显著的员工或部门，应该给予更多的奖金激励。

第18条　对于在现场物料浪费控制方面表现出色的员工，颁发优秀员工奖，一次性给予____元的奖金，以表彰其在节约物料、降低成本、提高生产效率方面的突出贡献。

第19条　将现场物料浪费控制纳入部门绩效考核体系，以激励员工和部门在物料浪费控制方面的表现，并设立回收利用奖，鼓励员工将废弃材料回收再利用，降低材料成本。

第4章　现场废料的处理

第20条　生产部应将金属、玻璃、纸张等可进行二次利用的废料、边角料和包装材料等收集起来，并分类堆放，留待进行物料的二次利用，减少物料浪费。

第21条　对于具有特殊性质或有毒有害的废料，应该采取安全填埋、高温焚烧等特殊处理方式，避免对环境和人体造成危害。

第22条　在处理废料时，应严格遵守相关的环保法规，采用安全、环保、经济的处理方式，降低废弃物料对环境的影响。

第23条　对于成功处理生产现场废料的员工或部门，可以颁发废料处理成果奖，给予____元的现金奖励，以表彰其在废料处理方面的突出贡献，具体的奖金数目应考虑以下三个方面。

1.基于处理效果划分奖金：根据废料处理的效果，包括处理量、废料处理后的降解效果等划分奖金，效果越好的员工获得的奖金越高。

2.基于节约成本划分奖金：将废料处理后节约的成本作为奖金的划分标准，成本节约越高的员工获得的奖金越高。

3.基于环保意义划分奖金：将废料处理后的环保效益作为奖金划分的标准，环保效益越高的员工获得的奖金越高。

第24条　对于开发新的废料处理技术或优化废料处理流程的员工或部门，可以颁发废料处理技术创新奖，给予＿＿元的现金奖励；对于表现十分优秀的，可进行职位晋升，激励员工和部门在废料处理方面的技术创新和优化能力，具体奖金数目可参考以下几个方面。

1.基于技术创新程度划分奖金：根据技术创新程度，包括新技术、新工艺的创新度等，划分不同等级的奖金，创新度越高的技术获得的奖金越高。

2.基于技术的实用性划分奖金：将技术创新的实际应用效果作为奖金划分的标准，实际应用效果越好的技术获得的奖金越高。

3.基于技术创新所带来的经济效益划分奖金：将技术创新所带来的经济效益作为奖金划分的标准，经济效益越高的技术获得的奖金越高。

第25条　将废料处理工作纳入绩效考核体系，激励员工和部门在废料处理方面的表现，使其在工作中更加注重废料减量、资源回收和环境保护。

第5章　现场物料使用监督

第26条　建立物料使用的信息化管理系统，对物料的使用情况、库存情况、采购情况等进行实时监控和管理，及时发现和处理物料浪费的问题。

第27条　实行物料追溯制度，对物料的来源、使用、消耗进行追溯和管理，防止物料的浪费、滥用和贪污。

第28条　成立"物料使用管理"小组，由生产部和物料控制部领导共同进行工作指导，制定监督考核办法，将每月物料使用情况公开，提高物料使用管理工作透明度。

第6章　附则

第29条　本细则由生产部负责编制、解释与修订。

第30条　本细则自××××年××月××日起生效。

7.3.2　现场物料退库管理办法

实施生产现场物料退库管理能够规范生产现场的物料管理，保证生产现场的物料安全，有效控制生产现场物料库存，提高生产现场物料流转效率，降低生产现场物料的管理成本，确保物料得到有效利用和管理。

现场物料退库管理办法

第1章 总则

第1条 为确保在生产过程中发生的物料退库得到规范和有效地处理，保证生产计划的顺利推进，优化库存管理，提高工厂经济效益，特制定本办法。

第2条 本办法适用于生产现场物料退库工作的管理。

第2章 现场物料退库要求

第3条 根据不同物料的性质、用途、质量状况等因素，制定不同的退库标准和退库要求，包括退库物料的数量、质量状况、处理方式等。

第4条 制定"退库申请单"，由申请人填写退库物料的基本信息，包括物料名称、规格、数量、批号、退库原因等。物料"退库申请单"应该由专门的物料管理人员进行审核，确保申请合理、准确、符合规定。

第5条 "退库申请单"由部门负责人审核并批准后，将物料转交质控管理部进行物料质量检查，确保退库物料的质量状况、退库原因等符合退库标准和要求，避免因为质量问题导致的二次退库或其他损失。检验时应该严格按照检验标准和流程进行，确保检验结果准确可靠。对于不同类型的物料，其退库的检验标准可能有所不同，具体检验标准可参考以下3种分类。

1.原材料。在进行原材料退库时，质检部需要检验其外观、质量、规格和包装是否符合退库要求，同时还需要检查原材料的规格和数量是否与订单一致，包装是否完好无损。

2.成品、半成品。对于成品、半成品的退库检验，需要检查其外观、尺寸、质量、包装和安全性等方面的指标。包括成品、半成品的外观是否完好、是否有损坏或变形、尺寸是否符合要求、质量是否合格、包装是否完好无损、是否符合相关规定；安全性是否符合相关法律法规和标准要求等。

3.工具和设备。在进行工具和设备退库时，需要检查其使用状况和安全性。包括检查工具和设备的功能是否正常、是否有损坏或磨损现象，以及是否符合相关的安全标准和规定。

第6条 质检合格后，由仓储管理员清点退库物料数量，并填写"退库申请单"，包括退库物料的名称、数量、质量状况、退库原因等，仓储部审核人员对"退库申请单"进行审核并签字确认后执行退库操作。

第7条　仓储管理员必须及时登记物料退库台账，并注明退库原因，填写仓库账簿，以便后续追溯及查验。

第3章　退库后续工作管理

第8条　质控部应加强对物料的质量控制，如果退库物料存在质量问题，要进行详细的质量分析和处理，及时追溯原因，避免同类问题再次发生，以减少不必要的损失。

第9条　对于退库次数较多的物料，仓储管理员应对退库原因进行统计和分析，优化后续物料采购和管理工作，提高物料管理效率。

第10条　对于供应商原因造成的物料质量问题，仓储管理员必须立即通知采购部门与供应商就物料质量问题进行协商处理。

第11条　加强对仓库的管理，确保仓库安全、整洁、有序，形成单独的退料区，并根据退料的类别分类堆放。

第12条　建立紧急退库处理制度，针对突发的退料事件，制定相应的应急预案，提高对应急情况的处置能力。

第13条　工厂可根据需要引入现代化物料管理技术，使用RFID标签进行物料的追踪和管理，ERP系统进行物料的库存和采购管理，以提高物料管理的精细化程度，降低物料管理失误概率，提高工厂的生产效率和管理水平。

第14条　仓储部须定期开展物料退库流程的评估和改进，根据工厂实际退料情况对流程和标准进行合理的调整和优化。以提高物料退库管理工作的效率和质量，为工厂的生产和管理提供更好的支持和保障。

第15条　与供应商建立良好的合作关系，加强双方的沟通与协作，保证物料的质量和供应的稳定性，商议合理的物料采购价格，降低采购成本，提高工厂经济效益。

第4章　退库程序评估

第16条　明确标准。评估标准应包括物料退库的速度、精确度和质量，退库程序的合规性、可靠性和透明度等，用以比较评估前后的变化。

第17条　收集数据。收集退库申请的来源、数量、种类、退库理由、操作人员、时间等信息，并对数据进行记录和整理，以便后续分析和评估。

第18条　分析数据。找出退库程序中存在的问题并进行分析，包括退库申请流程不合理、审批时间过长、物料数量精度不高、物料质量不符合要求等。

第19条　制定改进方案。有针对性地解决退库程序中存在的问题，提高退库速度、精准度和质量，优化退库程序和规范。

第20条　落实方案。将制定的改进方案落实到退库程序中，并进行跟踪和监控，评估改进效果，逐步实现优化退库程序的目标。

第21条　持续改进。不断跟进和评估退库程序的效果，及时调整和优化程序，不断提高退库程序的效率和精度，以满足工厂的生产需求。

第5章　附则

第22条　本办法由仓储部负责编制、解释与修订。

第23条　本办法自××××年××月××日起生效。

7.4　生产物料管理精细化：提质增效

7.4.1　生产现场物料浪费管控方案

通过对生产现场物料实施管控，可以减少生产过程中的物料损耗和物料浪费，减少生产过程中的物料废弃和环境污染，提高生产效率，降低生产成本。同时能够帮助员工了解浪费的概念，掌握预防生产现场物料浪费的方法。

生产现场物料浪费管控方案

一、目标

实现工厂资源的高效利用，提高生产效率和产品质量，减少物料浪费，降低成本，实现可持续发展目标。

二、现状及问题

1.为了应对需求波动和不确定性，工厂会采取过剩生产的策略，以保证交货期限和订单完成率。但此策略会导致大量的库存积压和资源浪费。

2.传统的生产计划和排程通常基于预测的需求和计划生产量，这种方式无法精确地匹配需求和生产，导致生产线上存在过量或不足的物料库存。

3.生产现场存在着人为失误的可能性，包括操作不当、设备故障、人员不合格等等，导致原材料、半成品和成品的浪费。

4.生产现场的设备需要定期检查和维护，设备运作效率低和设备突然损坏均会导致生产线的停机和物料的浪费。

5.生产过程中存在生产不良品的风险，不良品的数量越多，浪费的物料也就越多。

三、生产现场物料浪费管控措施

（一）运输部门

1.采用流水线输送、自动化技术和无人搬运等先进的物料输送设备和技术，减少人工搬运，避免物料在输送过程中的浪费和损耗。

2. 采用机械化装卸、自动化装卸等装卸搬运设备和方式，减少人工装卸造成的物料损坏和浪费。

3.对区域设备在制品和人员进行定制管理，确定物料流转路线，避免物料在工厂内部的滞留和浪费，提高生产效率。

4.合理规划工厂布局，缩短物料在工厂内部的运输路径，减少运输时间和运输成本，同时防止物料损坏等情况的发生。

（二）质检部门

1.质检部门应建立并完善质检制度和流程，明确质检员的职责和具体质检流程，避免因质检人员能力不足导致的物料浪费。

2.采用先进的测试仪器和质检方法，对物料进行全面的质量检测，避免因质检不严格导致的物料浪费。

3.加强质检结果的应用，将质检结果与生产计划和物料需求计划等结合起来，制定相应的措施，减少物料浪费。

4.加强对质检人员的培训和教育，提高他们的专业技能和职业素养，避免因质检不专业导致的物料浪费。

（三）仓储部门

1.制定完整的物料管理流程，规范物料采购、储存、使用和退库的过程，并对全员进行制度培训，确保每位员工都能够按照规定执行。

2.通过优化仓储设施的布局和设计，最大限度地利用仓储空间，提高仓储效率，降低仓储成本。

3.建立定期盘点和清点机制，对库存物料进行管理和控制，避免过多库存导致过期损失和资金浪费。

4.建立物料管理信息系统，实现物料使用和库存的实时监控和管理，提高物料利用率和效率，及时发现和解决物料浪费的问题。

（四）生产部门

1.建立生产计划和物料需求计划管理制度，明确生产任务和物料需求，避免生产过程中的物料浪费。

2.采用智能化生产设备和技术，提高生产效率和质量，避免因生产过程不稳定导致物料的浪费和损耗。

3.建立废弃物料回收机制，对生产过程中产生的废弃物料进行回收和处理，尽可能实现资源的循环利用，避免废弃物料对环境的影响和对工厂造成的经济损失。

4.加强对生产人员的技能培训，提高一线生产人员的技能和素质，避免因生产人员的原因导致物料的浪费和生产计划的延误。

四、生产现场物料浪费管控方案执行监督

1.对生产现场进行实时监控或派专人进行监督，及时发现和解决操作不当和浪费问题，提高生产效率和生产质量。

2.通过监测和分析生产过程中的物料使用情况，及时发现和处理物料浪费的问题，提出改进建议和措施。

3.加强对员工的物料浪费管控意识和知识的培训及宣传，增强员工的责任意识和管理能力，从而促进方案的有效实施。

4.引入独立于工厂的第三方监督机构，对工厂的物料浪费管控方案的实施情况进行客观公正的监督和评估。

五、生产现场物料浪费管控方案的评估

1.评估工厂在生产现场物料管理方面的制度和流程是否完善，是否存在漏洞和不足之处。可以通过对工厂的采购、库存、生产等方面的制度和流程进行审计，发现问题和不足之处，提出改进建议。

2.通过对生产现场进行观察，了解物料浪费的具体情况和原因。可以通过对生产现场的物料使用情况、库存情况、生产计划执行情况等进行调查，收集相关数据和信息。

3.通过对生产现场物料浪费管控方案实施前后的物料浪费情况进行对比分析，评估物料浪费管控方案的实施效果，包括物料浪费的减少程度、采购和库存管理的改善情况等。

4.引入第三方评估机构，对工厂的生产现场物料浪费管控方案进行全面评估，发现工厂在物料浪费管控方面的问题和不足之处，提出改进建议和措施。

7.4.2　物料二次利用管理办法

通过实施物料二次利用管理可以减少废弃物的产生，降低污染物的排放，使工厂更加注重产品质量和环保管理，实现工厂经济效益提升、生产效率提高、产品质量提升、环保管理水平和客户满意度提高的目标。

物料二次利用管理办法

第1章　总则

第1条　为实现物料的二次利用，规范物料二次利用管理工作，减少资源浪费和环境污染，节约成本，提高经济效益，特制定本办法。

第2条　本办法适用于物料的二次利用管理工作。

第3条　物料的二次利用能够减少材料的消耗，提高资源利用率，降低成本。同时还可以减少污染物的排放，保护环境，可进行二次利用的物料有以下三种。

1.呆料。指物料存量过多，耗用量极少，而库存周转率极低的物料，这种物料可能偶尔耗用少许，甚至根本就不能动用。

2.废料。指报废的物料，即经过使用本身已经残缺不堪或磨损过甚或已经超过其寿命年限，以至失去原有的功能，已经无利用价值的物料。

3.损坏的料。指在生产制造过程中，由于操作不当、机器故障、材料质量等问题导致的物料损坏、失效或者无法正常使用。

第4条　物料的二次利用可以采用多种形式，包括再生利用、回收再利用、加工再利用等。具体参考如下。

1.循环利用可以实现废弃物料的回收和重新加工，以此减少对原材料的需求，降低生产成本，减少废弃物的产生。

2.再生利用能够将废弃物和其他可回收物质进行回收和处理，再用于制造新的产品。该方式能够最大限度地减少废弃物的产生，节约资源，减少生产成本。

3.能源回收可以将废弃物和其他可回收物料中的能源进行回收，该方式减少了能源消耗和废弃物的产生。

4.直接出售是将废弃物和其他可回收物料售出，以减少废弃物的产生，实现一定的经济效益。

第2章　物料二次利用流程

第5条　资源回收。生产部门在进行生产活动时，注意收集废弃物料和边角料，并对它们进行分类和评估，确认哪些物料可以进行二次利用。

第6条　决策制定。对废弃物和其他可回收物料的二次利用方式进行评估，确定哪些物料适合进行再利用，哪些需要进行处理或处置。

第7条　制定方案。制定可行的再利用方案，包括选择处理方法、收集、储存、运输，同时须确保所有方案符合相关法律法规和标准。

第8条　加工处理。对可回收物质进行处理，包括清洗、拆卸、分类、重新加工等。在处理后，将这些物质运送到适当的地方进行储存或销售。

第9条　监控追踪。对所有物料的二次利用过程进行监控和追踪，确保其符合相关标准和法规。记录并跟踪物料的来源、处理和销售情况，以便进行审计和追责。

第10条　审核改进。定期审查整个二次利用流程，发现问题并改进，优化二次利用流程，提高物料二次利用率，减少对环境的影响，实现可持续发展。

第3章　呆废料的二次利用

第11条　重新加工。呆废料经过重新加工能够变成符合要求的原材料或零部件，可继续用于生产，减少物料浪费，节省生产成本。

第12条　回收利用。将生产现场仍有利用价值的呆废料进行回收和二次加工，减少资源消耗，降低生产成本，并且减少呆废料对环境的污染。

第13条　再生利用。将能够进行再生利用的呆废料收集起来，转化为有用的资源，减少呆废料数量的同时节省能源和资源。

第14条　呆废料交易。将生产现场产生的呆废料卖给其他工厂进行加工利用，使呆废料变成一种有价值的资产，获得一定的经济效益的同时促进呆废料资源的有效流动。

第15条　不可回收利用的呆废料可根据其性质，利用特殊的处理方式进行处理，确保对环境和人体的安全，实现可持续发展。

第4章　损料的二次利用

第16条　修复再利用。将损坏的料进行修复，使其重新达到生产标准和要求，再进行使用，延长损料的使用寿命，减少浪费。

第17条　分解再利用。将损坏的料进行分解，取出其中的可用部分进行二次利用，将损料转化为有用的资源，减少资源的浪费和环境污染。

第18条　切割再利用。将损料损坏的部分进行分解、切割，去除损坏部分，留下可用部分进行二次利用，使损料得到充分利用，减少物料的浪费。

第5章　物料二次利用管理

第19条　工厂可根据实际情况引入物料二次利用专业技术人员和智能加工设备，加强对物料的检测和分析，提高二次利用效率，确保物料的质量和安全。

第20条　研发部应加强对物料二次利用技术的研究，推广新型物料二次利用技术，提高物料的二次利用效益。

第21条　建立或加入物料二次利用信息平台，在交流平台中查询或出售可利用物料，促进物料的二次利用和交换，提高资源利用率。

第22条　定期开展物料二次利用的宣传教育工作，提高全体员工对物料二次利用的认识和重视程度，树立员工再利用的意识。

第23条　鼓励工厂全体员工积极参与到物料的二次利用中，建立奖励机制，提高员工参与物料二次利用的积极性。

第6章　物料二次利用的奖励办法

第24条　将物料的二次利用纳入员工绩效考核体系，以激励相关部门和员工在物料利用方面的表现，使其在工作中更加注重物料节约和环境保护。

第25条　对于在物料二次利用方面表现突出的员工，一次性给予____元的现金奖励、颁发荣誉证书、职位晋升等奖励，以激励员工更加积极地参与和推动物料二次利用工作。

第26条　对于提出有效的物料二次利用方案的员工，给予____元的现金奖励，以激励员工创新思考物料二次利用的方法并积极行动，奖金的具体数目应考虑以下因素。

1.基于方案的创新程度划分奖金：将奖金的划分与方案的创新程度挂钩，创新程度越高的方案，员工获得的奖金也越高。这种方式可以激励员工提出更具有创新性的方案。

2.基于节约成本的划分奖金：将奖金的划分与方案所实现的节约成本挂钩，节约成本越高的方案，员工获得的奖金也越高。这种方式可以激励员工提出更有效率的方案，帮助工厂降低成本。

第7章　附则

第27条　本办法由生产部负责编制、解释与修订。

第28条　本办法自××××年××月××日起生效。

08

生产成本管理"精细化"：
定额、节能、降本、控制

▶ 8.1 直接材料成本控制 "精细化"

8.1.1 原材料成本控制细则

对原材料成本实施控制可以规范工厂原材料的采购、质检、储存、使用等方面的管理，确保原材料得到合理使用，提高原材料利用率，降低工厂生产成本，提高工厂的经济效益和市场竞争力。

原材料成本控制细则

第1章　总则

第1条　为确保工厂能够有效地控制原材料的采购和使用成本，控制库存水平，提高工厂利润和竞争力，特制定本细则。

第2条　本细则适用于工厂原材料采购工作管理，除另有规定外，均需参照本细则办理。

第3条　原材料成本是指工厂生产产品所需要的原材料的总成本，主要包括以下内容。

1.采购成本。指为获得所需原材料而支付的所有费用，包括采购费用、运输费用、保险费用、关税。

2.质检成本。指在生产过程中，为保证原材料的质量和稳定性而进行的检测、检验和测试所产生的费用。

3.仓储成本。指在生产过程中为了保证原材料的供应而储存原材料所支出的成本。

4.生产成本。指在生产过程中所支出的成本，包括直接人工成本、直接材料成本、制造费用等。

第2章　原材料采购成本控制

第4条　建立并完善采购制度，规定物料采购的申请、授权人的批准权限、物料采购的流程、相关部门的责任和关系、各种材料采购的方式、报价和价格审批等，以确保采购过程的规范、高效和透明。

第5条 加强采购预算和计划管理，通过制订采购预算和计划，工厂能够确定需要采购的原材料的种类和数量，并合理分配采购资源，避免浪费。

第6条 建立供应商档案和准入制度，并对其资质、付款条款、交货条款、交货期限、品质评级、银行账号等进行审核，确保选择符合要求的供应商。

第7条 采购部须建立价格档案，将每批采购物品的报价与归档的材料价格进行比较，分析价格差异的原因。对于重点材料的价格，要建立价格评价体系，定期收集供应价格的相关信息，分析、评价现有的价格水平，并对归档的价格档案进行评价和更新。

第8条 建立原材料的采购价格标准，定期根据市场的变化和产品标准成本调整。以便采购人员积极寻找货源，货比三家，降低采购成本。同时工厂应持续寻找质优价廉的替代品，在不影响产品质量的前提下减少对某些高价原材料的需求，不断降低采购成本。

第9条 采用招标采购、竞价采购等合理的采购方法，确保采购过程的公开，增加采购的透明度，降低采购成本。

第10条 工厂可以根据实际情况选择适合的数字化采购管理软件，及时了解市场上的价格和供应情况，以提高采购管理的效率和准确性，降低采购成本。

第11条 采购人员的素质和能力会直接影响到采购成本控制效果的好坏，工厂应加强对采购人员的培训和考核，提高其专业素养和采购技能，降低采购成本。

第12条 在考虑原材料交货期限、需求预测和订单量等因素的前提下，保持适当的库存水平，减少频繁的原材料运输，从而降低物流成本。

第13条 采用先进的物流管理软件，自动计算最短路径和最佳运输方式，帮助优化运输路线，并根据交通实时状况进行路线调整，从而减少油耗和人力成本；通过与地图应用和GPS系统集成，准确地掌握货物位置和运输时间，从而提高物流效率。

第14条 货物的运输需要考虑多方因素，选择最适合的方式，以降低原材料运输成本。

1.货物性质。体积大、较重的货物可选择铁路或者海运。货物性质特殊、安全性要求高可选择公路或快递运输。

2.运输距离。长途运输可选择海运、铁路等运输方式，距离较短可采用公路、快递等运输方式。

3.运输时间。时间紧迫可选择空运或特快专线等较为昂贵的运输方式；时间宽裕可采用海运或铁路运输等更为经济的运输方式。

第15条　选择合适的装卸搬运设备和机械化作业方式，提高装车、卸车的效率，减少人工作业的时间成本和劳动强度，节约人工运输成本。

第16条　减少原材料损耗，使用合适的包装和运输设备，以减少货物在运输过程中的磨损和损坏。同时需要注意对货物采用适当的保护措施，减少货物损坏和浪费，从而降低原材料成本。

第17条　采用自动化装卸设备，优化货物装载和卸载，提高装载率，减少装卸时间和等待时间，提高运输效率，减少人工成本。

第18条　在与供应商签订合同时需要仔细审查合同条款，确保合同条款符合实际需求和预算；与承运商谈判时，注意对合同条款进行适当的协商和调整，以确保获得最佳的运输服务和价格。

第19条　采用GPS跟踪器、RFID技术和物联网等跟踪技术，实现对货物位置和运输情况的实时监控，以便及时发现问题并采取措施解决，降低原材料运输成本。

第3章　原材料质检成本控制

第20条　制定合理的质检标准，减少质检的次数和成本。通过与供应商沟通和协商，确定原材料的质量要求和标准，以及对于原材料质量问题的处理方式和责任分配。在建立质检标准时，工厂应该考虑到产品的实际用途和客户的需求，以避免质检过于严格或过于宽松，导致不必要的成本和质量问题。

第21条　采用抽样检验方法，减少质检的时间和成本。通过确定适当的样本数量和检验方法，检查样本中的原材料是否符合质量标准。如果样本合格，则可以认为整批原材料符合标准，从而减少质检的次数和成本。

第22条　使用光学显微镜、X射线荧光分析仪、红外光谱分析仪等质检设备和技术，准确地检测原材料中的成分和质量问题，提高质检效率和准确性，避免人工检测的误差和不确定性。

第23条　建立供应商评估体系，提高供应商的质量意识，提高供货质量。通过对供应商的质量管理体系、质量记录和质量问题处理能力进行评估，选择更为合适的供应商，减少质量问题的发生，降低原材料成本。

第24条　建立质量问题反馈机制，及时收集和处理原材料质量问题的信息，快速发现和解决原材料质量问题，避免问题扩大和影响产品质量。同时，工厂可以通过分析和总结质量问题的原因和处理方法，不断改进和完善质检标准和流程，提高质检效率和准确性。

第25条　建立追溯体系，对原材料的来源、生产批次、质量检验记录等信息进行记录和管理，确保原材料的质量和安全，提高质检效率和准确性。

第26条　在验收原材料时，如果供应商已经引入第三方质检机构对原材料进行了检测和认证，则工厂不必再重复检测，降低原材料质检成本。

第4章　原材料仓储成本控制

第27条　仓储部须根据原材料的特性、数量、储存期限等因素，合理规划仓储空间，以实现仓库空间的最大化利用，降低原材料仓储成本。

第28条　引入先进的自动化仓储设备、RFID技术、仓库管理软件等设备和技术，优化仓储流程，提高仓储效率，以降低人工成本和仓储成本。

第29条　定期清理和保养仓库，避免因长期不清理而导致仓库内的垃圾、杂物等对生产物料和设备造成损坏。同时注意定期检查仓库设备的运行状态，及时进行维护和保养，以延长设备的使用寿命。

第30条　加强对供应链的管理，与供应商建立稳定的合作关系，实现物流信息共享和协同，以优化物流流程，降低仓储成本和物流成本。

第5章　原材料生产成本控制

第31条　通过原材料替代或混合使用等办法来优化原材料配比，实现最佳配比，以达到节约用料的目的，降低生产成本。

第32条　采用机器人、自动化生产线等自动化技术来减少人工干预，提高生产效率和降低人工成本。

第33条　加强生产工艺控制，通过培训员工、加强操作规范等措施，提高生产工艺水平，避免因生产操作不当而导致原材料浪费。

第34条　实施精细化管理，通过严格的生产计划、生产过程监控等措施，实现原材料的精细化使用，降低原材料浪费。

第35条　建立完善的计量和检验制度，采用计量仪器检验并严格规范检验流程，确保原材料使用的准确性和合理性。

第36条　加强对员工的培训，提高员工技能和素质，培养员工的环保意识和节约意识，以减少原材料的浪费。

第6章　原材料成本控制监督

第37条　建立严格的采购制度和流程，包括采购计划制订、采购审批、采购验收、采购付款等环节，确保采购过程的规范和透明。

第38条　加强对采购过程的监督和审计，建立采购监督和审计制度，对采购过程进行定期或不定期的审计，及时发现和纠正采购过程中的问题。

第39条　规范采购人员的行为。对采购人员实行采购物资质量保证制度，对采购物资的质量实行"谁采购、谁负责"的终身负责制。对采购人员实行持证上岗制度，未参加过岗位培训的采购人员不得参与采购，坚持做到紧把关口、持证上岗、严格管理、定期考核。

第40条　加强对物资采购决策者的监督。实行领导干部回避制度，禁止领导干部和非采购部门人员参与物资采购工作，实行统一采购、统一供应、统一管理。在重要物资采购中实行集体决策原则，成立领导小组。

第41条　加强对采购过程的监督。在采购过程中加强对采购员的监督，包括对采购计划、采购合同、采购价格、采购方式、采购过程中的变更情况等进行监督。采取定期或不定期的方式对采购员的采购行为进行监督检查并记录。

第42条　建立采购人员诚信档案。对采购人员的不良行为进行记录，并及时向相关部门或人员反馈，对于严重违规或违法的采购人员，应当及时予以处理，以维护工厂的利益和形象。

第43条　加强对运输过程的监督，财务部需要对每次运输的费用进行详细的记录和核算，包括运费、保险费、货物损失和损坏费用等，以便计算总体运输成本。

第44条　对原材料供应商的表现进行监测和评估，对质量问题较多的供应商采取相应的措施，要求其提高产品质量或终止合作，以减少成本损失。

第45条　对生产现场进行实时监控或派专人进行监督，及时发现和解决操作不当和浪费问题，提高生产效率和生产质量。

第7章　附则

第46条　本细则由总经理办公室负责编制、解释与修订。

第47条　本细则自××××年××月××日起生效。

8.1.2 辅助材料成本控制办法

实施辅助材料成本控制办法可以帮助工厂制订合理的采购计划，减少资源浪费，确保采购的物料及时、足量地供应生产所需，并合理控制采购成本，降低环境污染，实现生产成本的降低和利润的增加。

辅助材料成本控制办法

第1章 总则

第1条 为实现成本控制目标，对辅助材料成本进行有效管理和控制，确保辅助材料的采购和使用符合成本控制的要求，特制定本办法。

第2条 本办法适用于辅助材料成本的管理工作。

第3条 辅助材料是指在生产过程中用于辅助生产的各种材料、部件、设备、工具等，它们虽然不是最终产品的组成部分，但对于工厂的生产效率、产品质量和成本控制有着重要的影响，因此工厂需要对辅助材料的选择、采购和使用进行有效的管理和控制。

第2章 辅助材料采购成本控制

第4条 采购人员可利用MRP（物料需求计划）系统或其他计划管理软件，根据生产计划的需求及时调整采购计划，避免采购浪费。

第5条 采购部须对辅助材料进行分类和标准化管理，避免重复购买。分类和标准化管理可以通过统一的物料编码、物料分类等方式实现。

第6条 采购人员可以通过咨询同行业的工厂、参加展会、浏览网络数据、实地考察等方式进行市场调查，掌握市场行情，以确保采购辅助材料时能够选择更有竞争力的供应商。

第7条 通过调查供应商的历史数据、客户评价、第三方评估等方式，评估供应商的信誉，选择质量可靠的供应商，减少不良品的产出。

第8条 采购人员可通过与供应商进行价格谈判、订立长期采购协议或集中采购等方式，获取更有竞争力的辅助材料采购价格。

第9条 采购人员应注意在采购过程中选择制造工艺简单、成熟的辅助材料，以降低生产成本和生产风险。

第10条　通过制定成本核算标准、建立成本核算系统等方式，确定每个产品使用辅助材料的成本，并根据实际情况调整采购计划。

第11条　确定辅助材料的优先级，优先采购对生产和产品质量最为重要的材料。优先级可以根据生产计划、生产线的重要性、产品的特性等进行确定。

第12条　通过本地市场采购、跨国采购等多种渠道采购辅助材料，确保价格的合理性和供应的稳定性。

第13条　采购部须遵守供需平衡的原则，定期进行市场调查和库存清点，避免过度采购导致浪费，或材料不足导致生产任务延迟。

第14条　建立辅助材料的替代品选择制度，鼓励选择质优价廉的替代品，降低成本和环境污染。替代品可以根据质量、价格、环保等因素进行选择和比较。

第3章　辅助材料仓储成本控制

第15条　合理控制辅助材料的库存数量和种类，避免过多的库存占用仓储空间和增加仓储成本。在库存控制方面，可以采用ERP系统、物联网等信息技术手段，实现辅助材料库存的实时监控和精细化管理。

第16条　优化物流配送，降低辅助材料的仓储成本。通过优化物流配送路线，以及选择合适的物流服务商和合理的物流模式等方式，实现物流成本的降低和物流效率的提高。

第17条　采用信息化仓储管理系统、物料管理系统等，实现对仓储环节的精细化管理，从而提高仓储效率，降低仓储成本。

第4章　辅助材料使用控制

第18条　通过利用大数据分析软件和数据分析工具，对辅助材料的使用情况和成本进行监督，避免材料浪费和无效使用。

第19条　工厂可根据自身需求采用自动化生产线、机器人等技术来控制辅助材料的使用，减少人为因素的影响，提高材料利用率和质量。

第20条　引入自动化设备和智能制造系统，减少对人工的依赖，降低人工使用辅助材料的风险和浪费。

第21条　实行岗位责任制，对每个工序的员工进行责任分配，确保每个员工都对自己的工作负责，避免因为工作不认真造成的辅助材料浪费。

第22条　建立员工使用辅助材料的规范，保证辅助材料的正确使用和有效利用。

规范可以通过培训、标准化操作流程等方式实现。

第23条　建立人工使用辅助材料的监控和反馈机制，对每道工序中的辅助材料使用情况进行监督和反馈，及时发现问题并进行纠正。

第24条　对人工使用辅助材料的浪费行为进行惩罚，对违反规定或者有不良习惯的员工进行批评教育或者处罚，以增强员工对辅助材料的节约使用意识。

第5章　辅助材料浪费控制

第25条　通过制定详细的辅助材料使用标准和流程，以及严格的配比和储存规定来控制辅助材料的使用量，避免浪费。

第26条　对可进行二次利用的辅助材料进行分类回收后再利用。对于不可重新用于生产线上的其他辅助材料，应进行相应的处理。

第27条　在工厂生产流程、设备和工具的设计中，应考虑如何优化工艺及流程，最大限度地减少辅助材料的浪费，减少非必要的生产环节，降低生产成本，提高生产效率。

第28条　在日常操作中，生产人员应根据需要选择适当的辅助材料，避免过量使用。同时工厂应对员工进行培训，使员工了解如何更有效地使用辅助材料，以及如何正确地操作和维护设备，以避免材料浪费。

第6章　辅助材料成本控制的奖励办法

第29条　对于生产现场辅助材料使用量大、消耗快的辅助材料，设立成本节约奖，给予优秀员工____元现金奖励，以鼓励员工控制辅助材料使用量，节约材料成本。

第30条　对于生产现场使用频繁、消耗量大的材料，要求相关部门定期汇报辅助材料使用量和消耗情况，对于节约使用量的部门或个人，给予优秀____元现金奖励或颁布荣誉证书。

第31条　对于生产现场中可进行二次利用的辅助材料，设立回收利用奖，给予优秀员工____元现金奖励或颁布荣誉证书，鼓励员工将废弃材料回收再利用，降低材料成本。

第32条　将生产现场辅助材料成本控制的奖励与员工绩效、奖金和晋升机制等挂钩，激励员工积极参与辅助材料成本控制。

第7章　附则

第33条　本办法由生产部负责编制、解释与修订。

第34条　本办法自××××年××月××日起生效。

8.2 直接人工成本控制"精细化"

8.2.1 生产人员工资管理制度

通过制定合理的生产人员工资管理制度可以确保员工获得合理的薪资待遇,有效维护员工的权益,吸引更多优秀人才,增强员工的归属感和忠诚度,提高员工的工作积极性和工作效率,最终实现工厂生产效率和经济效益的提高。

生产人员工资管理制度

第1章 总则

第1条 为有效保障员工权益,提高生产效率,促进工厂生产活动有效运行,特制定本制度。

第2条 本制度适用于工厂生产人员的工资管理工作。

第2章 工资结构与计算方法

第3条 生产人员的工资结构可分为以下几个部分。

1.基本工资。员工按照其岗位等级所确定的最低工资标准,不包含任何津贴、补贴等额外福利。

2.绩效工资。根据员工的工作表现和完成情况而给予的奖励,一般以月度或季度为周期进行评估。

3.奖金。根据员工的工作表现、完成贡献或工厂的业绩、利润等情况而给予的额外奖励。

4.津贴。交通津贴、餐费补贴、通信费补贴等,是根据工厂规定和政策给予的福利。

5.加班费。员工在法定工作时间之外工作的时间所获得的额外报酬。

第4条 基本工资是指生产人员所在工作岗位规定的最低工资标准,或根据职位等级制度确定的基本工资,通常包括以下三个部分。

1.岗位工资。岗位工资指员工按照其所在的岗位等级所确定的最低工资标准,通常根据员工的工作性质、工作难度、工作技能要求等因素来确定，不同等级的岗位工资的标准也不同。

2.技能工资。技能工资是指根据员工的专业技能水平而给予的奖励，通常是根据员工的技能等级和熟练度来计算的。

3.工龄工资。工龄工资是指员工同在工厂工作的年限增加所获得的奖励，通常是根据员工的工作年限来确定的，连续工作满一年，每月给予员工工龄工资____元，连续工作满二年，每月给予员工工龄工资____元，连续工作满三年，每月给予员工工龄工资____元，累计十年封顶。

第5条　工厂通常会根据产品的生产方式和生产效率，采用不同的工资计算方式，主要包括计件和计组两种方式。

第6条　计件工资是指生产人员按照完成产品的数量和质量来计算工资的一种计算方式。生产人员在完成指定的生产任务后，根据所完成的产品数量和质量，获得相应的工资报酬。计件工资=完成的合格产品数量×单价。

第7条　计组工资是指生产人员按照完成一定数量的生产任务来计算工资的一种计算方式。生产人员按照一定的工作组合进行生产工作，生产任务达到一定数量后，整组人员共同分享工资报酬。计组工资=固定底薪+绩效工资。

第8条　绩效工资一方面可以有效提高员工的工作绩效，充分发挥员工的积极性和创造性，另一方面会导致员工为了追求高绩效而不顾工厂整体利益，甚至出现短期行为。因此对员工的绩效工资应审慎、合理评估，保证公平性和规范性，实现可持续发展。

第3章　工资预算编制

第9条　通过预测生产需求，考虑每个部门的生产任务、生产流程和生产工时等因素，确定每个部门需要多少生产人员，以满足生产计划和生产效率的要求。

第10条　根据当地的平均工资水平、行业工资水平，以及员工的工作经验、技能和责任等级等因素，确定生产人员的工资水平。

第11条　在编制工资预算时，需要考虑工人的税收和福利，包括社会保险、医疗保险、养老保险等费用的比例和金额。

第12条　在编制工资预算时需要考虑奖金和津贴的比例和金额，包括生产绩效奖金、出勤奖金、生产津贴等。

第13条　财务部根据工厂年度生产经营计划和员工收入状况，对年度工资预算金额进行合理的编制，并上报经理审批。

第4章　工资发放管理

第14条　确定合适的工资支付方式，可以采用银行代发或者现金支付的方式。无论采用何种支付方式，都需要保证安全可靠，防止出现安全问题和丢失现象。

第15条　选择合理的工资发放时间，通常是每月固定日期。在确定工资发放时间时，需要考虑工厂的生产和财务情况，以便保证员工工资的及时发放。

第16条　及时为员工发放工资条，工资条应包含员工姓名、工号、岗位、基本工资、绩效工资、奖金、津贴、加班费、扣除项、实发工资等内容。以便员工了解自己的工资情况。

第17条　员工可以通过自行核实，或向财务部负责人员核实，以确认自己的工资是否正确。若出现工资错误，应及时向上级或人力资源部反馈，并纠正错误。在采取任何反馈方式之前，工厂应建立一个有效的工资核实管理机制，确保错误得到及时发现和解决，包括建立员工投诉渠道，制定明确的投诉流程，对投诉进行跟踪和记录等。

第5章　工资保密制度

第18条　工厂内任何员工工资资料必须严格保密，员工不得将自己或他人的工资情况透露给他人。

第19条　只有所在部门负责人、人力资源部经理及负责薪资发放人员可查询掌握员工的工资资料，其他任何人不得探询、议论他人的薪资。

第20条　工厂财务部需要对员工工资资料进行保密，并定期对员工进行保密培训，如有违反的情况，工厂可对其进行处罚，包括但不限于警告、记过、降职、降薪等方式。

第6章　附则

第21条　本制度由人力资源部负责编制、解释与修订。

第22条　本制度自××××年××月××日起生效。

8.2.2　生产人员加班费及奖金津贴管理办法

生产人员加班费及奖金津贴管理办法是通过管理和规范生产人员的加班费和奖

金津贴发放，来确保生产人员能够按照规定获得应有的报酬，保障其合法权益，激发生产人员的积极性和创造性，增加其工作动力，从而提高生产效率，促进工厂稳定发展，维护工厂形象和声誉。

生产人员加班费及奖金津贴管理办法

第1章　总则

第1条　为提高工厂生产人员的工作效率和积极性，同时兼顾公平，保障工厂生产工作的有序进行，实现工厂的长远发展，特制定本办法。

第2条　本办法适用于生产人员加班费及奖金津贴的管理工作。

第2章　生产人员加班费管理

第3条　根据劳动法相关规定，超过法定工作时间或休息日和节假日工作的时间算作加班时间，工厂应当按照一定标准支付高于员工正常工作时间工资的工资报酬。

第4条　生产人员加班需要经过审批，具体步骤如下。

1.申请加班。生产人员在需要加班的情况下，应该向其直接上级主管提出申请，并说明加班的时间、原因、内容等相关信息。

2.审批加班。直接上级主管根据生产计划和工作需要，对生产人员的加班申请进行审批。加班原因合理的予以通过，不合理的不予通过。

3.记录加班。生产人员的加班申请经批准后，需要及时在相关记录表上进行记录。记录表内容应该包括加班时间、原因、内容、审批人等相关信息，以便日后管理和核算生产人员的工作时长和加班工资。

第5条　法定工作时间以外的加班工作，加班工资需要按照劳动法相关标准进行计算，具体计算方法如下。

1.安排劳动者延长工作时间的，支付不低于工资的150%的工资报酬，即加班费=（平时每小时工资×150%）×加班小时数。

2.休息日安排劳动者工作又不能安排补休的，支付不低于工资的200%的工资报酬，即加班费=（平时每小时工资×200%）×加班小时数。

3.法定休假日安排劳动者工作的，支付不低于工资的300%的工资报酬。即加班费=（平时每小时工资×300%）×加班小时数。

第6条　对于加班费的管理，首先需要明确规定加班费的计算标准、计算方式、支付时间和支付标准，以及相关的管理流程和审核程序等，同时应对如何区分平时加班和节假日加班，以及如何处理突发事件、临时任务等进行规定。

第3章　生产人员奖金管理

第7条　奖金对员工具有正向的激励作用，能够充分调动员工的工作积极性，提高工作效率。生产人员奖金可根据工厂效益、员工工作情况、员工能力等指标进行分类，具体如下。

1.年终奖。根据生产人员当年的绩效计提年终奖，激励生产人员继续努力工作，实现更佳的工作表现。

2.产量奖。根据生产人员的产量或产值给予相应的奖金，激励生产人员提高生产效率和产量。

3.质量奖。根据生产人员的产品质量或者质量改进情况给予相应的奖金，激励生产人员注重产品质量和技术创新。

4.安全奖。根据生产人员的安全生产表现和事故率给予相应的奖金，鼓励生产人员重视安全生产，提高工作安全性和责任感。

5.节能奖。根据生产人员的节能降耗表现给予相应的奖金，激励生产人员注重节约能源，提高资源利用效率。

6.创新奖。根据生产人员的技术创新、工艺改进等方面情况给予相应的奖金，激励生产人员提高技术水平和创新能力。

7.全勤奖。根据生产人员的上班情况给予相应的奖金，激励生产人员按时上班，提高工作积极性。

第8条　生产人员的年终奖考核指标一般会根据工厂自身的生产情况和管理要求来确定，以下是一些常见的考核指标。

1.完成产量和质量目标。生产效率、产品质量、废品率等。

2.安全生产。生产过程中的安全记录、安全培训情况等。

3.团队协作。生产线协作、工作流程改进等方面。

4.技能和知识水平。生产人员的技能认证、培训记录等。

5.工作态度和表现。出勤记录、工作积极性、奉献精神等。

第9条　财务人员根据加权平均法来计算生产人员的绩效得分。即分配好每个指标的权重，采用以下公式来计算生产人员的绩效得分。

绩效得分=（完成产量和质量目标得分×____%）+（安全生产得分×____%）+（团队协作得分×____%）+（技能和知识水平得分×____%）+（工作态度和表现得分×____%）。

第10条 财务人员可根据员工绩效得分的高低，按照一定的比例确定生产人员的年终奖金，如果绩效得分在____分以上，则可以获得____元作为年终奖金；如果在____分到____分之间，则可以获得____元作为年终奖金。

第11条 工厂应加强对生产人员奖金管理的监督，成立奖金督查工作小组，采取定期全面检查和单项随时随机抽查的方法，对工资奖金管理制度的执行情况进行专项监督检查，及时制止和纠正执行制度不认真、不严格等行为，避免奖金管理过程中出现不合理、不公平的情况。

第4章 生产人员津贴管理

第12条 生产人员津贴可根据不同性质分为以下几类。

1.岗位性津贴。高温作业津贴、高空津贴、夜班津贴、有毒有害津贴等。

2.技术性津贴。特殊教育津贴、科研津贴、工人技师津贴等。

3.其他津贴。伙食津贴、交通津贴、住房津贴等。

第13条 生产人员必须在夜间22:00—6:00时段内工作时间达到____小时，才能够享受____元的夜班津贴。

第14条 在工厂提供的住房内居住，且具备一定的工作年限或工作时间的生产人员，可以获得工厂给予的____元住房津贴。

第15条 对于掌握了特定技能的生产人员，工厂可以按照一定比例将生产人员的基础工资与技能水平进行综合计算，给予一定的技能津贴。

第16条 在发放生产人员津贴之前，工厂必须确保员工确实符合津贴发放标准。一旦发现员工存在不良工作行为或不符合津贴发放标准的情况，应及时予以纠正和处理。

第17条 工厂在发放生产人员津贴时应遵循公平公正原则，确保所有符合条件的员工都能够获得相应的奖励，不可对某些员工进行特殊优待或不公平对待。

第5章 附则

第18条 本办法由人力资源部负责编制、解释与修订。

第19条 本办法自×××ב×年××月××日起生效。

8.3 制造费用成本控制"精细化"

8.3.1 水电费控制细则

实施水电费控制细则能够促使生产现场的员工更加关注水电资源的使用，减少能源浪费，降低能耗，达到节约能源、保护环境、提高生产效率、降低生产成本、提高工厂利润的目的。

水电费控制细则

第1章　总则

第1条　为规范工厂水电费用的支出，保证工厂经营活动的正常进行，防止水电资源浪费和过度消耗，特制定本细则。

第2条　本细则适用于工厂水电费用管理工作，除另有规定外，均需参照本细则办理。

第2章　生产用水控制

第3条　生产部须根据生产现场的用水情况，制订合理的用水计划。用水计划应该包括用水量的预测、用水设备的选择、用水时间的规划等内容。

第4条　工厂可以采用节水设备，有效控制用水量，降低生产成本。以下节水设备可根据生产需求和实际情况进行选择和应用，以达到节约用水量和提高生产效率的目的。

1.循环水系统可以将生产用水回收再利用，减少用水量，降低生产成本，适用于需要大量水的工业生产。

2.高效节能冷却塔能够在实现冷却效果的同时减少用水量和能源消耗，适用于需要大量水来实现冷却的生产环节。

3.节水型蒸汽系统可以通过调整蒸汽压力、温度等参数实现节约用水的效果，适用于需要大量蒸汽的生产环节。

4.单片机液位控制器，该设备使用单片机来控制加水量，实现自动化控制，具有计量准确、稳定性好、维护成本低等优点。

5.自力式流量控制器，该设备通过自动控制加水量来实现流量控制，可以根据生产需求进行精确调节，具有节水效果好、控制精度高、使用寿命长等优点。

6.智能节水系统适用于需要大量用水的生产环节，可以实现对用水量的实时监测和精细化管理，减少用水量和浪费。

第5条　定期评估用水计划的实施效果，及时发现和解决问题。通过评估，发现用水计划的不足之处，及时进行调整和优化，不断提高用水效率和经济效益，为生产带来更大的价值。

第6条　通过优化生产流程，尽可能地减少水的使用量。可以通过节水设备、水流量控制、回收再利用等方式来降低水费支出。

第7条　加强设备维护和管理。设备运行异常、漏水、冷凝水泄漏等都会导致水的浪费和成本增加。定期对设备进行维护和管理，及时处理设备故障，能够降低水费支出。

第8条　与供水公司进行合作，通过谈判、协商等方式降低水费收费标准，降低工厂用水成本。同时也可以积极参与水费减免、优惠水价等优惠政策，从而降低水费支出。

第9条　定期检查用水设施，检测是否存在漏水、水垢等问题，并及时处理，以确保用水设施的正常运行，减少水费支出。

第10条　长效研究雨水收集、污水处理等再生利用技术，实现水的再生利用，降低用水成本，减少水费支出。

第3章　生产用电控制

第11条　生产现场应根据实际情况合理安排生产计划，控制设备开启和停止时间，减少空转和过度使用，降低能耗，避免能源浪费。

第12条　优化生产工艺流程，选用高效设备，调节工艺参数，提高设备利用率和生产效率，减少能源消耗。

第13条　选择能效等级高的设备，采用LED照明、变频调速、高效节能电机等新能源技术和装置，减少能源消耗。

第14条　制订能源管理计划和目标，建立能源管理体系，采取措施进行能源监测、分析、评估，优化能源结构，提高能源利用效率，实现节能减排。

第15条　通过建立能源数据采集系统和能源统计分析系统，及时发现能源的浪费和损失，制定相应的控制措施和改进方案，提高能源利用效率。

第16条　优化照明系统，选用合适的灯具，合理调整照明参数，控制照明亮度和时间，降低照明能耗。

第17条　采用太阳能、风能、地热能等新能源替代传统的煤、石油等能源，以减少对电网的依赖和电费支出。

第18条　定期检查设备是否运行正常，及时维护和更换老化设备，提高设备运行效率，减少能源消耗。

第4章　水电使用监督

第19条　通过安装智能计量设备来实时监测并记录工厂的用水和用电情况，提供实时数据和分析报告，以便管理人员更好地了解能源使用情况。

第20条　建立能源管理系统，对工厂的用水和用电情况进行全面监督和管理，通过集成智能计量设备、数据分析工具和可视化报告来实现能源使用的实时监测、跟踪和控制。

第21条　定期对工厂的能源使用情况进行分析，以评估能源使用的效率和效益。评估结果用于改进能源管理策略和行动计划，以提高能源使用效率和降低生产成本。

第22条　推广节能意识和文化，可以通过培训和教育，提高员工对能源使用和节能的认识，建立奖励机制，激励员工积极参与到节能环保中来。

第5章　附则

第23条　本细则由行政部负责编制、解释与修订。

第24条　本细则自×××年××月××日起生效。

8.3.2　车间检验费与工具费控制实施方案

通过对车间检验费与工具费的控制可以有效地控制费用的增长，有效地管理检验费用，提高质量水平，并实现资源配置的优化，确保资源的有效利用，从而降低生产成本，提高工厂利润。

车间检验费与工具费控制实施方案

一、目标

确保车间生产过程中的质量、效率和安全性，降低生产成本，提高生产效率。

二、车间检验费的控制

（一）车间检验费

车间检验费是指在生产过程中为了确保产品质量而进行的检验活动所产生的费用，包括检验人员的工资、检验设备的维护和修理费用、检验材料的采购和使用费用等。

（二）车间检验费的控制措施

1.人员控制。

（1）建立完善的检验制度，明确检验人员的职责和权限，规定检验操作流程，确保检验的准确性和可靠性。

（2）采用自动化检验系统和自动化检验设备，减少对人工检验的依赖，降低人力成本的同时提高检验效率和精确度。

（3）通过对检验人员进行必要的技能培训和交叉培训，提高检验人员的技能水平，使检验人员熟练掌握检验技术和方法，并完成更广泛的任务，减少检验人员的数量，从而降低人工成本。

（4）建立检验人员考核机制，定期对检验人员进行绩效考核和技能评估，发现问题及时进行纠正和改进，确保检验的准确性和可靠性。

2.设备管理。

（1）采用高质量、可靠的检验设备和工具，减少设备故障发生的概率，降低修理费用。

（2）定期检查设备，以发现潜在问题，检查设备时需要重点查看设备的电气和机械部件，确认设备是否正常运行，避免小问题发展成大问题。

（3）定期对设备进行预防性维护和保养，减少检验设备的故障率，维护计划应该包括清洁设备、润滑设备、检查设备的电气和机械部件、更换磨损和老化的部件等，从而减少维修费用。

（4）建立检验设备的维护记录，分析检验设备的维护历史和费用，确定哪些设备需要更频繁的维护、哪些设备需要更换及哪些维护措施可以节省费用等，以便用于后续决策和未来维护费用的预测。

（5）建立备件库存管理系统，确定哪些备件具有库存需求及具体需求数量，系统应具备库存量监控、备件采购计划制订、备件耗用记录等功能。

（6）原厂备件更加耐用，且有质量保证，工厂使用原厂备件可以保证设备的质量和可靠性，减少因使用劣质备件而导致的维修费用。

（7）跟踪和分析检验设备维护费用，确定哪些检验设备的维护费用最高，以及采取哪些措施来降低维护费用，帮助确定预算计划是否准确，并做出相应的调整。

3.材料采购。

（1）制订合理的采购计划，基于生产计划和历史数据，考虑每种材料的用量和价格等因素。避免采购过多或过少，从而控制车间检验材料的采购成本。

（2）在采购时一定要保证检验材料的质量，采购部要求供应商提供质量证明，确保材料符合使用要求。

（3）做好检验材料的采购记录，包括采购材料的种类、数量、规格、价格、供应商等信息，以便后续的管理和追溯。

（4）使用精准的计量工具，并建立记录系统，记录每个材料的使用量和费用，以控制材料费用。帮助检验人员了解每个材料的使用情况和成本，从而控制使用量避免浪费。

三、车间工具费的控制

（一）车间工具费

车间工具费是指在生产过程中使用的各种工具、设备所产生的费用，包括工具、设备的采购、维修等费用。这些工具可以包括各种生产工具、测量仪器、计算机软件等，用于辅助生产和检验活动。

（二）车间工具费的控制措施

1.采购管理。

（1）制订合理的采购计划，在制订采购计划时，应考虑长期供应商关系、价格和成本效益等因素，确保采购计划符合工厂的利益要求。

（2）优化采购流程，减少采购环节的冗余程序，可采用网上订购、自动化采购系统等方式，提高采购效率，降低车间工具采购成本。

（3）采取集中采购方式，通过集中采购来降低采购成本，与供应商达成长期合作关系，从而获得更优惠的采购价格。

2.维修管理。

（1）建立合理的维护计划，对车间工具及设备进行定期维护和检修，防止出现故障和损坏。制订维护计划时，需要考虑工具和设备的类型、规格、使用时间等因素，以及设备的重要性和维护难度等因素。同时，还需要确定维护计划执行的具体步骤和时间，以确保维护计划的实施。

（2）定期进行预防性维护，及时更换老化的零部件，加强设备清洁，防止设备过载。通过预防性维护，减少设备故障率和维修费用。

（3）明确维修标准和程序，以确保维修过程中的质量和效率。制定设备维修流程图，明确维修人员的职责和权限，同时确定维修标准，规范维修过程和维修质量，以降低维修成本。

三、效果预测

1.规范工具和设备的使用方式，避免浪费和损耗，显著减少车间工具的费用，预计可节约1%～3%的工具费用。

2.优化生产流程，减少不必要的中间环节和工序，减少检验费用和生产成本。预计可节约3%～8%的检验费用和生产成本。

3.定期维护和保养设备，避免因设备损坏而导致生产线停机，减少维修费用和停机时间。预计可以节约3%～5%的维修费用。

4.加强对员工的技能培训，提高员工对检验设备和车间工具使用的规范性和技能水平，减少不必要的损耗和浪费。预计可节约1%～3%的生产费用。

5.通过规范工具和设备的使用方式、优化生产流程、对设备进行定期维护和保养、加强员工培训等方式，预计能够节约8%～19%的车间检验费和工具费，最终实现生产成本的降低。

四、持续改进

1.明确车间检验费和工具费控制实施方案的目标和评估关键指标，包括费用节省率、工具利用率、员工满意度等。

2.收集过去一段时间内的车间检验费和工具费支出情况，并在方案实施后继续收集相关数据。

3.对收集到的数据进行分析，比较方案实施前后的费用支出和工具利用率的差异，并计算节省的费用和时间。另外对员工满意度进行分析，了解实施方案对员工工作质量和效率的影响。

4.比较多种实施方案的效果和优缺点，评估每种方案的可行性和成本效益，并选择最适合的实施改进方案。

5.根据评估结果，提出改进建议，优化和改进实施方案。加强对工具的管理和维护，优化车间检验流程，提高员工技能，加强对员工的培训。

6.在实施改进方案后，需要持续监测和评估实施效果，以确保实施方案的效果和持续优化，后续还需要适时对方案进行调整和改进，以应对变化的需求和挑战。

8.4 生产成本管理精细化：提质增效

8.4.1 生产成本节约管理办法

节约生产成本对于工厂的发展具有重要意义，通过科学地组织和管理生产现场的物资消耗、劳动消耗和各种费用支出，能够达到降低工厂生产成本，提高生产效率，增加利润的目的。

生产成本节约管理办法

第1章 总则

第1条 为帮助工厂更好地管理生产现场，降低生产成本，提高工厂生产效率和市场竞争力。特制定本办法。

第2条 本办法适用于生产现场成本工作的管理。

第3条 工厂生产现场成本是指在工厂生产现场发生的各种成本，主要包括以下3个方面。

1.直接材料成本。在生产过程中所使用的材料的成本，包括原材料、零部件和辅助材料等。

2.直接人工成本。在生产过程中直接参与生产的人工成本，包括操作工人的工资、加班费、社会保险费用、津贴和奖金等。

3.制造费用。机器设备的折旧、维修、保养及在生产过程中所需要消耗的电、水、气等能源的费用。

第2章　直接材料成本控制

第4条　在设计生产工艺流程时，需要考虑如何最大限度地利用材料，可以通过优化生产工艺，使每个原材料都能被充分利用，减少废料的产生。

第5条　对材料的质量、型号、规格等进行严格的检查，确保材料符合生产要求。同时要对材料进行分类储存，避免不同批次的材料混淆，导致材料使用不当造成材料浪费。

第6条　及时根据实际生产情况对生产计划进行调整，对于材料多的订单，可以优先处理，避免因长期储存导致材料的损失和浪费，以确保生产效率最大化。

第7条　加强生产现场管理，对操作人员进行培训，确保材料使用过程中的规范化和标准化，避免材料浪费和不良品的产生。

第8条　对物料进行合理包装，并使用专业的物料输送设备进行物料传递，避免在物料传递的过程中产生不必要的损失。

第9条　采用自动化、智能化设备进行生产，提高生产效率和材料利用率，避免因为人为操作不当等原因造成的材料浪费和损失。

第10条　对材料的使用过程进行监控，找出损耗的原因，对其进行分析，并采取相应的措施，避免损耗的产生。

第11条　采购高质量的原材料，提高产品质量和生产效率，减少因为废品和不合格品的产生而造成的材料浪费。

第12条　定期对设备进行维护和保养，延长设备的使用寿命，减少设备故障的发生，避免因设备故障造成的材料损失和浪费。

第3章　直接人工成本控制

第13条　建立标准化的作业流程和操作规范，提高生产人员的工作效率和产品质量，减少人工成本和废品率。

第14条　合理安排员工的工作任务，避免重复和冗余的工作，提高生产人员工作效率，减少人工成本。

第15条　加班工资是工厂人工成本的重要组成部分，要压缩不必要的加班时间，实现人工成本的降低。

第16条　对工艺流程进行优化和改进，减少不必要的生产环节，降低人工操作的时间和难度，提高生产效率，减少人工成本。

第17条　加强对员工技能水平的培训，提高生产效率和工作质量，减少因人为操作不当造成的人工成本。

第18条　采用自动化生产，使用自动化设备代替人工，减少人工操作步骤，提高生产效率，减少人工成本。

第19条　建立科学的人力资源管理制度，包括合理设置薪酬制度、提供优厚的福利待遇、制定职业晋升和奖惩制度等，提高员工的工作积极性和工作热情。

第20条　加强员工安全教育和培训，增强员工的安全意识，减少因工伤等原因造成的人工成本。

第4章　制造费用控制

第21条　制订并完善设备维修保养计划，明确设备保养周期和标准，定期对设备进行检查和保养，及时发现和解决设备故障和隐患，降低设备故障率和停机时间，减少维修成本。

第22条　选用高效节能的照明设备、变频器、换热器等设备，减少生产过程中所需消耗的电、水、气等能源的使用量，降低生产成本。

第23条　建立能源管理制度和指标体系，对生产过程中所需的电、水、气等能源的使用情况进行监测和分析，及时发现和纠正能源浪费行为，减少能源使用，降低能源的使用成本。

第24条　安装设备运行监控系统，实时监控设备的运行状态和能耗情况，及时发现设备的运行异常和能源浪费，采取措施进行调整和优化。

第25条　提高员工的技能，加强对人员的培训和操作设备的维护，使员工能够正确、有效地操作设备，延长设备使用寿命，减少设备维修和更换成本。

第26条　建立绩效考核机制，对员工的维护保养和能源消耗情况进行考核，并制定奖惩措施，激励员工节约能源，减少设备故障和能源浪费。

第5章　建立奖励制度

第27条　建立生产现场节约管理制度，对生产现场的各项生产活动进行规范化管理，制定具体的节约目标，包括节约用水、节约用电、节约用料等，对于在管理中表现优秀的员工给予奖励，激励员工更加积极地参与节能减排活动，奖励形式可以有以下几种。

1.物质奖励。发放奖金、给予额外的奖励积分、晋升职位、提供培训机会等。

2.精神奖励。表彰、颁发荣誉称号、提供学习和发展机会等。

3.休假福利。增加带薪年假、实施弹性工作制度等。

第28条　对于提出生产成本浪费问题和解决措施的员工，给予相应优秀建议奖，将奖金直接发放给员工，以激励员工提出更多具有建设性的建议。

第29条　对于生产现场员工的技能培训和考核，考核标准为生产工艺和技术操作规程的掌握程度，以及节约资源、节能减排的意识和能力，对于表现优秀的员工给予奖励。

第30条　定期开展节能减排技能大赛，鼓励员工学习节能减排的新技术、新工艺，提高员工的技能水平，以便更好地实现工厂的节能减排目标。

第31条　设立节约成本的先进个人和先进集体奖项，每年末评选出在节约成本方面表现最优秀的员工或团队，鼓励员工积极参与节能减排活动，促进节约型工厂的建设。

第6章　附则

第32条　本办法由生产部负责编制、解释与修订。

第33条　本办法自××××年××月××日起生效。

8.4.2　生产线停机损失控制方案

通过实施生产线停机损失控制方案能够减少停机造成的浪费和损失，降低生产成本，最大限度地提高生产效率，提高产品质量稳定性，促进生产计划的实施，提高员工积极性，为工厂的持续稳定发展奠定坚实的基础。

生产线停机损失控制方案

一、目标

通过建立一系列的控制措施，减少或避免生产线停机带来的损失，从而提高工厂的生产效率和经济效益。

二、停机产生原因

1.设备故障。工厂设备复杂，由许多部件组成，由于磨损、老化、设计缺陷等多种原因引起设备故障会导致生产线停机。

2.电力供应不足。工厂需要大量的电力供应，如果出现电力供应不足或电压不稳定等情况，会导致生产线停机。

3.原材料或零部件不足。生产线需要大量的原材料和零部件，如果缺乏这些物料，生产线就会停机。

4.操作失误。生产线操作人员会因人工操作失误问题，包括技术水平不够、操作不当及员工疏忽等，导致生产线停机。

5.安全问题。若发生火灾、爆炸、气体泄漏等安全事故，工厂必须立即停机进行应急处理，会造成生产线停机。

6.系统故障。工厂通常使用复杂的自动化系统来监控和控制生产线，若系统出现故障，会导致生产线停机。

三、预防措施

（一）设备

1.定期对设备进行维护保养、清洗润滑，更换易损件，延长设备的使用寿命，并减少故障率和停机时间。

2.制订设备维护计划，根据设备的使用寿命和运行状况，制订不同的维护计划，既可以延长设备使用寿命，又可以降低停机风险。

3.及时更新设备，应用先进的设备技术，可以提高设备的性能和可靠性，降低设备故障率，减少设备停机时间。

4.建立设备故障应急机制，制定应急预案和措施，及时应对设备故障，减少停机时间，避免生产计划的延误。

5.对设备操作人员进行专业培训，提高其操作技能和设备维护能力，减少由于操作失误、设备使用不当等人为原因导致的故障和停机。

（二）物料

1.采取及时补货措施，确保及时补货以避免生产线因为原材料不足而导致的停机。

2.加强现场物料储存管理，合理储存、管理原材料，避免材料过期、受潮等现象的发生，以减少物料损失和浪费。

3.优化物料管理，优化物料运输、储存和加工环节，确保物料在整个生产线中不受损坏，并保证其完整性。

4.做好物料的质量检验和控制，及时发现物料缺陷，并及时更换或处理缺陷物料，管理物料的库存，避免物料过期或者过期风险超出可接受的范围。

（三）人工

1.通过对员工进行操作流程、设备使用和维护等方面的培训，提高员工技能，减少因为操作不当导致生产线停机的情况。

2.加强对员工的管理，制定明确的操作规程，确保员工按照规定进行操作，并加强对员工操作的监督和检查，及时纠正操作不当的情况。

3.采用自动化流水线、机器人等技术进行生产，减少对人工操作的依赖，减少因为人工操作不当导致生产线停机的情况。

4.建立备用人员库，以应对员工请假或出现其他紧急情况时人员需求增加的突发情况，以增加生产人员或用备用人员替换原员工工作，避免因为人员不足导致生产线停机。

四、解决办法

1.在发现生产线因不明原因停机后，车间应第一时间暂停生产线，以避免损失扩大和增加安全隐患。

2.尽快确定停机的原因，通过仔细观察，排除一些可能的外部原因，包括电力中断、供应链问题等，如果排查出来是由于设备故障，应及时通知维修人员进行维修。

3.立即通知维修人员，并确保他们在最短时间到达现场进行维修，快速识别、定位和修复导致生产线停机的问题，确保设备和生产线在最短时间重新投入生产。

4.根据停机的时间，提出解决方法。

（1）如果生产线停机时间较短，不影响生产计划的实施，车间可以通过适当调整员工的工作时间，加班生产来弥补生产损失。

（2）如果停机较长，影响生产计划的实施，则生产车间应根据停机的实际时间和影响，及时调整生产计划，使生产能够在最短时间恢复正常。

（3）在紧急生产情况下，工厂应投入更多额外人力、设备、资源进入生产，尽可能地减少损失。

五、后续处理

1.对停机事件造成的损失进行评估和分析，以确定影响范围和影响程度，并采取相应的措施避免类似事件再次发生。

2.损失发生后，生产部和财务部共同确认保险是否覆盖停机事件，如果覆盖，则可以找保险工厂进行赔付，以减少停机带来的经济损失。

3.如果停机事件可能影响到客户的订单和交货时间，工厂应及时派人与客户沟通，协商交货期等事项，尽力减少对双方的影响。

4.及时追踪和记录停机事件的原因、持续时间、损失情况等相关信息，以便对生产过程进行分析和改进。

5.根据停机事件的原因和影响，制定相应的预防措施，改进生产过程，以降低未来停机事件的发生概率。

六、生产线停机损失控制方案评估和改进

1.确定指标。在评估前，需要明确评估的指标，包括停机时间、停机频率、停机原因、损失金额等。这些指标可以根据具体情况进行确定，以便后续的数据收集和分析。

2.收集数据。根据确定的评估指标，对生产线的停机情况进行记录和收集数据。包括通过生产现场的人员进行手动记录，或者通过自动化系统进行数据采集。记录数据的精度和及时性非常重要，可以避免数据缺失和失真。

3.数据分析。对收集到的数据进行统计分析，确定主要的停机原因和损失的金额等。可以使用数据分析工具进行数据可视化和分析，以便发现停机问题和寻找改进方向。

4.制定措施。根据数据分析结果，制定具有针对性的改进措施，解决主要的停机原因。改进措施可以包括进行设备维护保养、加强员工培训、优化材料采购和库存管理等方面。

5.实施措施。实施制定的改进措施，并监测实施效果。

6.评估效果。根据实施改进措施后的数据，再次进行数据分析，比较改进前后的数据差异，评估改进效果。可以通过对比前后数据的变化，确定改进效果的好坏，并进行评估和总结。

7.不断完善。根据评估结果，不断完善改进措施，优化停机损失控制方案。不断优化措施，可以保持方案的有效性，并不断提升生产线停机损失的控制能力。

09

生产安全管理"精细化"：
责任、防护、处理、强化

▶ 9.1　安全纪律、责任、培训

9.1.1　生产现场安全纪律管理制度

制定生产现场安全纪律管理制度对于工厂而言具有重要的意义，它可以保障生产人员的安全、减少事故发生、降低成本、保证生产质量。工厂要重视安全纪律管理制度的制定和执行，加强对生产人员的宣传和培训，增强其遵守安全纪律的意识和自觉性，确保生产过程中的安全和稳定。

生产现场安全纪律管理制度
第1章　总则

第1条　为保障工厂员工的生命安全，保证工厂的生产效率，避免出现人员伤害和财产损失，特制定本制度。

第2条　本制度适用于生产现场安全纪律管理工作。

第3条　生产现场安全纪律工作职责分工如下。

1.安全生产部负责工厂安全生产的组织、指导、协调、监督和检查工作，制定和考核安全生产责任制度，并对安全生产标准化的推进工作进行考核，定期对员工进行安全生产相关知识的教育和培训。

2.设备管理部负责对工厂生产设备安全性能进行检测和维护。

第2章　生产现场安全纪律

第4条　在生产现场，生产人员必须戴好安全帽，避免生产人员的头部受到碰撞和其他伤害。还应穿着符合规定的安全服，避免身体受到切割、撞击和其他伤害。

第5条　在进行需要手工操作的生产操作时，生产人员要戴上防护手套，保护手部免受切割、撞击和其他伤害。

第6条　生产现场的地面往往会因为出现润滑油、水等原因变得潮湿、光滑，同时还可能有危险的障碍物，所以生产人员要穿着专门的防滑和防刺鞋，避免脚部受伤。

第7条　生产人员在进行切割、打磨、钻孔等工作时，为了保护眼睛，应佩戴防护眼镜，防止飞溅的碎片或者其他危险物品伤到眼睛。

第8条 禁止生产人员在生产现场吸烟。生产人员应在指定的吸烟区域吸烟，避免出现重大安全事故，如火灾、爆炸等。

第9条 生产人员要严格按照作业指导书要求，正确地使用各类生产工具和设备，降低事故风险概率。

第10条 生产人员要熟悉并严格遵守所有的操作规程，避免因操作错误或者违反相关规定而导致事故发生。

第11条 生产现场要按照相关环保政策要求，对生产废气和废水进行安全排放，同时确保生产人员的身体健康。

第3章 生产现场安全生产考核

第12条 为确保生产人员遵守工厂安全纪律，减少事故发生，要对生产人员进行相关考核，通过考核，可以发现生产过程中潜在的安全问题，减少生产人员违反安全纪律的问题，增强员工的安全意识和安全责任感。

第13条 安全生产部要安排生产现场管理人员对生产现场进行定期或不定期巡视检查，检查现场生产人员是否遵守工厂安全纪律，并进行记录存档。

第14条 安全生产部应制订生产现场安全演练计划，每季度或每半年进行一次安全演练活动，评估现场生产人员的应急能力，进行打分并存档。通过演练活动检验现场生产人员是否能熟练应对现场安全事故，加强现场生产人员对工厂安全纪律的认识。

第15条 工厂要对现场环境的安全和整洁情况进行考核，制定相应的标准和规范，对生产人员进行定期的培训和督促，确保现场环境的安全和整洁。

第16条 工厂生产现场日常安全纪律考核应包括以下内容：

1.现场人员设备、个人防护装备的使用。

（1）现场生产人员能否熟练、正确地使用设备。

（2）设备管理人员是否定期检查和维护设备，以保证设备的正常运行。

（3）现场生产人员是否正确佩戴必要的个人防护装备，并按规定的程序和标准进行使用。

（4）现场生产人员能否及时发现设备和个人防护装备存在的问题，并采取措施解决问题。

（5）现场生产人员是否妥善保管设备和个人防护装备，将其按规定放置在指定的位置。

2.现场危险品管理。

（1）现场生产人员是否在危险品容器上粘贴正确的标签，能否正确地认识和区分危险品。

（2）现场生产人员是否正确地将危险品储存在规定的区域内，避免交叉污染和危险品泄漏。

（3）现场生产人员能否正确应对危险品泄漏、火灾等突发情况。

3.现场环境管理。

（1）现场是否有杂物乱堆乱放，是否有货物、设备、杂物等堵塞通道，存在行人和车辆安全隐患。

（2）现场是否保持干净整洁，是否有垃圾和异味。

（3）现场电线是否存在老化、裸露的情况，是否存在短路和漏电隐患；灭火器、消防栓是否齐备，是否存在过期、损坏的情况。

（4）是否对现场废弃物进行分类处理；现场是否存在污水、废气等污染情况。

第4章　生产现场安全纪律奖惩措施

第17条　安全生产部要制定生产现场安全纪律奖惩制度，对严格遵守安全纪律的人员进行奖励，以激励员工实施安全作业，对违反安全纪律的人员进行惩罚，保障生产现场的安全。

第18条　奖励措施具体如下。

1.设立安全文化建设奖，对提出有效安全建议、参与安全活动、全面宣传安全知识等方面表现优秀的人员进行表彰，根据其贡献度给予荣誉称号或奖金。

2.设置安全绩效奖金，对在作业中遵守安全规定、积极参与安全管理、预防事故和减少事故损失等方面做出突出贡献的人员进行表彰，根据考核结果，发放相应的激励奖金。

3.对于在安全纪律管理方面表现出色的人员或班组，可给予晋升的机会，激励员工更好地参与和推动安全纪律管理工作。

第19条　惩罚措施具体如下。

1.对于违反安全纪律的人员，程度较轻者可以对其进行批评、教育，增强员工的安全意识和安全责任感。

2.对于严重违反安全纪律的人员，采取警告的方式进行惩罚。

3.对于严重违反安全纪律、造成严重后果或多次违规的人员，采取降薪或辞退等措施进行惩罚，以确保生产现场的安全。

4.若存在大范围违反安全纪律的情况，工厂要进行停工整顿，违纪人员需要在停工整顿期间接受严格的安全培训和检查，并再次进行考核，考核通过者才可返回生产现场。

第5章　附则

第20条　本制度由安全生产部负责编制、解释与修订。

第21条　本制度自××××年××月××日起生效。

9.1.2　生产现场安全责任制度

工厂制定生产现场安全责任制度可以明确各个岗位的安全职责、增强生产人员的安全意识、保障生产安全、减少生产成本。工厂应该根据实际情况，制定科学合理的安全责任制度，并加强对生产人员的宣传和培训，让员工真正意识到安全管理的重要性，切实履行自己的安全职责，减少安全事故的发生。

生产现场安全责任制度

第1章　总则

第1条　为规范生产现场生产人员的行为，保障工厂生产现场的人员及财产安全，提高工厂生产效率，特制定本制度。

第2条　本制度适用于生产现场安全责任相关工作的管理。

第2章　生产现场安全管理职责

第3条　安全生产部负责制定和实施工厂生产现场相关的安全制度文件，对生产现场环境和设备的安全状况进行监测，制定安全预案并组织演练，开展安全生产相关的培训和教育活动。

第4条　生产部负责制订和实施生产计划和标准化作业流程，规范生产人员的操作流程，确保其按照规定进行作业，避免因操作不当引起事故。

第5条　设备管理部负责对生产设备和设施进行维修保养，确保设备和设施处于安全状态，预防因设备故障而引起的事故。

第6条　安全生产部要根据工厂生产现场的特点和风险情况，制定合理、科学的安全管理制度，明确生产人员在生产现场的安全职责和要求。

第7条　安全生产部要组织安全生产教育和培训，培养人员的安全意识和技能，使其具备应急处理的能力。

第8条　安全生产部应安排专人对生产现场进行定期或不定期的安全检查，以便能够及时发现和处理安全隐患，确保现场人员和设备的安全。

第9条　当发生安全事件时，安全生产部要立即对安全事件进行处理和组织救援，同时做好相关的记录和报告，确保安全事件及时得到妥善的处理，避免事件影响过大造成严重损失。

第10条　安全生产部在发生安全事件后，要根据事件的性质和严重程度，对责任人进行严肃处理和追责，对违反安全操作规程和安全纪律的人员给予相应的处罚。

第3章　员工安全责任

第11条　现场生产人员在生产现场应当严格遵守安全操作规范，正确使用设备和工具，保障自身的安全和设备的正常运行。同时，不得擅自改变生产过程或操作流程，确保生产过程的安全稳定。

第12条　现场生产人员应认真履行岗位职责，及时发现和报告生产现场的安全隐患，积极采取措施消除隐患，预防事故的发生。

第13条　当发生紧急情况时，现场生产人员应按照工厂的应急处理流程和规定，迅速采取措施，协助他人进行安全疏散，事后及时向相关部门和领导汇报情况。

第14条　现场生产人员要积极参加工厂组织的安全教育和培训活动，增强自我安全意识，熟练掌握安全防范知识，提升事故应急处理的能力，将安全理念贯彻落实到生产过程的每个环节。

第4章　安全检查管理

第15条　工厂应根据实际生产情况制订安全检查计划，计划中要明确安全检查的时间、范围、内容和检查方法等。

第16条　从安全生产部选派专人组成检查小组，对生产现场进行安全检查和评估工作。检查人员应具备一定的安全生产知识和技能，可以熟练使用相关检查工具。

第17条 检查人员要按照安全检查计划，对生产现场的安全设施、安全操作规范等进行全面检查，并记录检查结果。

第18条 检查人员在检查过程中发现问题时，要及时向相关部门反馈，并要求其对问题进行整改，确保问题能够及时得到解决。

第19条 检查人员要根据检查情况，编制检查报告，对发现的问题进行详细描述，提出相应的整改措施和建议，报告要及时报至相关领导处，避免工厂在生产活动中出现相同的问题。

第20条 在对检查报告进行汇总和分析后，应采用定量或定性的方法进行安全评估，评估结果要反映出生产现场安全责任制度的实施效果，为工厂下一步安全管理工作提供参考。

第5章 制定应急预案

第21条 工厂应从各部门中抽调专业人员组成应急预案编制小组制定生产现场安全应急预案。应急预案编制小组要对生产现场进行全面的安全风险评估，根据安全风险评估结果，确定各种风险情况下需要采取的应急措施和行动计划。

第22条 应急预案的内容应包括应急措施和行动计划、应急资源储备、应急救援流程和应急演练等方面的内容。

第23条 应急预案编制小组在制定应急预案后，要报工厂高层领导进行审核，确保应急预案的合理性和可行性。确定应急预案后，要定期组织应急演练，对应急预案进行检验，发现问题后要及时改进。

第24条 应急预案要根据工厂实际生产情况进行定期修订，确保应急预案始终符合工厂生产现场的实际情况。

第6章 安全事件的处理

第25条 在发生安全事件时，要优先确保生产现场的安全，避免安全事故扩大。对于火灾、爆炸等紧急情况，要立即进行紧急疏散，并呼叫现场安全人员和消防员赶往现场处理。

第26条 发生安全事件时，要立即向工厂主要领导和相关部门报告事故的情况和处理进展，以便能及时组织救援。

第27条 发生安全事件后，要严格按照生产现场安全应急预案进行处理，针对不同的安全事件，选择不同的应急措施，迅速控制事故发展，最大限度地减少工厂人员伤亡和财产损失。

第28条　当事故得到有效控制后，要立即组织人员对事故原因进行调查和分析，并制定相关防范措施和改进措施，避免类似事件再次发生。

第29条　对于因事故所导致的人员伤害和财产损失，工厂要及时进行赔偿和补偿，保护员工的权益，同时对相关责任人进行追责。

第7章　附则

第30条　本制度由安全生产部负责编制、解释与修订。

第31条　本制度自××××年××月××日起生效。

9.1.3　生产现场安全培训制度

工厂应该制定科学合理的生产现场安全培训制度，针对不同岗位的人员进行不同的培训，注重实战操作和实际应用，增强生产人员的安全意识，有效预防和控制生产过程中的安全事故，提高工厂的生产效益和市场竞争力。

生产现场安全培训制度

第1章　总则

第1条　为保障工厂生产现场人员在现场作业时的人身安全和身体健康，促进工厂的安全生产和可持续发展，特制定本制度。

第2条　本制度适用于生产现场安全培训工作的管理。

第2章　培训计划

第3条　工厂在制订安全培训计划时，要明确进行生产现场安全培训要达到的目标，及参加培训的人员。培训的内容要包括生产现场的安全规定、紧急处理措施、危险源识别和管理、个人防护措施等方面。

第4条　工厂要确定培训计划的时间和地点，培训时间要充分考虑受培训人员的工作安排和时间安排，培训地点应在工厂内部，如工厂会议室或特定的培训室，以便能够及时传达相关信息。

第5条　在培训计划中要确定培训的方式和方法，培训的方式包括讲座、演示、案例分析等，培训的方法包括小组讨论、角色扮演、在线学习等，工厂要根据实际生产情况，选择合理的培训方式和方法，确保培训的有效性和实用性。

第6条 工厂在制订培训计划时，要考虑到培训材料和工具的应用，培训材料包括PPT（演示文稿）、视频、手册等，培训工具包括模拟设备、紧急救援设备等，工厂须根据实际需要，选择恰当的培训材料和工具，确保培训的有效性和实用性。

第7条 培训计划要包括培训评估和反馈内容，在培训结束后，工厂应实时监测生产成果和生产过程，听取工厂人员的意见和建议，对培训效果进行评估和反馈，并建立单独的培训档案进行存档，以便能够及时调整培训内容，达到优化生产的目的。

第3章 培训内容

第8条 生产现场安全培训的内容要涉及生产现场安全纪律，安全纪律要包括在生产过程中应遵守的安全规程、操作规范、应急处理措施和禁止行为等方面。

第9条 安全培训的内容还应包括危险源的识别和管理，帮助现场生产人员掌握危险源的识别方法和应对措施，确保在工作中识别并消除危险源。

第10条 个人防护措施方面的内容也要在安全培训中得到体现，通过安全培训，帮助现场人员熟练掌握各类个人防护用品的使用方法，如安全帽、防护鞋、防护服、手套等，使其能够根据不同的作业环境和生产任务，选择正确的个人防护用品。

第11条 通过安全培训，使现场生产人员掌握各种紧急处理措施，知道如何正确使用紧急设备。

第4章 培训方式

第12条 根据工厂实际生产情况，工厂要选择不同的培训形式，可以选择集中培训、分组培训或现场培训。集中培训要统一培训时间和场地，便于管理和控制；分组培训要根据各工作岗位和需求，对培训时间和内容进行灵活安排；现场培训是将培训与实际生产操作相结合，以达到最佳培训效果。

第13条 工厂可以通过举办安全讲座、安全知识竞赛等活动对现场生产人员进行培训，树立工厂生产人员的安全理念，加强其安全意识，提高生产现场安全度，提升生产效率。

第14条 可采用现场讲解、演示或互动等多种方式，与现场生产人员实际生产活动相结合，使现场生产人员能更好地理解和掌握培训内容并运用到实际生产活动中。

第15条 培训材料可以采用演示文稿、视频、安全手册等多种形式，培训材料中的语言要简单易懂，图表要清晰明了，避免让参与培训的人员理解困难或产生误解。

第5章　培训讲师要求

第16条　安全培训讲师要具有工厂安全管理体系、安全法律法规等方面的专业知识和丰富的实践经验，能够以简单易懂的方式讲解复杂的安全知识。同时，讲师需要掌握安全知识讲授相关技能，如提问、案例分析等，以便让员工更好地理解和掌握培训内容。

第17条　培训讲师要能够运用各类教学技巧和互动方式，将知识与实践相结合，为现场生产人员提供具有实际应用价值的培训。

第18条　培训讲师要具备良好的沟通和表达能力，能够清晰、准确地表达安全知识和技能，便于现场生产人员进行理解和掌握。

第19条　培训讲师要具备深厚的教学经验，能够针对不同的培训人员和场合进行灵活的教学安排。

第20条　培训讲师要协调和管理好整个培训过程，包括培训时间、场地、设备等方面，同时还需要与工厂各部门和人员建立良好的沟通和协作关系，确保安全培训期间的各项工作能得到落实。

第21条　培训讲师要具有敬业精神和高度的责任心，能够为受培训人员答疑解惑，对受培训人员提出的安全问题提供相应的解决方案和建议。

第6章　安全培训的评估与反馈

第22条　在安全培训结束后，工厂要通过问卷调查、实际操作、考试等方式对受培训人员的培训效果进行评估，并对培训效果进行反馈和改进。

第23条　培训评估的内容主要包括以下方面。

1.培训人员对培训内容的掌握程度。

2.培训人员对培训效果的评价。

3.培训讲师的教学效果，包括培训讲师的授课水平、互动方式、知识点讲解等方面。

4.培训期间的组织和安排，包括场地、设备、时间等方面。

第24条　培训评估的方法主要有以下方面。

1.考试或测试。

2.问卷调查。

3.小组讨论。

4.对受培训人员在培训过程中的表现和态度进行观察。

5.让受培训人员填写反馈表，收集反馈意见。

第25条 具体反馈措施主要包括以下内容。

1.对受培训人员所提出的问题和建议进行回应和改进。

2.对培训讲师的教学效果进行总结和反馈，并提出具有针对性的改进意见。

3.根据培训人员的评价和反馈，不断改进和优化培训内容、方式、计划等。

第7章 附则

第26条 本制度由安全生产部负责编制、解释与修订。

第27条 本制度自××××年××月××日起生效。

9.2 安全生产防护、预案、处理

9.2.1 人员安全防护规定

工厂要对人员安全防护进行相关规定，以保障工厂人员的人身安全，提高工作效率和质量，保护工厂的资产和利益。工厂应该对工厂人员进行必要的安全培训和教育，注重现场管理和安全监控，落实安全防护措施，确保工厂人员的人身安全。

人员安全防护规定
第1章 总则

第1条 为改善工厂生产现场的作业环境，加强对生产现场的劳动保护，保障生产人员在生产过程中的生命安全和身体健康，特制定本规定。

第2条 本规定适用于人员安全防护相关工作的管理，除另有说明外，均需参照本规定执行。

第2章 防护设施与装备的购买

第3条 根据实际生产情况和作业环境，结合生产人员的数量、作业的环境、作业的危险程度、作业安全要求等因素，确定所需要购买的防护设施和装备的种类、数量、规格和型号等。

第4条　确定所需的防护设施和装备后，通过互联网、工业展会、工业协会等渠道搜寻具有相关产品生产经验和生产资格的供应商。

第5条　对各供应商所送达的样品及资料中的产品质量、性能、价格、售后服务等方面进行评估和比较。

第6条　根据评估结果，选择性价比高、质量可靠、售后服务好、具有资质证明和法律合规性的供应商和产品。

第7条　与供应商签订合同时，要明确交付时间、价格、质量标准、售后服务等细节，签订过程中要进行充分的协商和沟通。

第8条　在收到防护设施和装备后，要进行验收和确认，对设施和装备进行安装和调试，若存在问题及时联系供应商进行更换。

第9条　建立相关购买档案和记录，包括设施和装备的名称、型号、数量、安装位置、使用情况、维护记录等。

第10条　购买防护设施与装备时，应注意以下事项。

1.生产不同的产品和不同的作业环境需要的防护设施和装备不同，要选择符合实际需要的设施和装备。

2.在购买防护设施与装备之前，要调查供应商所生产的设施和装备是否符合国家安全标准，并查看其是否有相关的质量证明。

3.定期检查和维护防护设施和装备，及时发现设施和装备的磨损和损坏，以便对其进行更换或修理，确保防护设施和装备的可靠性。

4.在购买防护设施和装备之后，要为使用该防护设施和装备的生产人员提供相关的培训和指导，确保其能够正确使用防护设施和装备。

5.购买防护设施和装备时要在保证安全的前提下，考虑安全生产成本预算和工厂实际需要，选择合适的设施和装备。

第3章　培训和宣传

第11条　定期对生产人员进行相关安全知识的教育和培训，包括生产安全知识、事故应急处理方法、个人防护用品的正确佩戴和使用等方面。新员工必须接受安全培训后方可上岗。

第12条　定期召开员工培训会议，由专业的培训讲师对安全防护规定及纪律进行详细讲解，强调其重要性和实施的必要性。

第13条　在工作区域的突出位置，张贴与安全防护相关的海报、标识等视觉宣传物，时刻提醒生产人员注意安全。

第14条　将安全防护规定及纪律编制成宣传手册，分发给所有生产人员，使其时刻学习安全知识，加深理解。

第15条　组织安全示范和演习，模拟出现危险情况的处理方式，增强生产人员的安全意识，提高生产人员的应变能力。

第16条　在宣传和培训后，要求员工进行签名确认，表明其已了解和接受安全防护规定，承诺严格遵守规定。

第17条　建立奖惩机制，对遵守规定和纪律的生产人员进行表扬和奖励，对违反规定的生产人员进行惩罚和警告，营造良好的安全生产氛围。

第4章　安全防护应急预案和演练

第18条　制定安全事故应急预案并进行演练，确保在发生安全事故时能够迅速采取措施，保护生产人员的生命安全。同时，工厂内要配备相应的急救设备和医疗人员，及时为受伤的生产人员进行紧急医疗处理。

第19条　在应急预案中设置应急组织机构，应急组织机构主要包括以下组织。

1.应急指挥中心：位于工厂行政楼，负责协调应急工作，调度救援队伍和救援设备。

2.应急小组：由各相关部门人员组成，负责执行应急预案的任务，如疏散、救援、善后等。

3.专家组：由安全专家、医疗专家等组成，提供技术支持和咨询。

第20条　应急预案中应急流程主要包括以下三个方面。

1.报警和紧急通知：当发生突发安全事故时，要立即向应急指挥中心报警和发出紧急通知，通知所有人员保持冷静，听从指挥，做好疏散和应急准备。

2.疏散和救援：按照疏散预案，将人员有序疏散到安全区域。同时，派出应急小组进行救援，救援被困人员、控制火灾和泄漏等。

3.善后处理：事故得到控制后，应急小组和专家组要对受影响的区域进行评估和处理，清理危险物品，修复生产设施。同时，安排医疗队伍对受伤人员进行救治。

第21条　工厂应配备的应急设备和资源主要有以下内容。

1.明确的疏散通道，确保人员能进行安全疏散。

2.灭火器、消火栓、喷淋系统等消防设备，保障火灾得到及时控制。

3.相关应急救援设备，如急救箱、担架、应急灯具等，为救援提供必要的设备支持。

4.应急物资，如食品、饮用水、毛毯等，为生产人员提供事故发生时的生活保障。

第22条　安排安全应急演练，应急演练要每半年或一年举行一次，确保演练效果的持续性和有效性。

第23条　演练前要对演练场地和设备进行全面检查和维护，确保演练期间不会造成人员伤亡和财产损失。

第24条　演练应严格按照应急预案的流程和步骤进行，演练过程中应注意指挥协调和沟通，避免出现混乱和失误。

第25条　演练结束后应对演练过程进行记录和总结，分析演练中出现的问题和不足，制定改进措施，以提高生产人员的应急反应能力。

第5章　附则

第26条　本规定由生产部负责编制、解释与修订。

第27条　本规定自××××年××月××日起生效。

9.2.2　重大安全事故应急预案

工厂制定重大安全事故应急预案的主要目的是预防和控制重大安全事故的发生，针对可能发生的各类安全事故，制定详细的应急预案，明确应急处置流程和责任分工，快速、有效地应对重大安全事故，有效地控制事故范围，保障工厂人员的人身安全，减少事故损失。

重大安全事故应急预案

一、目的

有效应对工厂重大安全事故，最大限度地减少人员伤亡和财产损失。

二、重大安全事故的定义

1.重大事故是指造成____人以上____人以下死亡，或者____人以上____人以下重伤，或者____万元以上____亿元以下直接经济损失的事故。

2.特别重大事故是指造成____人以上死亡，或者____人以上重伤（包括急性工业中毒），或者____亿元以上直接经济损失的事故。

三、事故报告

1.事故发生后，事故现场有关人员应当立即向工厂主要负责人报告；工厂负责人接到报告后，应于1小时内向事故发生地县级以上人民政府安全生产监督管理部门和负有安全生产监督管理职责的有关部门报告。

情况紧急时，事故现场有关人员可以直接向事故发生地县级以上人民政府安全生产监督管理部门和负有安全生产监督管理职责的有关部门报告。

2.工厂主要负责人接到事故报告后，应当立即启动事故相应的应急预案，或者采取有效措施，组织抢救，防止事故扩大，减少人员伤亡和财产损失。

3.事故发生后，有关单位和人员应当妥善保护事故现场及相关证据，任何单位和个人不得破坏事故现场、毁灭相关证据。

因抢救人员、防止事故扩大及疏通交通等原因，需要移动事故现场物体的，应当进行标志，绘制现场简图并作出书面记录，妥善保存现场重要痕迹、物证。

4.事故报告应当包括下列内容。

（1）事故发生时工厂的概况。

（2）事故发生的时间、地点以及事故现场情况。

（3）事故的简要经过。

（4）事故已经造成或者可能造成的伤亡人数（包括下落不明的人数）和初步估计的直接经济损失。

（5）已经采取的措施。

（6）其他应当报告的情况。

四、应急组织机构和职责分工

1.指挥部由相关职能部门负责人和工厂主要领导组成，负责事故应急救援的总体指挥、协调和决策，包括启动应急预案、组织应急救援工作、处理舆情、调查事故原因等。

2.救援队由专业救援人员组成，负责现场救援工作，包括火灾扑救、伤员救护、危险品处理等。

3.医疗队由专业医疗人员组成，负责伤员救治和现场急救工作。

4.安全监管部负责现场安全监督和事故调查工作，包括对事故现场进行勘察、对事故原因进行调查、对事故责任人进行追究等。

5.通信指挥部负责应急通信和联络工作，包括建立应急通信网、组织通信人员、维护通信设备、建立信息发布渠道等。

6.后勤保障部负责提供现场应急物资和设备支持，包括消防器材、急救药品、应急灯具等，同时也负责组织现场饮食、住宿等后勤保障工作。

7.应急组织机构的人员要接受专业的应急培训和演练，提高应急响应能力。

五、应急预案的启动条件和程序

1.启动条件。

发生重大安全事故时要立即启动应急预案。通过不定期的演练、检查等方式对应急预案启动条件进行评估，以确保在重大安全事故发生时能够及时启动应急预案。

2.启动程序包括以下步骤。

（1）接到事故报告后，立即向应急指挥部及相关职能部门进行报告。

（2）救援队、医疗队和安全监管部门快速到达现场，进行现场勘查和救援。

（3）启动通信指挥部，组织应急通信和联络工作，确保与现场救援人员的联系畅通。

（4）启动后勤保障部门，提供现场应急物资和设备支持，组织现场饮食、住宿等后勤保障工作。

（5）启动事故调查工作，对事故原因进行调查、对事故责任人进行追究等。

3.在启动程序中，应当根据具体情况和实际需要进行调整和补充，以确保应急响应的及时性和有效性。同时，应急预案的启动程序应该得到相关职能部门的认可和支持，确保应急响应工作的协调性和配合性。

六、应急物资和设备准备

应急物资和设备准备应当根据工厂的具体情况进行规划，确保应急物资和设备的数量、种类和规格满足应急响应的需要。同时，在应急响应过程中，应急物资和设备的使用和保养要符合相关的安全规定和标准，确保应急响应工作的安全性和有效性。应急物资和设备应准备如下内容。

1.急救物资：急救箱、紧急医疗设备、止血带、救护车等。

2.灭火器材：消防水枪、灭火器、消防泡沫、防护服等。

3.应急通信设备：对讲机、手机、卫星电话、电台、无线网络等。

4.应急照明设备：应急照明灯、手电筒、路灯、反光背心等。

5.应急工具设备：折叠梯、工具箱、割破工具、吊车、起重机等。

6.应急物资：饮用水、食品、毛毯、救生衣等。

7.应急设施：避难所、应急通道、安全出口、消防水源等。

七、事故处理措施

1.在工厂重大安全事故应急预案中，要根据工厂的实际情况评估和规划符合相关法律法规的要求，并经过应急演练科学有效地疏散和救援。

（1）发生重大安全事故后，要立即将工厂内人员安全地撤离到事故场外或安全区域，疏散时要遵循逃生指引和路线，保持秩序，避免拥挤和发生踩踏事故。

（2）配合有关部门，进行现场搜救、医疗救治、灭火、危险物质清理工作，确保事故现场的安全和稳定，避免事故进一步恶化。

（3）建立完善的通信系统，通过应急广播系统、应急电话等，确保工厂人员和救援人员在疏散和救援过程中能够及时沟通和协调。

（4）配备灭火器、消防栓、应急照明、应急出口等应急设施，确保人员在事故发生时可以及时使用这些设施，保障其生命安全。

2.工厂在重大安全事故应急预案中的舆情处理措施要与其他应急措施相互协调和配合，最大限度地减少事故对工厂造成的不良影响。

（1）明确舆情应对机制和具体职责分工，建立应急舆情响应小组，制定应对措施和应对策略，及时应对和处理舆情事件。

（2）在重大安全事故发生后，要及时发布信息公告，向工厂人员和社会公众说明事故情况、事故原因、应急措施等相关信息，减少谣言的传播和不良社会影响。

（3）及时与相关媒体进行沟通和联系，向媒体发布准确的信息，及时回应媒体的提问和关注，控制媒体报道的方向和内容，避免不必要的负面影响。

（4）定期组织应急演练，提高工厂应急响应能力和舆情处理能力，增强人员的安全意识，提高人员的应急反应能力，避免发生重大安全事故时产生不必要的误解和恐慌。

3.为了加强应急救援工作的协调性和有效性，工厂要建立多部门联动的应急救援体系，协调各部门参与应急救援工作。

（1）生产部负责启动应急预案，采取必要措施确保人员撤离、设备停止运转等，协调组织现场的救援和恢复工作，并及时报告事故情况。

（2）安全生产部负责事故现场的安全控制、污染防治和环境监测等工作，协调组织现场应急救援和后续环境治理工作，并及时汇报事故情况和处理情况。

（3）人力资源部负责组织现场人员的疏散、救援和后续安置工作，协助医护人员进行救助工作，并及时汇报相关情况。

（4）公关部负责与媒体、政府、相关利益方进行沟通和协调，及时向社会公布事故处理情况，并组织开展相关社会影响的评估工作。

（5）法律部负责分析事故的法律责任和后续处理措施，协调组织法律服务和法律风险防范工作，并及时汇报事故的后续处理情况。

（6）财务部负责组织核算事故损失和需要补偿的费用，并及时汇报损失和补偿情况。

八、事故调查

事故处理和救援结束后，要及时启动事故调查程序，对事故原因进行分析，并进行事故责任追究，进而完善工厂安全管理措施，避免类似事故再次发生。

重大事故由事故发生地省级人民政府负责调查，也可以授权或者委托有关部门组织事故调查组进行调查。特别重大事故由国务院或者国务院授权有关部门组织事故调查组进行调查。

1.应急预案中要设立调查小组，小组成员由安全生产部的专业人员和工厂管理人员组成，全面配合政府及相关职能部门调查事故的原因和责任，并提出相应的处理意见和建议。

2.调查小组在调查前要收集安全记录、设备维修记录、操作手册、人员证件等相关证据和资料，以便分析事故原因和责任。

3.调查小组要配合政府和相关职能部门分析事故过程、设备状况、操作程序、人员素质等方面情况，找出事故的根本原因，以便采取相应的预防措施。

4.调查小组应根据调查的结果，制定相应的处理措施，包括对责任人进行处罚、对设备进行维修或更换、对操作程序进行改进等。

5.调查小组应对事故的原因和处理措施提出改进建议，以避免类似事故再次发生。

九、后续工作措施

1.事故发生后应对人员、设备、环境等方面的影响进行评估，以便采取相应的补救措施。

2.认真吸取事故教训，落实防范和整改措施，防止事故再次发生。防范和整改措施的落实情况要接受工会及安全生产监督管理部门和负有安全生产监督管理职责的有关部门监督。

3.对事故处理措施的实施效果进行监测和评估，以便及时发现问题并进行调整。

4.及时向政府主管部门和社会公众发布事故情况，并汇报应对措施和处理结果。

5.事故处理后要对应急预案进行评估和改进，并进行定期演练和检查，确保预案的有效性和可行性。

9.2.3　安全事故处理管理制度

工厂制定安全事故处理管理制度，对于保障员工的人身安全具有重要意义，通过制度的实施，能够明确安全事故的处理程序和责任人，提高应急处理的速度和效率，最大限度地避免和减少员工的人身伤害。同时能够规范工厂的安全管理行为，减少安全事故的发生，从而保护工厂的财产和利益。

安全事故处理管理制度

第1章　总则

第1条　为保障工厂人员生命及财产安全，避免工厂因发生安全事故造成损失，特制定本制度。

第2条　本制度适用于安全事故处理相关工作的管理。

第2章　事故报告

第3条　安全事故严重程度分类如下。

1.一般事故：造成3人以下死亡，或者10人以下重伤，或者1000万元以下直接经济损失的事故。

2.较大事故：造成3人以上10人以下死亡，或者10人以上50人以下重伤，或者1000万元以上5000万元以下直接经济损失的事故。

3.重大事故：造成10人以上30人以下死亡，或者50人以上100人以下重伤，或者5000万元以上1亿元以下直接经济损失的事故。

4.特大事故：造成30人以上死亡，或者100人以上重伤，或者1亿元以上直接经济损失的事故。

第4条　安全事故发生后，要立即通知相关职能部门及工厂主要领导，并对事故现场进行相关报告。

第5条　报告时要清楚地说明事故的经过、事故的情况、采取的应急措施，对相关伤亡人员的姓名、年龄、受伤情况和救治情况等也要进行说明。

第6条　建立内部安全事故报告流程，一般要先向所在部门的主要负责人报告事故，主要负责人再向更高级别的领导进行报告，直至最高级别的领导知晓。在报告过程中，每个负责人都应对所收到的报告进行核实、记录和汇总后再进行上报。

第7条　自事故发生之日起＿＿＿日内，事故造成的伤亡人数发生变化的，应当及时补报。道路交通事故、火灾事故自发生之日起＿＿＿日内，事故造成的伤亡人数发生变化的，应当及时补报。

第8条　报告要保持机密性，以保护工厂人员的隐私和避免不必要的恐慌，只有相关职能部门和工厂主要的管理人员才有权查看报告。

第3章　事故调查

第9条　工厂要组建调查小组配合政府和相关职能部门对安全事故进行调查，调查小组成员由安全生产部或工厂领导指定的专人组成。事故调查小组成员应符合下列条件。

1.事故调查小组成员要具备安全管理、机械、电气、化学等方面的相关专业知识和技能，在进行事故调查的过程中，要根据事故的特点选择合适的调查方法和手段，分析事故原因并提出改进措施。

2.事故调查小组成员要有相关的工作经验，处理事故时，要考虑到工厂的实际情况和生产特点，能够对事故原因做出准确的判断和分析。

3.事故调查小组成员应保持客观公正的态度，不受任何利益影响，根据事实证据分析事故原因，做出公正合理的结论。

4.事故调查小组成员要按照相关程序和要求进行调查，对调查过程中的信息和资料进行严格的保密，确保调查结果的准确性和可信度。

5.事故调查小组成员要具备良好的团队合作精神，能够在组内协调合作，充分利用各自的专业优势，共同完成调查任务。

第10条　调查小组要根据报告中提供的信息，在现场对事故发生的场所、设备、材料等进行详细检查和调查，记录所有的细节，以便为调查提供支持。事故调查小组成员应该履行以下职责。

1.事故调查小组成员要收集事故现场照片、事故报告、目击证人证言等与事故有关的资料和证据，以便对事故进行准确的分析和判断。

2.事故调查小组成员要组织事故调查工作，对收集到的资料和证据进行分析和判断，确定事故发生的原因、过程和责任等，以便为事故处理提供科学的依据。

3.事故调查小组成员要根据调查结果，编写详细的事故调查报告，以便为事故处理提供决策参考。

4.事故调查小组成员要根据调查结果，提出相应的建议和改进措施，以避免类似事故再次发生，并提高工厂的安全管理水平。

第11条　调查报告要对发生安全事故的根本原因进行分析和总结，并提出改进建议和措施，以防止类似事故再次发生。报告内容应满足以下8个方面的要求。

1.对事故发生的时间、地点、人员伤亡情况、造成的损失等基本情况进行描述。

2.对事故发生的直接原因、间接原因和深层次原因进行分析，找出事故发生的根本原因。

3.对事故发生前的预兆、事故发生时的环境和条件、事故发生后的处理等过程进行分析。

4.要对事故责任进行认定并提出对事故责任者的处理建议。

5.根据对事故原因和过程的分析，提出对管理制度、操作规程、技术装备等方面的改进建议。

6.根据所认定的事故责任和提出的整改建议，提出相应的处理意见。

7.根据对事故原因和过程的分析，提出相应的防范措施。

8.具有调查人员的名单、证据资料、调查记录、照片等相关资料和证据。

第12条　调查报告要提交给工厂高层管理人员进行审查，并把结果向全体工厂人员进行公布。

第4章　事故处理

第13条　事故发生后，要立即采取迅速报警、关闭设备、疏散人员、封锁现场、进行救援和医疗等应急措施，保护生产人员的生命财产安全。

第14条　在确保现场安全的前提下，要尽快对伤者进行紧急救治和转运，确保其能够得到最好的治疗。救援人员要具备相关医学技能和知识，能够迅速、有效地进行救援工作，并保障自身安全。

第15条　事故发生后，工厂要组织对现场设备的修复和维护、材料的清理和回收、现场的环境治理和恢复等清理和恢复工作，以便尽快恢复生产和工作。

第16条　事故处理完成后，要对事故的原因和处理过程进行反思和总结，以便更好地改进和提高工厂安全管理水平，从事故中吸取教训，提出改进意见和措施，防止类似事故再次发生。

第17条　在事故处理过程中，要根据负责事故调查的人民政府的批复，对工厂内负有事故责任的人员进行处理，负有事故责任的人员涉嫌犯罪的，依法追究其刑事责任。

第5章　法律责任

第18条　事故发生时，工厂主要负责人有下列行为之一的，处上一年年收入40%～80%的罚款；构成犯罪的，依法追究刑事责任。

1.不立即组织事故抢救的。

2.迟报或者漏报事故的。

3.在事故调查处理期间擅离职守的。

第19条　事故发生时，工厂及有关人员有下列行为之一的，对工厂主要负责人、直接负责的主管人员和其他直接责任人员处上一年年收入60%～100%的罚款；构成违反治安管理行为的，由公安机关依法给予治安管理处罚；构成犯罪的，依法追究刑事责任。

1.谎报或者瞒报事故的。

2.伪造或者故意破坏事故现场的。

3.转移、隐匿资金、财产，或者销毁有关证据、资料的。

4.拒绝接受调查或者拒绝提供有关情况和资料的。

5.在事故调查中作伪证或者指使他人作伪证的。

6.事故发生后逃匿的。

第20条　工厂的主要负责人未依法履行安全生产管理职责，导致事故发生的，依照下列规定处以罚款；构成犯罪的，依法追究刑事责任。

1.发生一般事故的，处上一年年收入30%的罚款。

2.发生较大事故的，处上一年年收入40%的罚款。

3.发生重大事故的，处上一年年收入60%的罚款。

4.发生特大事故的，处上一年年收入80%的罚款。

第6章 附则

第21条 本制度由生产部负责编制、解释与修订。

第22条 本制度自××××年××月××日起生效。

9.3 生产安全管理精细化：提质增效

9.3.1 智能化安全监测预警方案

为提高安全监测预警的效率和准确性，及时发现潜在的安全隐患并采取相应措施进行预防和处理，工厂要制定智能化安全监测预警方案。通过先进的技术手段实现对工厂生产环境的全面监测，从而保障工厂生产过程中的安全性。

智能化安全监测预警方案

一、目标

保障生产过程中生产人员的生命安全、身体健康和财产安全，预防安全事故的发生，提高生产效率。

二、设置硬件设备

工厂要在内部设置监控用的硬件设备，用于实时检测工厂内部的温度、气体浓度、烟雾等情况，并监控生产人员的工作状态和工厂的安全状况。

1.温度传感器：监测生产设备、仓库、办公室等场所的温度变化，提供异常温度预警，避免因高温或低温引发的安全事故。

2.气体传感器：监测生产场所、储存区等地的气体浓度变化，提供气体泄漏预警，防止因气体泄漏引发的安全事故。

3.摄像头：监测工厂内部的安全状况，提供视频预警和录像储存功能，帮助工厂管理人员快速响应和处理安全事件。

4.水位传感器：监测工厂内的污水处理设备、储存水池等场所的水位变化，提供水位异常预警，避免因水位变化引发的安全事故。

5.烟雾传感器：监测生产车间、办公室等场所的烟雾浓度变化，提供火灾预警，避免因火灾引发的安全事故。

三、安全现状分析

工厂要对现有安全措施进行分析和评估，并以此为依据，为设计预警方案提供参考。

1.实地考察和询问工厂内部人员，了解工厂内各种设备、工艺流程及工作人员的安全情况。

2.根据调查所得的数据，结合相关的安全规范和标准，对工厂的安全状况进行评估。

3.根据评估结果，对工厂的安全现状进行分析，确定工厂存在的安全隐患和风险，为后续的预防措施提供基础数据。

4.确定工厂存在的安全隐患和风险后，根据工厂的实际情况，对设备维护、人员培训、安全管理制度完善等方面制定相应的改进方案，方案要具有可行性和可操作性。

四、预警系统

1.工厂要利用数据采集、数据处理、人工智能等技术手段建立安全预警系统，对工厂的安全状态进行实时监测和预警，提高工厂的安全性和生产效率，减少安全事故的发生。

2.安全预警系统要根据工厂的实际情况和安全管理要求，制定合理的预警指标，指标要包含温度、压力、气体浓度、烟雾等方面的数据。

3.安全预警系统要根据工厂实际生产情况设置预警阈值，当监测数据超过阈值时，系统会通过短信、邮件、语音播报等多种方式自动发出预警信息，及时通知相关人员。

4.安全预警系统发出预警信息后，相关人员要及时响应和处理。

5.安全预警系统要记录每次的预警信息，以便进行后续的分析和处理。

五、数据采集和处理

1.数据分析为工厂管理人员提供数据支持，以便其能够根据数据的分析结果进行管理决策。

2.传感器和监测设备采集到的数据会通过网络传输到数据处理中心进行处理和分析，提取异常的信息，进行安全预警。

3.对采集到的数据进行清洗，排除数据中的重复、错误和无用信息，清洗后的数据能够更好地反映实际情况，提高后续的分析效果。

4.对清洗后的数据进行统计和分析，建立模型和计算相关指标，根据数据中的规律和趋势，找出潜在的安全风险。

5.对过去一段时间内的数据进行分析，提取出生产设备的故障率、事故率、维修率等指标，判断生产设备的安全状况。

6.根据数据分析得出的结果，将安全风险按照程度进行分类和评估，以便采取相应的措施进行处理。

六、数据保密

1.对采集到的数据进行加密处理，确保数据在传输和储存过程中不被泄露或被非法访问。

2.预警系统中的各个功能模块需要设置不同的权限，只有经过授权的客户才能访问敏感数据和操作敏感功能。同时，需要对各种访问行为的操作进行记录，以便在发生安全事件时进行追溯。

3.要在预警系统和网络入口处设置防火墙，对入侵和攻击进行防御，要安装反病毒软件，对病毒和恶意软件进行识别和清除，预警系统还要及时进行系统更新和漏洞修复，以确保预警系统的安全。

4.负责工厂安全预警系统的客户要接受安全培训和教育，使其能够熟识预警系统并进行安全、规范操作。

七、总结和建议

1.对预警方案实施过程中安全事故的发生情况、预警系统的预警准确率、预警响应速度、监测设备的使用情况等方面进行总结，分析实施效果的优点和不足。

2.根据总结分析的结果，针对方案实施中出现的问题和不足，进一步提出增加或优化监测设备、改进预警算法、完善数据采集和处理系统、增强客户的安全意识等方面的改进方案。

3.根据改进方案提出实施计划、资源投入，对实施过程中的风险控制提出建议，确保改进方案的顺利实施。

4.工厂要制定科学的评估指标，对改进方案的实施效果进行评估和监测，及时发现问题和调整方案，确保改进方案具有可持续性。

5.强化安全预警系统使用客户的安全意识并提高他们的操作技能，提高预警系统的使用效率和准确率。

9.3.2　安全生产成本管控制度

为合理控制安全生产成本，实现安全生产与经济效益的平衡，工厂要制定安全生产成本管控制度，在保障安全生产的前提下，有效地控制成本，提高工厂的竞争力和盈利能力。

安全生产成本管控制度

第1章　总则

第1条　为规范工厂安全生产成本的支出和管理，优化安全投入结构，提高安全生产管理水平，特制定本制度。

第2条　本制度适用于安全生产成本管控相关工作的管理。

第2章　安全生产成本的分类

第3条　安全生产的直接成本包括以下内容。

1.购置安全帽、防护眼镜、防护手套、防护服等安全设备和防护用品的费用。

2.工厂组织安全培训所产生的费用。

3.安全检测费用。

4.安全事故的处理和调查费用、事故赔偿费用等。

5.安全巡查和维护费用。

6.雇用专门安全管理人员的工资费用。

第4条　安全生产的间接成本包括以下内容。

1.生产停工损失费用。

2.生产设备和财产损失费用。

3.人身损害赔偿、财产损失赔偿、治疗费用等赔偿费用。

4.设备的维修和更换费用。

5.发生安全事故后，面对政府部门的监管和处罚，需要支付相关的法律费用。

6.由于发生安全事故，工厂形象受损，导致销售额和市场占有率下降所产生的费用。

7.其他相关支出，包括安全管理软件所需费用、安全咨询费用、安全宣传费用等。

第3章　安全成本管控原则

第5条　安全生产成本的支出要具有合理性、必要性。在安全生产成本的支出之前，要进行充分的分析和评估，确保每项支出都是必要的，且能够有效地提高工厂的安全生产水平。

第6条　工厂对安全生产成本的支出进行控制时，要考虑安全生产成本和生产效益之间的平衡，确保在满足工厂安全生产的前提下，达到生产效益的最大化，以此降低工厂的生产成本和经营成本。

第7条　工厂要将所有与安全生产相关的成本纳入管控范围之内，全面掌握安全生产成本的情况，并进行有效的管控。

第8条　在进行安全生产成本管控时，要确保安全生产的要求得到满足，若安全生产和生产效益之间存在矛盾，要优先考虑安全生产。

第9条　对安全生产成本进行管控，各个部门和岗位之间要进行统筹协调，确保各项工作的有机衔接。

第4章　安全成本管控方法

第10条　工厂要对安全生产成本进行核算，了解安全生产成本的构成和分布情况，为后续的管控提供依据。

第11条　核算安全生产成本后，工厂要对安全生产成本的占比情况、成本结构的合理性、成本与效益之间的关系等进行分析，了解安全生产成本的运作情况，找出存在的问题，并提出具有针对性的解决方案。

第12条　针对安全生产成本的直接成本，有以下管控措施。

1.制定安全生产成本的预算，将直接成本列入其中，并按照预算执行情况进行监控和分析，及时调整预算计划。

2.优化生产设备，提高其安全性能，减少维修和更换的成本。

3.加强对工作人员的安全培训，增强其安全意识，减少意外事故和损失。

4.制订检查计划，明确检查标准，定期对各部门和岗位进行检查，发现和解决潜在的安全隐患，并记录检查结果和整改情况，防止事故发生，降低安全生产成本。

5.通过制定制度、加强监督、开展安全评估等方式建立健全安全管理体系，规范操作流程，减少人为失误和管理漏洞。

6.采用智能安防系统、生产数据分析等现代化的安全技术手段，提高安全生产的效率和水平，减少人工成本和安全风险。

第13条　针对安全生产成本的间接成本，有以下管控措施。

1.建立风险评估机制，对可能引发安全事故的环节和工序进行评估，并制定风险控制措施，降低安全事故发生的概率，减少相关的间接成本。

2.根据实际情况建立完善的应急预案，以快速有效地处置安全事故，降低损失和影响。

3.增强培养人员的安全意识，提高人员的安全自我保护能力和安全行为规范，从根本上减少安全事故发生的可能性，降低间接成本。

4.提高生产效率，减少生产损失和停工时间，降低因安全事故而导致的间接成本。

第14条　安全生产成本预算要根据工厂实际安全生产成本分析的结果，结合工厂实际情况和发展目标进行制定。在编制预算过程中要注重各项安全生产成本之间的协调和平衡，确保在有限的安全生产成本内，达到安全生产效益的最大化。

第15条　制定完安全生产成本预算后，工厂要对各项安全生产成本支出进行监督、审计和控制，避免不必要的开支。

第16条　工厂要对安全生产成本的管控效果、产生的经济效益、质量效益等方面进行评估，了解安全生产成本管控的实际情况，以便及时发现问题并进行改进。

第17条　工厂要加强对安全生产成本管理制度的宣传和培训，增强工厂人员的安全意识和成本意识，减少因为疏忽或无知而导致的安全问题。

第5章　责任和义务

第18条　工厂的管理人员要主要负责执行、落实安全生产成本管控制度，确保安全成本管理工作的有效实施。

第19条　财务部负责安全生产成本的核算、预算、分析和管控，确保财务信息的真实、准确和完整性。

第20条　工厂所有人员要按照工厂的安全生产成本管控制度要求，切实履行安全生产的职责和义务，积极参与安全生产成本管理工作，保护和维护工厂的各类设施和设备，不得故意造成损坏或浪费。

第21条　监督检查人员要对安全生产成本管理工作进行监督和检查，发现问题及时提出整改措施。

第6章　惩罚措施

第22条　在安全生产成本管控过程中，要根据具体情况，采取不同的惩罚措施，惩罚措施要合理、公正、适度，不能随意使用。

第23条　对于违反安全生产成本管理制度的轻微情况，给予警告或罚款。

第24条　对于严重违反安全生产成本管理制度的个人，给予降职或者撤职处罚。

第7章　附则

第25条　本制度由财务部负责编制、解释与修订。

第26条　本制度自××××年××月××日起生效。

10

生产管理流程"精益化"：
设计、优化、再造

10.1　生产管理流程设计的"标准化"

10.1.1　业务流程设计

工厂通过对业务流程进行设计，可以优化生产环节，消除烦琐的环节，缩短制造周期，提高生产效率，同时使不同部门之间的协作更加顺畅、高效，减少沟通成本，提高工厂内部的协作效率，达到提高生产质量，降低生产成本的目的。

1.业务流程特点

（1）业务流程是直接参与工厂经营运作的相关流程。

（2）业务流程是为了安排某项生产工作的先后顺序，对每个生产环节、生产标准、作业方式等内容作出明确规定，主要解决"如何完成"这一问题的相关流程。

（3）业务流程涉及工厂整个"产供销"环节，包括核心流程、支持流程。

（4）业务流程的构成如图10-1所示。

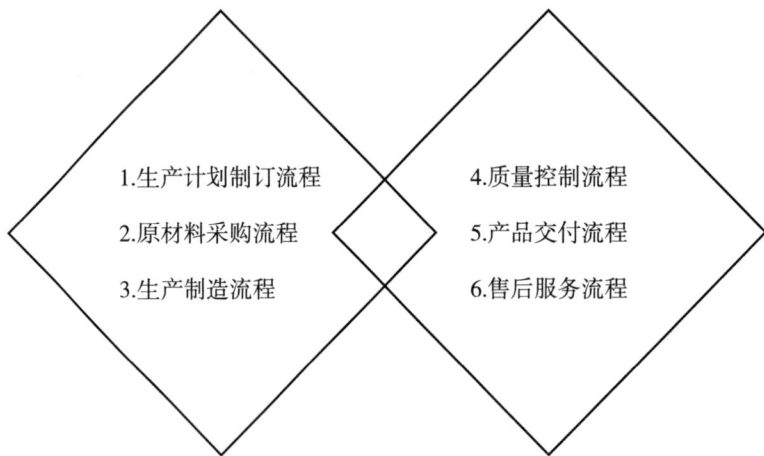

图10-1　业务流程的构成

1.生产计划制订流程
2.原材料采购流程
3.生产制造流程
4.质量控制流程
5.产品交付流程
6.售后服务流程

2.设计方法

（1）明确业务流程图结构。

在业务流程图中，需要明确流程的上下执行主体、活动、要求及指令，并将这些要求和指令用统一的语言表达出来。流程活动的承担者之间要实现一种平等、互助、尊重、关怀的关系。业务流程图结构示意如图10-2所示。

部门（岗位）／时间顺序	部门（岗位）1 部门（岗位）2……	要求及说明

图10-2　业务流程图结构示意

（2）选择流程图绘制工具

流程图的绘制是流程设计人员将流程设计或流程再造的成果予以书面化呈现的过程。绘制流程图常用的工具有Word、Visio等，流程图设计人员可根据实际需求选择合适的绘图工具。Word、Visio进行绘图的优缺点如表10-1所示。

表10-1　Word、Visio进行绘图的优缺点

工具名称	优点	缺点
Word	1.Word普及率高，使用普遍 2.发排打印方便，方便流程文件的印制 3.绘制的图片清晰，文件量小，容易复制到移动储存器和作为电子邮件进行收发 4.Word绘图提供了多种常见的图表和图形模板，可以快速创建一个漂亮的图表或图形 5.Word绘图工具的处理简单，即使是处理复杂的图表和图形也很容易	1.与专业的数据可视化工具相比，Word绘图的功能相对较弱，不能像专业工具那样提供各种复杂的图表和图形类型和选项 2.Word绘图提供的图表和图形样式、格式、选项有限，不能灵活地进行个性化定制 3.Word绘图是在Microsoft Word软件中完成的，如果需要将图表和图形导出到其他文档或应用程序中，可能需要进行额外的格式转换和调整

工具名称	优点	缺点
visio	1.visio是一款专业的流程图和图表绘制工具，提供了丰富的图表、图形类型和选项，可以满足各种专业绘图需求 2.提供了丰富的样式、格式和选项，可以进行灵活的个性化定制，使得绘制的图表和图形更加精确和符合需求 3.支持导出多种格式的文件，包括PDF、JPG、PNG等，可以方便地共享和使用 4.处理复杂图表和图形的速度很快，可以快速地生成和编辑大型和复杂的图表和图形	1.相对于一些简单易用的绘图工具，Visio需要一定的学习时间来掌握其各种功能和操作方法 2.Visio是一款商业软件，需要付费购买或订阅，成本较高 3.Visio处理大型和复杂图表和图形需要较高的电脑配置，不适合在配置较低的电脑上使用

（3）确定流程绘制符号

考虑到流程图的绘制越简洁、明了，操作起来越方便，工厂也越容易接受和落实；符号越多，流程图越复杂。所以，一般情况下工厂使用1～4项规定的符号就基本可以满足绘制流程图的需要了。美国国家标准学会（ANSI）对流程设计标准符号进行了规定，常用流程绘制符号如图10-3所示。

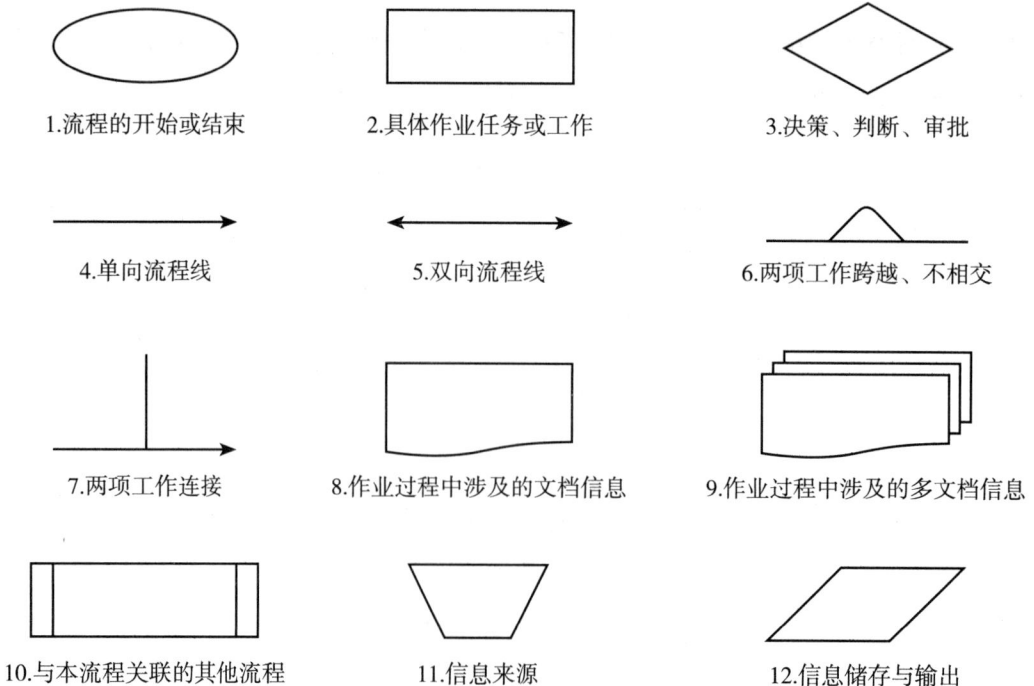

1.流程的开始或结束　　2.具体作业任务或工作　　3.决策、判断、审批
4.单向流程线　　5.双向流程线　　6.两项工作跨越、不相交
7.两项工作连接　　8.作业过程中涉及的文档信息　　9.作业过程中涉及的多文档信息
10.与本流程关联的其他流程　　11.信息来源　　12.信息储存与输出

图10-3　常用流程绘制符号

（4）绘制详细说明

在确定好流程符号和绘制工具后，开始根据生产需要绘制某个生产环节的流程图，绘制时要对每个操作步骤进行具体描述。

①明确流程的起点和终点。起点是业务流程的开始，终点是业务流程的结束。

②明确各个步骤的具体内容、步骤之间的依赖关系及所涉及的人员、部门和系统等。

③根据实际情况和流程逻辑确定业务流程的步骤和顺序，描述每个步骤所执行的具体任务，并标注该步骤的名称和编号。

④标识决策点和分支。决策点是指业务流程中需要进行决策的地方，分支是指在某个步骤中可能有多个分支的情况。

⑤添加足够的注释和说明，以便更好地理解业务流程的细节，以及某些特殊情况的处理方式，同时避免因为某些流程细节不清晰而导致的误解或误操作。

3.注意事项

（1）流程设计人员在绘制流程图的过程中，须确定流程与上下游流程之间的接口及与规范流程运行要求相关联的制度之间的关系，并根据实际情况将其在流程图中反映出来。

（2）流程图绘制完成后，需要通过意见征询、试行等方式发现不足和纰漏，并获得相关建议、意见，以便对其进一步修改和完善，直到最终定稿。

（3）流程设计人员应综合分析意见征询结果，汇总各种修改意见，对流程进行修改和完善，最终形成正式的流程图，提交主管领导审核后呈交总经理批准或董事会审议通过后公示执行。

4.流程模板

以设计"总生产计划编制流程"为例，模板内容如图10-4所示。

部门名称	生产部	流程名称		总生产计划编制流程
单位	总经理	生产部经理	生产计划主管	相关人员
节点	A	B	C	D

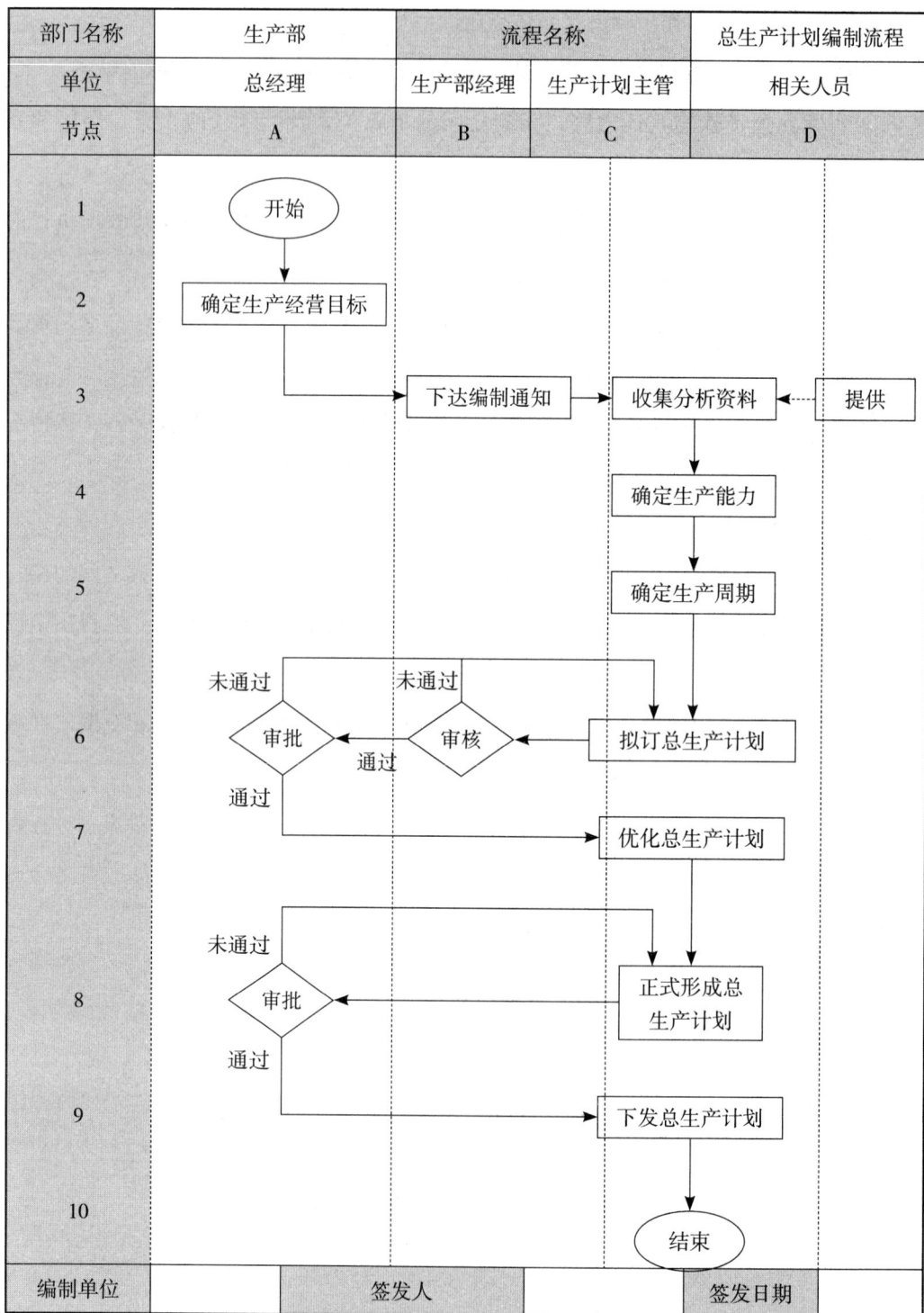

图10-4　总生产计划编制流程

10.1.2　管理流程设计

工厂通过管理流程设计可以对内部的管理进行优化，提高管理效率，降低管理成本，从而提高工厂的经济效益和市场竞争力，提高工厂发展的潜力和可持续性。

1.管理流程特点

（1）管理流程是工厂开展各种管理活动的相关流程，是上级组织对下级组织的管控流程。

（2）管理流程是通过管理活动对工厂生产活动进行监督、控制、协调和服务，间接地为工厂创造价值。

（3）管理流程强调结果，以实现某个目标为导向，每个环节都有明确的目标和结果，通过衡量结果的指标来衡量流程的有效性和质量。

（4）管理流程对工作的分工和协调进行精细化的设计和安排，使每个人员和部门都能够清楚地知道自己的职责和任务，并能够协调合作完成任务。

（5）管理流程构成如图10-5所示。

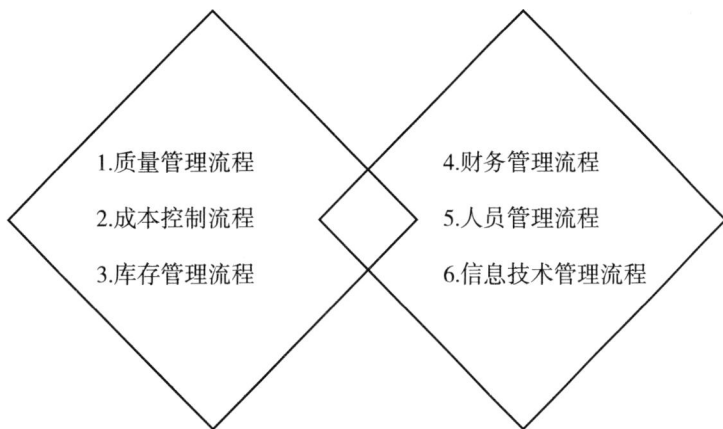

图10-5　管理流程构成

2.设计步骤

（1）界定流程范围

界定流程范围，即确定信息的输入输出。在这一环节，需回答以下几个问题。

①管理流程的活动是否确定。

②流程从何处开始、何处终止？

③流程的输入和输出是什么？

④输出的成果交给谁？

⑤流程目标要求是什么？

在此，以设计"外部招聘管理流程"为例，回答以上5个问题，如表10-2所示。

表10-2　外部招聘管理流程范围界定说明

流程名称	外部招聘管理流程	流程编号	
流程责任部门/人	人力资源管理部/招聘主管	流程对应客户	各用人部门
本流程业务活动	人力资源管理部招聘、面试、录用管理工作		
流程开始	招聘需求	流程结束	录用决策、签订劳动合同
流程输入	已批准的招聘计划、临时招聘需求	流程输出	面试评估报告、劳动合同
流程目标要求	1.期限内完成招聘任务 2.人岗匹配		

（2）确定主要步骤

流程设计人员在界定流程范围后，须进行调查分析，确定本流程包括的主要步骤，操作步骤如图10-6所示。

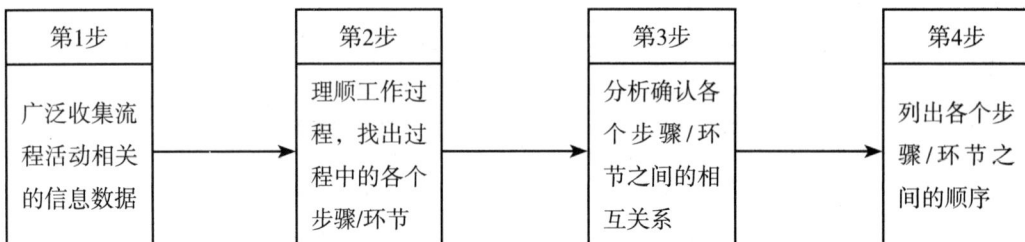

第1步	第2步	第3步	第4步
广泛收集流程活动相关的信息数据	理顺工作过程，找出过程中的各个步骤/环节	分析确认各个步骤/环节之间的相互关系	列出各个步骤/环节之间的顺序

图10-6　操作步骤

（3）步骤详细说明

针对已确定的流程步骤进行具体描述，完成以下工作。

①分析每个步骤的输入、输出。

②明确每个步骤的要求。

③确定每个步骤的各项指标。

④确定每个步骤涉及的部门和人员。

⑤确定本流程的层次及上下层级关系。

3.注意事项

（1）工厂的管理流程绘制完毕并装订成册后，要分发给各个部门遵照执行，将流程实施到实际使用环境中，并监控和维护其运行状态。

（2）工厂在实施流程管理时，需要改变过去的传统观念和习惯做法，以便使每个流程中的活动都能实现最大化增值，最终提升工厂的经济效益。

（3）在流程设计阶段，应该制订详细的设计规划，包括设计的范围、时间、资源和成本等，确保管理流程能够按照预定的进度和预算完成。

（4）在管理流程设计工作中，需要不断进行优化和改进，以提高流程的效率和质量。

四、流程模板

以设计"产能规划流程"为例，模板内容如图10-7所示。

部门名称	生产部		流程名称	产能规划流程	
单位	生产部经理		产能规划员		相关人员
节点	A		B		C

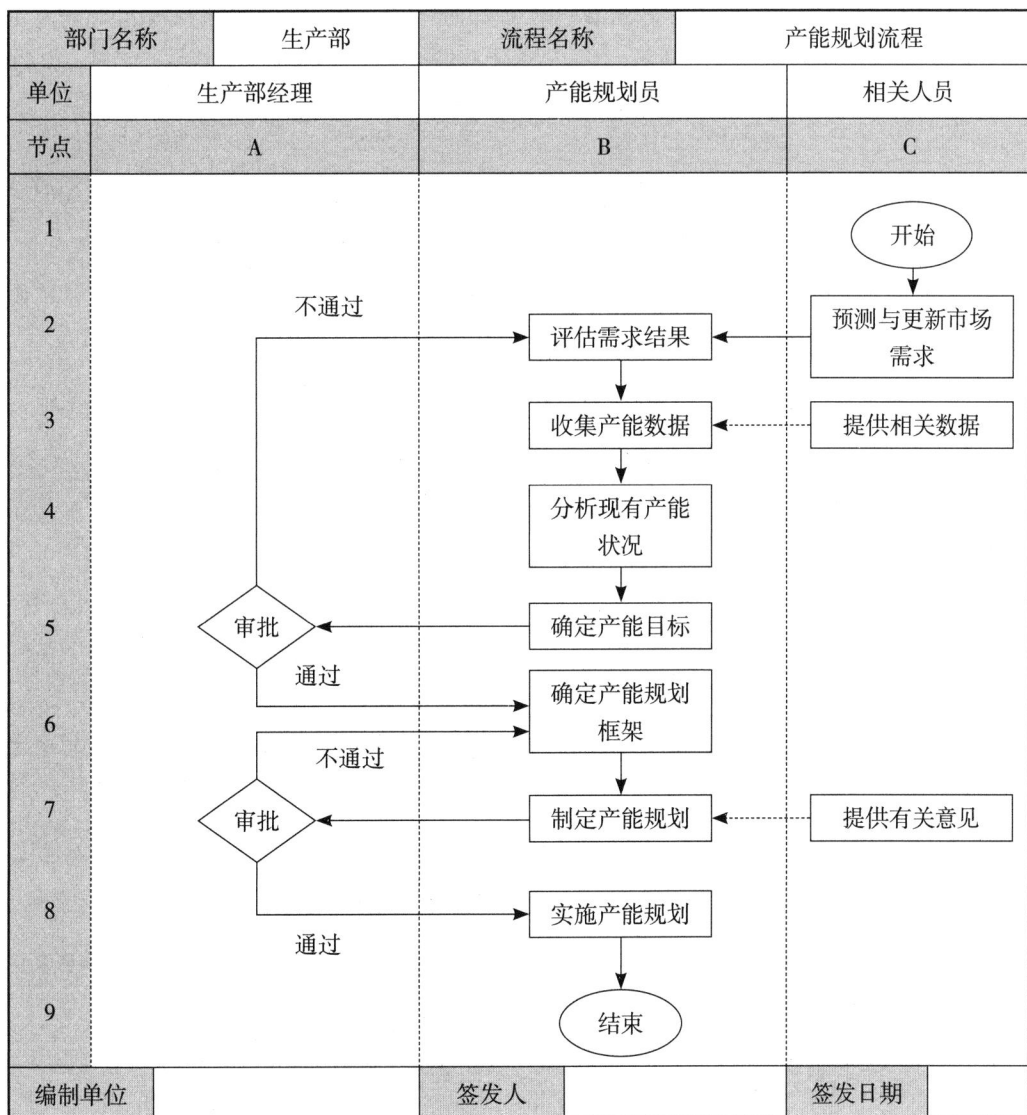

图10-7　产能规划流程

10.1.3　标准化生产作业指导书编制细则

编制标准化生产作业指导书是提高工厂生产效率和产品质量、降低生产成本和质量风险的有效手段。通过制定和执行标准化的生产作业指导书，可以提高工厂的生产标准化水平和竞争力，为其可持续发展奠定基础。

标准化生产作业指导书编制细则

第1章　总则

第1条　为规范工厂生产作业流程，提高生产效率和产品质量，确保操作人员的安全，特制定本细则。

第2条　本细则适用于标准化生产作业指导书编制相关工作的管理，除另有规定外，均需参照本细则办理。

第2章　标准化生产作业指导书的要求和构成

第3条　编制的标准化生产作业指导书要准确反映生产实际情况，不得存在偏差或错误，确保操作人员按照指导书操作能够达成预期效果。

第4条　作业指导书要符合国家相关法律法规和工厂生产管理制度的规定，各项内容应当具有可操作性和可实施性，能够起到规范生产过程的作用。

第5条　编制标准化生产作业指导书时要使用通俗易懂的语言，避免使用过于专业的术语或缩写，以方便操作人员理解。

第6条　要全面反映生产过程中各个环节的要求和操作流程，确保操作人员能够全面、系统地掌握生产流程。

第7条　要以操作人员为主要对象，重点描述操作流程和步骤，同时，尽量简化操作流程和步骤，提高操作人员的操作效率。

第8条　随着生产流程的变化，要及时对作业指导书进行修改和更新，确保作业指导书具有时效性。

第9条　作业指导书要注重安全操作要求和注意事项，确保操作人员的人身安全和生产设备的安全。

第10条　构成工厂标准化生产作业指导书的具体内容如下。

1.工厂基本情况介绍：包括工厂名称、地址、产品种类、规模等基本信息。

2.设备说明：包括生产设备的型号、功能、技术参数、使用方法、保养和维护方法等信息。

3.工艺流程说明：包括生产过程的步骤、流程和相关操作规程，以及原材料采购、加工、检测和包装等流程。

4.安全注意事项：包括生产过程中可能存在的危险和安全风险，以及如何防范和应对，以确保作业人员的人身安全。

5.质量控制说明：包括通过检测标准、质量管理体系、不合格品的处理等保证产品的质量。

6.应急处理说明：包括如何应对突发情况，包括事故、火灾、泄漏等，以确保人员和环境安全。

7.相关法律法规和标准：包括国家和行业相关法律法规、标准和要求，以确保生产过程符合相关规定和标准。

8.其他相关信息：包括生产过程中可能存在的其他注意事项、技术交底、员工培训和考核等。

第3章　设备说明

第11条　设备说明应该包括设备的名称、型号、制造商、出厂日期等基本信息，以便作业人员了解设备的规格和性能。

第12条　设备说明应该包括设备的操作流程，详细描述如何启动、操作、停止和清洁设备。对于重要的操作步骤，可以使用图片或视频来进一步说明。

第13条　设备说明应该包含使用设备时需要遵循的安全程序和注意事项、设备的紧急停机程序、紧急情况下的处理方法等。

第14条　设备说明应该包含设备的维护频率、维护程序和清洁设备的方法等信息。

第15条　设备说明应该包含故障排除信息，描述可能发生的故障和解决方法，以便作业人员或维修人员在设备出现故障时迅速识别问题并采取相应的措施。

第16条　设备说明还应包括电气图、部件清单、备件清单等其他相关信息，以便维修人员更好地了解设备并提供维修支持。

第4章　工艺流程

第17条　定义生产的产品和所涉及的过程，确定产品的规格和标准及每个步骤所需的工具和材料。

第18条　根据产品和过程，在作业指导书中详细说明生产计划，计划包括每个步骤的时间、工具和材料。

第19条　将生产计划中涉及工艺流程的每个步骤的操作方法、所需的工具和材料、每个步骤的重要性在作业指导书中进行详细说明。

第20条　明确作业的关键点，包括质量控制、安全问题、工具的正确使用等，对关键点进行详细解读。

第21条　确定每个步骤的质量标准和检查点，确保产品符合规格和标准，并减少错误的可能性。

第5章　维护保养

第22条　在作业指导书中明确维护保养的对象，以及日常维护、定期保养和特殊保养等维护保养的内容。

第23条　根据维护保养的范围和内容，详细描述每个维护保养步骤的具体内容、方法和要求，包括维护保养前的准备工作、维护保养过程中的注意事项、维护保养后的清理工作等。

第24条　针对可能出现的常见问题和意外情况，在指导书中注明解决方法和应急措施，以便作业人员能够及时应对突发情况。

第25条　在维护保养部分，要突出安全注意事项，包括维护保养过程中的安全措施、设备安全操作要求等，以确保操作过程的安全性。

第26条　在编写维护保养部分时，需要注意以下内容。

1.语言简洁明了，易于理解和操作。

2.维护保养步骤的顺序清晰，步骤明确。

3.维护保养过程中的技术要点、注意事项和安全措施需要突出，并进行详细说明。

4.考虑到实际操作的方便性和效率，尽量采用图文并茂的方式说明，以便操作人员更好地理解和掌握。

第6章　质量控制

第27条　作业指导书中要详细描述所生产产品的尺寸、外观、材料等方面的质量标准，这些标准应该与产品规格和标准相符。

第28条　要在指导书的每个生产步骤中设计质量检查的关键点，关键点应该与产品的质量标准相符。

第29条　根据关键点，在流程说明书中详细描述相应的检查计划，包括谁进行检查、何时进行检查和如何记录检查结果。

第30条　定期汇总检查结果数据，以便进行分析并确定是否需要进行改进，提高产品质量和生产效率。

第7章　注意事项

第31条　在编写注意事项前，要对生产作业环境和操作对象进行了解，以便根据实际情况提供相应的注意事项。

第32条　根据生产作业的具体环境和对象，描述操作过程中的安全措施、环保要求、废物处理要求等安全操作规程和环境保护要求。

第33条　针对作业人员在生产操作过程中需要进行的个人防护，要在作业指导书中给出相应的处理措施，包括穿戴防护装备、戴口罩、戴安全帽等，以确保操作人员的安全。

第34条　在生产作业过程中，对气候变化、意外事故等特殊情况，要特别强调相应的注意事项和应急措施。针对生产作业的要点和提示，作业指导书中要突出其重要性，并给出相应的操作方法和注意事项。

第35条　在注意事项部分，要对作业人员的要求和考核标准进行描述，以确保操作人员能够严格按照操作要求进行操作，保证生产过程的正常运行。

第36条　在编写注意事项部分时，需要注意以下内容。

1.注意事项的顺序清晰，条理分明。

2.对于安全操作规程、环境保护要求等重要内容，需要进行详细说明。

3.强调特殊情况下的注意事项和应急措施。

4.考虑到实际操作的方便性和效率，尽量采用图文并茂的方式进行说明，以便作业人员更好地理解和掌握。

第8章　附则

第37条　本细则由生产管理部负责编制、解释与修订。

第38条　本细则自××××年××月××日起生效。

10.2　生产管理流程优化的"精益化"

10.2.1　生产管理流程优化实施细则

通过优化生产管理流程，可以减少重复的工作和不必要的生产时间，有助于提高生产效率、产品质量和客户满意度，使工厂适应市场的需求变化和竞争压力，促进其持续改进和创新。

生产管理流程优化实施细则

第1章　总则

第1条　为优化生产管理流程，提高产品质量和生产效率，特制定本细则。

第2条　本细则适用于生产管理流程优化相关工作的管理，除另有规定外，均需参照本细则办理。

第2章　优化生产计划

第3条　工厂要时刻关注市场需求的变化，根据实际销售预测、原材料供应情况和生产能力等因素，及时调整生产计划，避免出现过度生产或缺货等情况。

第4条　使用专业的生产计划软件，根据生产能力、原材料供应情况、订单需求等因素进行智能化的生产计划制订和调整，从而提高生产计划的准确性。

第5条　优化生产计划需要工厂全员参与和协同合作，要加强各部门之间的沟通和协调，以达成生产计划的最终目标。

第6条　通过数据采集、生产统计分析等手段对生产过程进行监控和反馈，及时发现问题并进行调整和优化，从而优化和改进生产计划。

第3章　优化生产线布局

第7条　将相关的设备、工位和材料等按照功能、工艺流程、物流流程和作业性质等因素进行合理布局，实现生产线的平衡和协调。

第8条　引入自动化设备替代部分人工操作，提高生产效率和质量，优化生产线布局，使生产流程更加顺畅和高效。

第9条　改善工艺流程，减少不必要的中间环节和工序，使生产线更加简化和高效。

第10条　根据工序流程和实际生产要求，结合作业人员的作业空间和人流量等因素，合理安排设备和工位的位置和数量，避免设备闲置或工位拥挤。

第11条　根据生产设备、作业环境、人员数量等因素，结合设置应急逃生通道和配置防火设备等安全要求，设计合理的安全区域和通道。

第12条　引入先进的智能化设备和生产管理系统，实现生产流程自动化和数字化，提高生产效率和质量，达到优化生产线布局的目的。

第4章　优化设备维护管理

第13条　优化包括设备保养、检查和维修等内容的设备维护计划，并按照优化后的计划执行设备维护工作，确保设备运行的稳定性和安全性。

第14条　建立健全设备档案记录，详细记录设备的型号、出厂日期、初次使用日期、使用年限、保养维护记录等信息。

第15条　根据工厂设备的实际使用情况，确定不同的保养方式和周期，延长其使用寿命，提高生产效率，降低生产成本。

第16条　制定设备检查表或者检查标准，定期检查设备以便及时发现设备故障和潜在问题，避免因设备损坏和生产事故的发生导致不必要的损失。

第17条　设备出现故障时，要及时由专业的技术人员进行维修，避免影响生产进度和质量。要详细记录故障原因、维修方法和维修日期等信息，以便后期维护管理和数据分析。

第18条　对设备使用过程中的常见故障进行分析和总结，制定相应的防范措施和应急预案，建立完善的设备故障预防体系，预防和避免发生设备故障。

第5章　优化员工培训和学习

第19条　工厂要制订全面培训计划，包括岗位培训、技术培训、安全培训等内容的，计划中要列明培训时间、地点、内容和培训对象等信息，使工厂更好地组织和管理培训工作。

第20条　工厂要优化操作规范和流程，并安排专业的培训教师在生产现场指导作业人员进行操作，提高其操作技能和经验。

第21条　工厂要根据不同岗位的需求，定期开展具有针对性的技术培训，帮助生产人员掌握新技术和新工艺，提高生产效率和质量。

第22条 工厂要强化安全教育体系，增强生产人员的安全意识，提高应急处理能力，避免发生安全生产事故。

第23条 工厂要根据实际生产情况完善绩效考核体系，对生产人员的学习和培训情况进行评估和反馈，对表现优秀的人员进行适当的奖励和激励，以提高生产人员的工作积极性和主动性。

第24条 建立知识管理平台，提供相关知识、资料和培训视频等资源，方便员工随时学习和查询相关知识。

第6章 优化质量管理体系

第25条 工厂要根据实际情况优化相关质量管理手册和程序文件，明确质量管理的要求和标准。

第26条 工厂要定期组织人员进行质量知识、操作规程、质量检测等方面的培训，增强人员的质量意识。

第27条 工厂要严格实施过程控制，在生产过程中及时发现和处理问题，避免产品质量问题的发生。

第28条 工厂要优化完善供应商管理制度，对供应商进行评估、审查和监控，确保供应商提供的材料和零部件符合工厂的质量标准要求。

第29条 工厂要定期进行内部审核，发现并解决问题，同时申请外部认证，提高质量管理水平和信誉度。

第7章 优化信息化管理

第30条 工厂要建立专门的信息化管理团队，负责信息化管理的规划、实施和监督，确定信息化管理的目标和步骤。

第31条 根据实际需求和规模选择适合的信息化系统，如ERP系统（工厂资源规划系统）、MES系统（生产执行系统）、SCADA系统（数据采集与监视控制系统）等，以提高生产效率、降低生产成本、提高产品质量。

第32条 工厂要建立信息化管理平台，对生产、质量、人力资源、成本等各方面的数据进行集中管理，实现信息共享、交互和分析，提高决策效率。

第33条 工厂要应用物联网技术对设备、工具、产品等进行智能化管理和监控，提高生产效率和质量水平。

第34条 工厂要建立完善的数据安全体系，实施数据备份、网络安全、信息安全等方面的保障措施，确保信息的安全和稳定。

第35条　工厂要定期组织人员进行信息化培训，提高人员的信息化素养和应用水平。

第8章　优化绩效考核机制

第36条　工厂要根据实际业务目标和发展战略，设定合理的考核指标，指标要与生产人员的工作职责相匹配，要能够有效反映其工作表现。

第37条　工厂要在每季度、半年度或每年进行全面、客观、公正的考核，避免主观性和随意性。同时，要及时向工厂生产人员反馈考核结果，以便生产人员能及时调整工作方向和方式，提高绩效。

第38条　工厂要设立生产流程优化奖惩制度，对表现优异的生产人员给予奖励，激励其他工厂人员积极参与生产流程优化工作；对表现不佳的生产人员采取惩罚措施，以激发其积极性和工作热情。

第39条　引入绩效管理软件，实现绩效考核的自动化、标准化和信息化管理，减少人力投入和人为误差，提高考核的精准度和效率。

第40条　完善考核指标的设定、考核人员的确定、考核方法和工具的选择、考核结果的汇总和分析等方面的绩效评估流程，确保绩效评估的科学性和公正性。

第9章　附则

第41条　本细则由生产部负责编制、解释与修订。

第42条　本细则自××××年××月××日起生效。

10.2.2　生产流程优化实施激励制度

为了鼓励生产人员积极参与流程优化，加强流程控制和监督，促进生产流程优化持续改进，工厂要建立生产流程优化实施激励制度。以激励人员参与流程优化，提高人员的工作积极性，减少生成产过程中的问题和风险，提高生产效率和产品质量。

生产流程优化实施激励制度
第1章　总则

第1条　为推动工厂生产流程优化，提高生产效率，对优化生产流程过程中表现出色的个人和团队给予相应的激励措施，特制定本制度。

第2条　本制度适用于生产流程优化实施激励工作的管理。

第2章　考核

第3条　生产流程优化实施情况考核每季度实行1次，考核对象为参与生产流程优化的各部门人员。

第4条　考核指标单项满分为100分，加权平均后即为最终考核分数。最终考核分数=结果性指标分数×50%+过程性指标分数×40%+创新性指标分数×10%。

第5条　生产流程优化实施考核指标如下。

1.结果性指标（50%）：含生产时间缩短程度、产量增加程度、成本降低率、产品质量增强度、不良率降低程度等指标。

2.过程性指标（40%）：含事故发生率的降低率、员工健康状况、废水和废气减排情况、员工参与程度、生产计划准确率、交付周期缩短率等指标。

3.创新性指标（10%）：提供创新性优化建议并得到了实施等。

第6条　工厂要根据考核结果，给生产人员打分，根据打分结果，对相关人员或部门进行奖励。

1.90（含90）～100分——优秀。

2.80（含80）～89分——良好。

3.70（含70）～79分——合格。

4.70分以下——不合格。

第7条　每季度结束前10天，各部门负责人要整合考核结果，呈报人力资源部存档并实施相应的奖励措施。

第8条　各部门负责人若对生产流程优化实施考核结果有异议，在收到结果后的3个工作日内向人力资源部提出申诉，人力资源部应迅速对申诉内容进行审查，并反馈最终审查结果。

第3章　激励措施

第9条　生产流程优化实施激励要点如下。

1.奖金激励：根据不同人员的贡献和价值给予奖金，鼓励多劳多得。

2.荣誉激励：建立"优化之星"或"最佳优化团队"的荣誉墙，用于展示在生产流程优化中表现突出的人员或部门。

3.培训激励：对于在生产流程优化中表现突出的人员，为其提供相应的培训机会，提高其技能水平和专业素质。

4.发展激励：对于贡献较大的人员，通过晋升、提供职业规划咨询等方式激励其工作热情。

第10条 对于考核结果为优秀的人员或部门，根据其实际贡献度，给予____～____元的奖金。

第11条 对于考核结果为良好的人员或部门，根据其实际贡献度，给予____～____元的奖金，鼓励其继续努力。

第12条 对于考核结果为合格的人员或部门，根据其实际贡献度，给予____～____元的奖金，同时提供相关培训机会，使其进一步提升能力和技能。

第13条 对于考核结果为不合格的人员或部门，为其提供相关培训机会来帮助其进一步提升能力和技能。

第14条 对于在流程优化实施过程中表现特别突出的人员，可以在工厂内部或外部进行公开表彰，并在荣誉墙进行张贴公示，予以职位晋升，以激励其他人员积极参与。

第4章 注意事项

第15条 奖励措施应该与优化目标相匹配，奖励的方式和程度也应该公正合理，避免给人员或部门造成不必要的压力或不满意情绪。同时，应该确保奖励措施公开透明，避免出现偏袒或不公平的情况。

第16条 奖励标准应该具有明确性、可操作性和公正性，以确保人员或部门能够明确知道如何获得奖励，奖励标准的实施过程应公开透明，避免引起员工不满或不公平的情绪。同时，应该确保奖励标准与工厂的文化价值观相匹配，符合道德和法律规范。

第17条 生产流程优化是一个长期的过程，激励方案也需要具有持续性，以激励员工在长期的生产流程优化中保持积极性和创新精神。因此，在制定激励方案时，需要考虑到激励措施的持续性和实时性。

第18条 为了确保激励方案的有效性和持续性，需要对激励方案进行定期的评估和调整。评估的方法可以采用问卷调查、面谈、数据分析等多种方法，以了解员工对激励方案的认可度和实际效果。

第5章　附则

第19条　本制度由生产部负责编制、解释与修订。

第20条　本制度自××××年××月××日起生效。

10.3　生产流程管理精益化：降本增利

10.3.1　核心生产流程再造方案

工厂的核心生产流程通常是产品生产过程中的主要流程，它直接影响着产品质量、生产效率和成本等关键指标。工厂通过对核心生产流程的再造，可以提高生产效率和产品质量，降低生产成本，提高工厂的市场竞争力，从而实现工厂的可持续发展。

核心生产流程再造方案

一、目标

提高生产效率、降低生产成本，对核心生产流程进行再造。

二、核心生产流程

工厂的核心生产流程主要有以下几方面。

1.采购：采购原材料、零部件和设备等，为生产做好准备。

2.加工制造：将原材料加工成成品的过程。

3.检验：对生产出来的产品进行质量检验和性能测试，确保产品符合标准和客户需求。

4.包装和储存：对产品进行包装和标识，并储存到指定的库房或仓库中，待发货或销售。

5.发货和物流：将产品发往客户或销售渠道。

三、再造采购流程

1.对采购流程进行优化，明确采购标准和采购程序，降低采购时间和采购成本，提高采购效率和采购质量。

（1）建立供应商评估机制，对供应商进行评估和筛选，优选优质、高效、合作性强的供应商，建立长期稳定的合作关系。

（2）通过分析采购数据，掌握各种物料的采购情况，及时对采购情况进行调整，减少库存积压和物料浪费，降低采购成本。

（3）采用自动化采购系统，自动完成采购流程中的采购申请、审批、合同签订等环节，提高采购效率和精确度，降低采购成本。

2.编制科学合理的采购协议和合同，明确采购标准、采购数量、采购价格、交货期限、支付方式等条款，降低采购风险，提高采购效率和采购质量。

（1）明确采购合同条款，规定采购物品的品质、数量、交货时间、付款方式、价格等细节，避免双方因为误解或者沟通不畅导致争议和纠纷，增加成本。

（2）在采购协议和合同制订期间，如果供应商有变更，要及时通知采购相关人员，避免因为供应商变更导致采购进度延误和风险的发生。

（3）要对采购合同的履行情况进行跟踪，及时沟通解决问题，确保采购合同的履行效果。

（4）优先采用电子合同，以减少合同管理的工作量和成本，提高采购的效率和质量。

（5）优化合同风险管理制度，对可能发生的风险进行预警和控制，避免合同履行中的风险，确保采购合同的安全性和合法性。

3.建立采购技术和信息化平台，利用先进的信息技术，实现采购流程的自动化、数字化和智能化，提高采购效率和采购质量。

4.优化采购团队，提高采购人员的专业素养和工作能力，加强团队协作和沟通，提高采购团队的合作和协调能力，确保采购流程的顺畅和高效。

四、再造加工制造流程

1.对工厂的加工制造流程进行优化，减少冗余操作，降低生产成本，提高产品质量。

（1）优化设计加工制造流程，减少浪费和重复的环节和步骤，提高生产效率和产品质量。

（2）实施自动化生产，将流水线生产、机器人化生产等自动化生产方式引入生产线，通过自动化设备和系统来提高生产效率和产品质量。

（3）优化作业方式，采用工作标准化、操作规程化等方式提高生产效率和产品质量。

（4）采用可持续发展的生产方式，减少浪费、优化资源配置、降低能耗和环境污染。

2.对生产设备进行更新升级，引入高效、智能化生产设备，提高生产效率，降低能源和耗材的使用成本。

3.加强对生产作业人员的培训，提高其技能水平和工作效率，降低因人员操作错误而导致的生产损失和成本。

4.建立严格的质量管理制度，通过优化质量检测方法、加强生产线品质管理等方式，提高产品质量。

5.优化协调生产线，引入智能化的生产调度系统，协调和优化生产线各个环节之间的关系，提高生产效率和生产质量。

五、再造检验流程

1.通过定期校验、维护、更新设备和仪器等方式优化检验设备和仪器，确保其准确性和稳定性。

2.根据生产需求和产品特点，引入红外线检验、X光检验、无损检测等先进的检验技术，提高检验的准确性和效率。

3.优化检验流程，减少不必要的检验环节和重复工作，提高检验效率。

（1）根据不同的产品类型和生产流程，制定相应的标准化检验流程，对相关人员进行宣传和培训，让检验人员熟悉各检验流程并按照流程执行。

（2）应用自动化技术，减少人工干预和操作，提高检验效率和精确度。

（3）工厂要对相关人员进行定期的技能和知识培训，提高人员的技能水平和专业素养，确保其能够熟练掌握标准化流程并进行检验工作。

（4）优化质量控制机制，对检验结果进行跟踪和分析，并及时采取措施，以确保产品质量。

4.严格按照相关检验规范和产品要求对原材料及零部件进行严格的检验和筛选。

5.优化质量管理体系，对检验环节进行严格的质量控制和管理，确保产品质量符合标准和要求。

六、再造包装和储存流程

1.选用符合环保要求的包装材料，采用自动化包装设备，减少人工干预和包装误差，提高包装效率和准确性。

2.根据不同的产品类型和生产需要，制定相应的标准化包装流程，并对包装人员进行宣传和培训，使其熟练掌握标准化包装流程。

3.优化储存管理机制，对储存环境和库存量进行有效管理，降低储存成本和风险。

（1）根据不同的物料和储存特性，建立收货、入库、出库、盘点、报废等环节的标准化操作规程，确保每步都按照标准化流程进行操作，避免因人为原因造成误差和失误。

（2）根据物料特性、储存需求和库房结构，对储存区域进行合理划分，避免浪费储存空间，易燃易爆物品和有害物质应单独储存，高频使用物品应存放在易取得的位置。

（3）采用智能化仓储管理系统，对储存过程进行自动化控制和实时监控，实现自动化的货物跟踪、库存盘点、出入库管理，提高储存管理效率和精确度。

（4）定期检查和维护储存设施和设备，及时发现和处理安全隐患。对储存的物流、原材料、产品进行定期检查和抽检，确保其质量安全。

（5）定期对库房温湿度、储存条件等进行检测和评估，及时发现储存管理中存在的问题，并针对其改进和优化，确保储存环境符合要求。

七、再造发货和物流流程

1.引入物联网、大数据等先进技术，建立智能化物流管理系统，通过对运输车辆的实时监控、路线优化，全方位监控和管理物流过程，提高物流运作效率和可靠性。

2.运用现代化定位系统分析路线交通状况，对物流配送路线进行优化，降低运输成本、缩短运输时间，提高物流效率。

3.在物流配送过程中要加强运输安全管理，对包装好的产品进行标记，采用安全性能良好的运输工具，配备专业的司机和押运人员，防止产品遭到破损或丢失。

4.对物流管理人员进行培训和考核，提高其专业技能和操作水平，保障物流运行质量和效率。

八、注意事项

1.在进行流程再造之前，要明确所要达到的生产效率、成本、质量、交货时间等方面的目标，同时也需要确定再造的流程范围，以便将精力和资源集中在最需要优化的环节。

2.在进行流程再造之前，需要对现有的生产流程进行详细的分析，以了解其优点和缺点，确定需要改进的部分，找出问题的根本原因。

3.在确定了新的流程之后，要进行试运行，以确定是否能够达到预期效果。在实施过程中，需要对人员进行培训和指导，确保操作规范、操作效率等方面都能够得到改进。

4.在新流程实施后，要对其进行监控和改进，要对数据进行收集和分析，确保问题的解决和改进的落实等，以便对再造的流程进行优化。

10.3.2　核心管理流程再造方案

随着市场竞争的加剧和技术的不断革新，工厂需要不断优化和改进自身的核心管理流程。因此，通过对核心管理流程进行再造，可以使工厂的管理流程更加规范化、标准化，从而提高管理效率，降低管理成本，使工厂在激烈的市场竞争中更具竞争力。

核心管理流程再造方案

一、目标

适应市场需求的变化，保持工厂的竞争优势和发展动力，提高管理效率，降低管理成本。

二、核心管理流程

1.质量管理：质量管理是保证产品质量的关键环节，包括制订和执行质量控制及改进计划，确保产品符合客户的需求和标准，提高产品质量并降低产品缺陷率。

2.库存管理：库存管理是管理原材料和成品库存的过程。库存管理要考虑到库存成本和库存风险，以最大限度地降低库存成本并避免库存短缺，同时还要对库存进行跟踪和记录，确保库存水平符合生产需求和生产计划。

3.人力资源管理：人力资源管理是对工厂生产人员进行人才管理的过程，包括招聘、培训、绩效管理和薪资管理等方面。

4.成本管理：成本管理是管理工厂生产成本的过程。要对生产成本进行分析和评估，制订和实施成本控制计划，以最大限度地降低生产成本。同时还要识别和解决成本过高的问题，以提高工厂的盈利能力。

5.交期管理：交期管理是指在生产过程中，对订单交期进行有效管理，以确保按时交付产品。

三、质量管理流程再造

1.进行质量管理流程再造之前，可以通过与客户沟通、收集市场反馈数据及参考相关行业标准，明确质量管理中产品质量、检验、生产过程等方面的标准及目标。

2.对原有的质量管理流程进行评估，找出不必要的、烦琐的和低效的环节。通过简化、合并和自动化流程，对其进行优化，以提高效率和减少错误。

3.针对不同岗位的人员，进行有针对性的质量管理培训并记录培训效果。

4.对现有的生产数据进行收集和分析，了解生产过程中产品质量存在的问题，以便工厂制订相应的改进计划和决策。

5.建立再造计划和团队，根据工厂实际生产情况，定期审查和更新质量管理流程，确保质量管理流程始终保持高水平，并能适应不断变化的市场需求和技术发展。

四、库存管理流程再造

1.通过使用库存管理软件或系统对库存进行分类管理，将其分为原材料、半成品和成品等不同类别，以便更好地跟踪和管理库存的状态和数量。

2.优化库存管理的规范和流程，包括库存记录的格式、更新频率、报告的标准等方面，确保所有人员都能够按照相同的标准进行操作。

3.使用RFID（射频识别）技术或条形码技术来跟踪库存，减少人为错误，提高工作效率，使员工能有更多的精力专注于其他生产工作。

4.根据市场和订单情况，通过市场调查和历史销售数据分析等方式，对产品的需求量进行预测，以便及时调整库存，避免库存积压和浪费。

5.对于一些库存周转较慢或过期的物料，工厂应该采取重新分配、销售等措施对其进行处理，避免造成成本浪费。

五、人力资源管理流程再造

1.对制定岗位需求和职责、明确招聘流程和标准、人才筛选和面试等流程进行优化，确保招聘流程的高效。

（1）在招聘前，工厂需要确定招聘的岗位类型、数量和招聘计划的时间，以便针对需求进行招聘。

（2）制定面试流程和评价标准，确保面试程序的公正性和透明度。面试官需要有相关的岗位知识和面试技巧，以便能更好地评估应聘者的能力和素质。

（3）定期开展校园招聘、社会招聘等活动，建立人才储备库。

（4）建立完善的人员福利和培训体系，提供有竞争力的薪资待遇、晋升机会和职业发展规划，吸引和留住优秀人才。

（5）招聘是一个不断改进的过程，工厂需要根据自身的实际情况不断调整和改进招聘策略，不断提高招聘效率和员工质量。

2.通过在线学习、课堂培训、实地培训等多种方式优化培训计划。

（1）在制订培训计划之前，工厂要通过对人员的工作表现、职业规划和发展需求，确定人员的培训需求和目标，更好地了解员工的培训需求，为培训计划的制订提供参考。

（2）根据人员的培训需求和目标制订相应的培训计划，明确培训的目标、内容、方式、时间，并将其与员工的职业发展计划相结合，以确保培训计划的有效性和可持续性。

（3）工厂可以采用面对面培训、在线培训、课堂培训、实地实习等多种培训方式，满足人员的不同需求。同时，使用视频教学、交互式课件、虚拟实验室等教学工具和软件，提高培训效果和效率。

（4）工厂需要定期对培训计划进行考核和评估，以确定培训计划的有效性和改进方向。

3.工厂要根据实际发展情况，优化绩效评估标准和流程，客观地评估人员的表现，并通过奖金、福利、晋升机会等激励方式，提高人员的工作积极性和生产效率。

4.要保障人员的工资福利、工作安全和健康等各项权益，增强人员的归属感和认同感，提高人员的生产效率。

5.制定明确的离职流程和标准，确保人员在离职时能够顺利地办理手续。同时，对人员的离职原因进行分析和反馈，以便改进管理流程。

六、成本管理流程再造

1.优化成本管理策略，包括成本核算方法、成本控制目标、成本分析和预算等方面。

（1）对各项成本进行精准测算，人工成本可以通过员工工资、社保、福利等方面来测算，设备运行成本可以通过设备折旧、能耗、维修等方面来测算。

（2）工厂可以通过与供应商谈判、合理安排采购周期和采购量等采购策略来控制采购成本。

（3）通过降低废品率、节约能源、优化流程等方式来降低运营成本。

2.对生产过程中的设备维护、材料采购、人力成本、能源成本等成本驱动因素进行识别和分析，确定成本控制的优先级。

3.通过改进生产过程、优化生产计划、提高设备利用率等方式提高生产效率，降低生产成本。

4.实施精细化管理，优化生产过程和资源利用，降低成本。

（1）通过优化产品设计，减少产品的零部件数量，降低制造成本，提高产品的功能性和易用性。

（2）通过科学合理地安排生产计划、生产排产，合理调配生产资源，最大限度地利用设备和人力资源，避免过度生产或停滞，减少浪费和成本。

（3）建立信息化管理系统，实现生产信息化、数字化、可视化，对生产过程进行实时监控，实现对生产的精细化管理。

（4）工厂根据实际情况和需要对生产过程进行不断优化和改进，实现生产过程的优化和精细化管理。

七、交期管理

1.使用在线平台建立清晰的订单接收、审核、确认和处理等订单管理流程，在订单确认阶段明确客户的需求和要求，并与客户确认订单细节，与客户进行信息共享和即时通信，确保订单信息的准确性和及时性，实现订单管理的自动化和精细化。

2.建立高效的生产计划和排程系统，使用APS（高级计划排程系统）或ERP（工厂资源计划）等工具，优化生产资源配置和生产进度控制，实现生产计划和排程的自动化和优化，确保能够按时交货。

3.通过物联网技术，实时监测生产设备的状态和生产过程中的各个环节，及时发现生产过程中的问题和风险，以确保生产进度和交期的准确性和稳定性。

4.建立全面的质量管理体系，引入智能化的质量控制系统，用自动化检测设备、人工智能等技术对生产过程进行实时监测和质量检测，加强质量控制，确保生产出的产品符合质量标准和客户要求。

5.与供应链上下游保持紧密的合作和沟通，实现供应链信息的共享和数据的实时交换，确保供应链的稳定性和交期的准确性。

八、注意事项

1.在进行核心管理流程再造之前，要明确再造的目标和需求，才能为核心管理流程再造提供清晰的方向和指引。

2.在进行核心管理流程再造之前，需要对现有的核心管理流程进行全面的分析和评估，为再造提供基础和依据。

3.在进行核心管理流程再造时，要根据分析和评估结果，基于最佳实践和前沿技术设计新的流程，考虑实际的业务需求和操作流程，新的流程要具有可行性、可持续性，能够满足工厂的目标和需求。

4.核心管理流程再造需要带来一定的变革，工厂要提供必要的培训和支持，以便相关人员能够适应新的流程和技术。同时，建立明确的沟通渠道，让生产人员和管理层之间能够进行及时的交流和反馈。

5.在核心管理流程再造之后，要对新流程的效果和影响进行评估，监控实施情况和员工反馈，确保再造的效果能够持续得到最大化发挥。